JN156261

科学的に正しい筋トレ 最強の教科書

The Ultimate Workout: Evidence-based Guide to Resistance Training

理学療法士／トレーナー
庵野拓将

KADOKAWA

はじめに

本書は、

「筋トレを始めたけれど、本当にこのやり方でいいのか？」

「頑張っているのになかなか結果が出ない」

「忙しくて時間がないので筋トレの生産性を最大化する方法が知りたい」

と悩んでいる人のために、**「科学的に正しい筋トレの方法」を伝える1冊**です。私が理学療法士、トレーナーとして病院に勤務しながらスポーツ科学や栄養学など多分野におよぶ論文を読み、研究してきた、現時点での最新の知見を詰め込みました。

正しい情報を見極めるカギは「科学的なエビデンス」

運動や食事など、身体に良いことをしたいと思ったとき、私たちはまず必要な情報を集めます。ところが今、世の中には膨大な情報があふれています。「筋トレ」というキーワードで検索すれば数百万件がヒットし、そのなかには信頼できる正しい情報もあれば、明確な根拠のないあやしげな情報、今では完全に否定されている通説や俗説、過去の〝常識〟もたくさん含まれています。

こうした情報を頼りに筋トレに励む人のなかには、「がんばっているわりにまったく効果が得られない」と感じている人も多いのではないでしょうか。自分の年齢や体力に合わない方法や理論的に間違った方法で行っていれば、効果が得られないどころか、けがをする可能性さえあります。

筋トレを行ううえで大切なことは、膨大な情報のなかから真実を見極め、自分に合った方法を考えること。そのカギとなるのが、科学的根拠（エビデンス）なのです。

医療現場のあらゆる行為は、臨床研究による科学的根拠にもとづいて行われ、そのなかから患者さんの価値観や生活背景から最善なものを選択し、提供します。これを「エビデンスにもとづいた医療（EBM：Evidence based Medicine）」と言います。科学的根拠にもとづく介入が求められているのは医療分野に限りません。今では教育の分野、政治の分野においても、経験則な曖昧さを排除し、エビデンスを示すことが求められています。

しかしながら、これまで筋トレの分野では、科学的根拠よりも経験則にもとづく方法論が優先されてきました。これは経験則を否定しているのではなく、圧倒的に科学的根拠を示す研究報告が少ないため、経験に頼らざるを得なかったのです。しかし近年、筋トレの分野で大きな変化が起き始めています。

筋トレの科学のパラダイム・シフト

ここ10年で筋トレに関する**スポーツ科学**や**スポーツ栄養学**は目覚ましい発展を遂げています。研究報告数も4倍に増え、多くの科学的根拠が示されるようになったのです。

分子生物学は筋トレによって筋肥大が生じるメカニズムを明らかにしつつあります。**生体力学**や**運動学**は、これまで経験則で語られていたトレーニング方法に客観的な分析結果を示しています。また、**医学**の分野においても、筋肉量や筋力が病気による死亡率を低下させ、不安などのメンタルヘルスを改善させることが報告されています。筋トレを続けるための方法も、スポーツ科学の範疇を超え、**進化心理学**や**進化生物学**、**社会心理学**、**脳科学**など、様々な学問からも提唱されるようになりました。

このように、現代では筋トレに関わる多くの学問が急速に発展し、過去の常識が新しい常識に書き換えられ、エビデンスにもとづく筋トレの方法論が示され始めています。

そこで本書では、これらの最先端の知見を集め、普段、医学論文やスポーツ科学に馴染みのない方にもわかりやすく伝えるべく、できるだけ平易な表現でまとめました。読者が筋トレの効果を最大限に高められるような科学的に正しい情報を提供するとともに、筋トレによる健康への寄与や筋トレを続けるための技法についても紹介します。

本書を通じて、**スポーツ科学や栄養学の最新の知識を手に入れ、その知識をトレーニングや日々の食事に取り入れながら、自分に合ったトレーニング方法をデザイン**してみてください。「科学的に正しい筋トレ」で無駄な努力をする人がひとりでも減り、仕事や人生が豊かになれば、筆者としてこれほどうれしいことはありません。

本書を読み進めていただく前に

「科学的に正しい」とはどういうことか

本書を読み進めていただく前に、簡単に科学的根拠（エビデンス）について解説します。ひとことでエビデンスと言っても、その信頼度にはレベルがあります。エビデンスレベルの高いものは信頼度が高く、レベルの低いものは信頼度が低いということです。これは主に研究方法によって決まります。このような知識は、エビデンスを読み解き、正しい情報であるかどうかを判断する際に役立ちます。

「介入研究」と「観察研究」

エビデンスを示す研究手法には、大きく**「介入研究」**と**「観察研究」**があります。この2つの研究手法の大きな違いは、「比較の質」にあります。

「介入研究」は、被験者を介入する「介入群」と、介入しない「対照群」に割り付けし、比較する研究手法です。

「観察研究」は、対象者に積極的な働きかけを行わず、ありのままに起こることを観察・記録し、その結果を分析するものです。そのため、介入研究によって得られた結果は、観察研究よりも比較の質が高いことから、エビデンスレベルが高いと判断されます。

このように、エビデンスのレベルは、その研究手法による「比較の質」によって判断できます。そして、介入研究において、最もエビデンスレベルの高いと言われるのが「ランダム化比較試験（ＲＣＴ）」と「二重盲検法」の組み合わせです。

ランダム化比較試験では、対象者の選定が無作為（ランダム）に行われます。さらに研究者にも介入がわからないようにしたうえで（二重盲検で）、その効果を検証します。このような研究手法により、その介入は効果があるという対象者の無意識な思い込み（プラシーボ効果）を排除することができます。これにより、質の高い比較が行え、その研究結果はエビデンスレベルが高いと判断されるのです。ランダム化比較試験のみでも十分にエビデンスレベルの高い研究手法と判断されます。しかしながら、対象者をランダムに選定しない「非ランダム化比較試験（ＮＲＣＴ）」は、比較の質が低下するため、エビデンスレベルがやや低い研究手法となります。

「メタアナリシス」と「システマティックレビュー」

そして、エビデンスレベルが最強の研究手法が**「メタアナリシス」**や**「システマティックレビュー」**です。

なぜメタアナリシスやシステマティックレビューが最強なのかと言うと、過去に報告された研究結果をまとめて解析したり、レビューしたものだからです。さらに、この2つの研究手法は、「出版バイアス」を排除することができます。出版バイアスとは、「このトレーニングには効果がありませんでした」というネガティブな研究結果は、「このトレーニングには効果があります」というポジティブな研究結果よりも公表されにくい、というバイアス（偏り）です。ポジティブな研究結果ばかりを集めていては、そこにあるネガティブな研究結果が埋もれてしまいます。そこでメタアナリシスなどでは出版バイアスが生じないように、ポジティブな結果もネガティブな結果も合わせて解析を行い、より信頼性の高い結論を導き出すことができるのです。これがメタアナリシスやシステマティックレビューのエビデンスレベルが最強であると言われる1つの理由です。

特に、もともとエビデンスレベルの高いランダム化比較試験の結果のみを集めて行ったメタアナリシスは、最も最強な研究手法と言えます。しかし、エビデンスレベルの低い結果のみを集めて行ったメタアナリシスでは、やはりエビデンスレベルの低い結果しか得ら

図

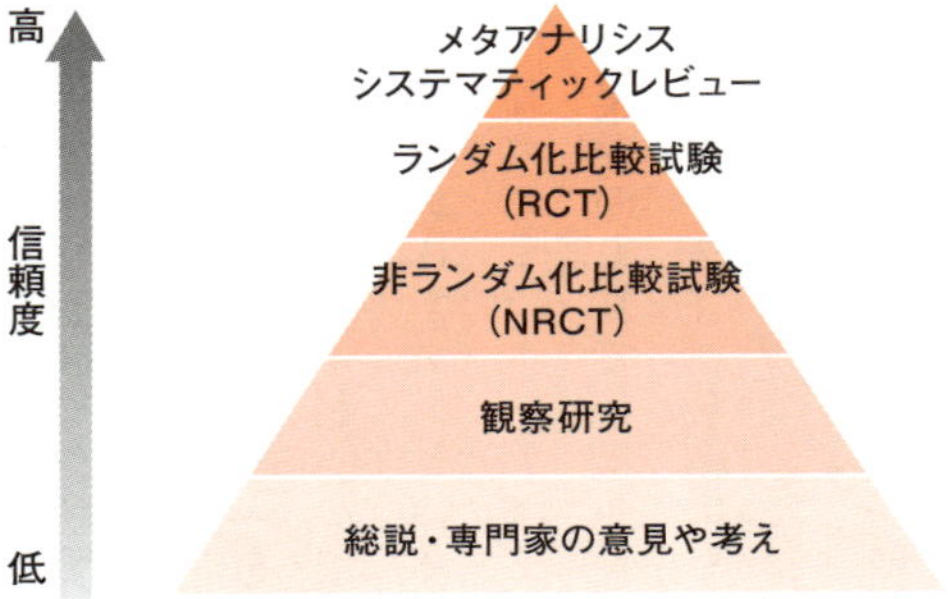

高
信頼度
低

メタアナリシス
システマティックレビュー

ランダム化比較試験
（RCT）

非ランダム化比較試験
（NRCT）

観察研究

総説・専門家の意見や考え

れません。メタアナリシスやシステマティックレビューは、最強のエビデンスを示す研究手法ではありますが、同時にもととなる研究の質に左右されることには注意が必要でしょう。

これまでに紹介した研究手法をエビデンスのレベルで階層化したものが「エビデンス・ピラミッド」（図）です。

正しい科学の使い方

科学は日進月歩です。また、科学技術が発展した現代でも、人体や食べ物の機能やメカニズムにはまだたくさんの謎が残されています。そのため、先ほど語ったことと矛盾するようですが、**最新の研究結果と言っても、あくまでもそれは「現時点でのエビデンス」であり、「現時点で科学的に正しい情報」**になります。

筋トレに関する研究が本格化したのはここ十数年の

ことです。いまだ発展途上にあり、他の分野と比べると研究報告の数も多いとは言えません。本書では、可能な限り最新かつエビデンスレベルが最も高いメタアナリシスやシステマティックレビューを中心に紹介していますが、今後、新たな技術や研究手法が開発され、より信頼性の高い研究報告が出てくれば、それまで〝常識〟とされていた理論が常識でなくなる可能性もあるのです。そのため、絶えず新たな研究結果を知り、知識のアップデートをすることが必要となるでしょう。

また、研究結果は統計解析によって導き出されます。ここで重要なのは、統計的事実は完全には一般化できないということです。研究報告により、このトレーニングが最も効果的であるという結果が示されたとしても、そこには「外れ値」が存在する可能性がありま す。そのため、同じトレーニングを行った際、多くの場合で効果があっても、一定数では効果が出ないケースが生じてしまいます。これが統計的事実と経験的事実に差異が生まれる理由です。だからこそ、**絶えず最新の知識をアップデートするとともに、研究結果を実際のトレーニングで試し、自分自身でその効果を検証することが重要**です。

そして、そのなかで見いだした「自分に合ったトレーニング方法」こそ、「正しい科学の使い方」と言えるのです。

ＲＭについて

「ＲＭ」とは「Repetition Maximum（最大反復回数）」の略語で、ある一定の重さに対して何回反復できるかにより、自分の限界となる運動強度を判断する方法です。

ベンチプレスを例にする場合、全力で1回だけ挙げられる重量を「１ＲＭ」と判断します。この重量を「最大筋力」と定義します。

また、全力で5回まで反復できる重量を「５ＲＭ」、20回反復できる重量を「20ＲＭ」と表します。つまり、５ＲＭのほうが20ＲＭより、重量が大きいことがわかります。

また、「１ＲＭの80％」と表記されている場合は、「最大筋力の80％」という意味です。仮に１ＲＭが１００kgであれば、１ＲＭの80％は80kgの重量に相当します。

本文では、トレーニングであつかう重量のことを「強度」と表記しており、トレーニング強度は「高強度／中強度／低強度」に分けられます。この場合もＲＭを基準として考えていきます。

高強度：１ＲＭの80％以上
中強度：１ＲＭの60～79％

低強度：1RMの60％未満

グラフの意味

本文中で紹介する棒グラフは、一般的の読者にはやや専門性が高いため、あらかじめ本項で「読み方」を紹介します。

まず、棒グラフの上部に記された「＊」のマークに注目してください。これは「有意差がある」ことを意味し、対比する2つのグラフにおいて「偶然ではなく、確かな差がある」ということを示す印となります。

また、「#」のマークは、有意差のあるグラフ同士を比べたときに、さらに有意差が出たことを示す印です。

次に、棒グラフの先端から飛び出している「T字」に注目してください。これは、「エラーバー」と言い、データの散らばりの度合いを示すものです。1つの研

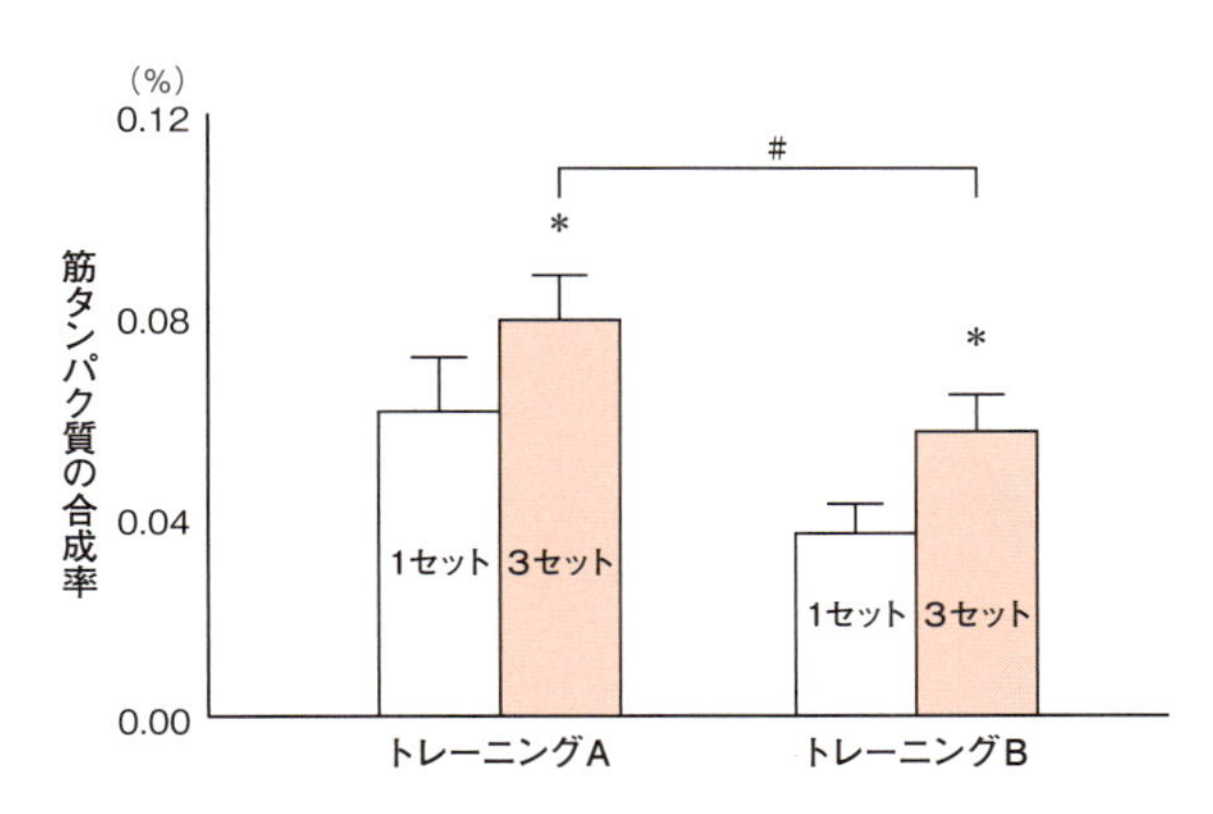

究において、例えば人を被験者とした場合、当然結果には個人差が出ます。つまり、「T字」が長いものほど散らばり度合いが高く、短いものほど散らばり度合いが低いということです。

科学的に正しい筋トレ
最強の教科書

目次

序章 7つの「新常識」

筋トレに関する

第1章

これが、科学的に正しい「筋トレ方程式」だ！

第2章

これが、科学的に正しい「トレーニング」だ!

第3章

これが、科学的に正しい「タンパク質摂取法」だ！

第4章 これが、科学的に正しい「筋トレの続け方」だ！

序章
筋トレに関する7つの「新常識」

<<

【新常識①】筋トレの成果は、バーベル、ダンベルの重さで決まらない

筋肉を大きくしたい（筋肥大）と考えた場合、従来の筋トレの〝常識〟では「とにかく高強度のトレーニングをひたすらやり続ける」ことが推奨されていました。

しかし、最新のスポーツ科学は「低強度トレーニングでも、回数を増やせば、高強度と同じ効果が得られる」ことを示唆しています。これは100kgのバーベルを10回挙げた場合と、50kgを20回挙げた場合では、効果は同じであるということです。

ならば、筋肥大の効果を最大化するためには何を意識すればいいのでしょう。実はこの点についても従来の〝常識〟が覆（くつがえ）されています。それは**「筋肥大の効果を最大化する決め手となるのは、従来言われていた運動強度ではなく、『総負荷量』にある」**ということ。

さらに、「総負荷量は、トレーニングの強度（重量）×回数×セット数によって決まる」ということです。

現在はさらに研究が進み、筋肥大の効果を最大化するための「筋トレ方程式」が導き出されています。第1章ではこの「筋トレ方程式」について詳しく解説します。

【新常識②】生体力学が明らかにした「正しい筋トレのフォーム」

「スクワットでお尻の筋肉である大殿筋に効かせるにはどのようなフォームが良いのか？」
「なぜ、ベンチプレスをすると肩が痛くなってしまうのだろう？」
「デッドリフトで膝を伸ばすタイミングは？」

これまでトレーニングの方法論は、トレーナーの経験にもとづいて指導されてきました。経験論は実践に裏打ちされた理論であり、私たちにとっても参考となる情報です。しかし、一方でこのような質問に根拠をもって答えることができないのも事実です。

近年、スポーツ科学や栄養学とともに、急速に研究報告の数が増えているのが生体力学の分野です。

生体力学の研究では、バーベルの重心と身体の各関節との関係性から回転力（モーメント）を導き出すことにより、トレーニングのフォームによって筋活動が異なるメカニズムを理解したり、関節に生じる負担を推測することが可能となりました。このような生体力学の発展により、筋トレのビッグ3と言われる**スクワット、ベンチプレス、デッドリフトのフォームや方法論についてのエビデンスが構築され始めている**のです。

第2章では、筋トレの効果を最大にするためのウォームアップやクールダウンの方法論から、スクワット、ベンチプレス、デッドリフトの生体力学に裏打ちされたトレーニング方法について説明していきます。

これを読むことによって、先述の質問の答えが理解できるとともに、けがをしない、コンディションに合わせた「正しいトレーニング方法」を知ることができるはずです。

【新常識③】従来の常識を覆す「タンパク質の最適な摂取方法」

従来の筋トレの〝常識〟では、「筋トレ直後は、タンパク質摂取のゴールデンタイム」と言われていました。たしかに、筋トレ直後は筋タンパク質の合成感度が高まるため、そのタイミングでタンパク質を摂取することは効果的です。

しかし、最新のスポーツ栄養学は「それだけではまだまだ足りない！」としています。

なぜなら、**「筋タンパク質の合成感度は、少なくとも筋トレ直後から24時間後まで上昇し**

たままでいる」からです。つまり、タンパク質摂取は筋トレ後の24時間を意識して行う必要があるわけです。

また、現在の研究では、「筋トレ後の24時間で摂取すべき最適なタンパク質摂取量」が明らかになっており、24時間で摂取すべき最適な摂取パターンを導く指標も生まれています。さらに、筋トレに効果的な食べ物の種類や摂取法、筋タンパク質の合成を促進させる「良質なタンパク質」の見極め方などについても次々と明らかになっているのです。

第3章では、筋トレの効果を最大化させる「タンパク質の摂取方法」の新たな常識について説明しています。しかし、ここで気になるのが、タンパク質を多く摂取しても腎臓は大丈夫なのか？ということですよね。

【新常識④】タンパク質を摂っても「腎臓」は悪くならない

筋トレによって筋肉量を増やすためには、筋肉のもととなる筋タンパク質の合成量を増やさなければなりません。そこで必須になるのがタンパク質の摂取です。筋トレに励む人にとってはタンパク質は欠かせない栄養素ですが、従来の〝常識〟では「タンパク質の過剰摂取は腎臓に悪い影響を与える」とされていたこともあり、プロテインなどを飲む際に不安を感じていた方も多かったようです。

腎臓は、身体に溜まった老廃物の排出、水分量の調整など、私たちの身体にとって重要な働きを担っていますが、過去に行われた動物実験では、タンパク質の過剰摂取が腎臓にダメージを与えることが指摘されたほか、腎不全の治療ではタンパク質の摂取を制限する食事療法が重視されてきました。こうした背景から、「タンパク質の摂取は腎臓にダメージを与えるだろう」と考えられていたのです。

タンパク質と腎臓の関係をめぐるこの問題については、明確な答えを出すための介入研究が難しいこともあり、肯定派と否定派の間で長きにわたる議論が続いてきました。

しかし最近になり、かつてないほど大規模な観察研究が行われた結果、**「タンパク質の食品源をきちんと見極め、過剰に摂取しなければ、腎臓にダメージを与えない」**ことが示唆されています。悪者のように言われていたタンパク質は、実は悪者ではなかったのです。

【新常識⑤】筋トレに効くサプリメント、効かないサプリメント

いまや「サプリメント」は、美容や健康をサポートするものとして私たちの生活に広く浸透しています。筋トレをする人にとってもなじみ深い「サプリメント」ですが、最近は筋トレ時のパフォーマンスを高める栄養素や成分を含む「エルゴジェニックエイド」と呼ばれるサプリメントも注目を集めています。しかし、従来は科学的エビデンスを伴わないものも数多くあり、その効果についてもまさに玉石混淆（こんこう）でした。

当然ながら、サプリメントの効果と安全性は、科学的なエビデンスにもとづいてしっかり確認すべきです。事実、最新の研究によって効果が否定されたもの、あるいは病気になるリスクが指摘されたものもあります。しかし、その良し悪しを判断するための確たる基準がなかったこともあり、多くの人が半信半疑のうちに摂取していました。

そうしたところに２０１８年、国際スポーツ栄養学会（ＩＳＳＮ）から筋トレとサプリメントの効果に関するレビューが報告され、このなかで**サプリメントを見極める際の新たな〝常識〟となる分類表が示された**のです。

第３章では、良質なタンパク質を摂取するための食事のあり方とともに、プロテインを含むサプリメントを摂取するタイミング、先の分類表を踏まえて「筋トレに効くサプリメント、効かないサプリメント」を最新エビデンスを紹介しながら解説します。

【新常識⑥】筋トレが「病気に強いカラダ」を与えてくれる

健康増進に役立つ運動と言えば、従来はジョギングやウォーキングなど有酸素運動が推奨されていました。しかし、近年の公衆衛生学の分野では、新たに筋トレがトピックになっています。そのきっかけとなったのが、２０１７年にオーストラリア・シドニー大学から出された研究報告です。その内容を要約すると、次のようになります。

週２回以上の筋トレはがんの死亡率を３割減少させ、すべての病気による死亡率を２割減少させる。 また、このような効果はジムだけでなく、家で行うトレーニングでも同等に得られる。さらに、有酸素運動よりも筋トレのほうが死亡率の軽減に寄与する。

様々な分野の研究報告では、筋トレを行うことで血圧低下、グルコース（ブドウ糖）代謝の改善、全身性炎症の減少といった複合的な効果が得られることが示唆されており、その結果として死亡率の軽減に寄与していると推測されています。

また、筋肉は私たちの身体を作る原料となるアミノ酸の貯蔵庫となっています。身体はアミノ酸が不足すると筋肉に貯められたアミノ酸を分解し、エネルギー源として活用します。つまり、筋肉量が多いほど、たくさんのアミノ酸を貯めることができるわけです。病気やケガをしたとき、手術をしたときなどは、筋肉中のアミノ酸貯蔵量が多いほど回復力が高くなり、ケガの治りや手術の予後も良くなるといった研究報告も出されています。

筋トレが病気やケガに効くことを示した研究報告は従来なかったもので、最新のエビデンスがもたらした筋トレの新たなメリットとして世界から注目を集めています。

【新常識⑦】筋トレが続かない理由は「ヒトの進化」にあり

筋トレを始めても三日坊主で終わってしまった、ジムに通い始めたけれど最近はご無沙汰気味だ、という人はたくさんいます。**効果があることを理解していながら、なぜ、私たちは筋トレを続けることができないのでしょう？**

従来、その理由として最も多かったのが「意思が弱いから、根性がないから」というものでした。ところが、現代の進化論によれば、その**本当の理由は数百万年にわたるヒトの進化の過程にある**ことがわかったのです。

また現在、行動経済学や心理学では「行動の習慣化」に関する研究が大きなトピックになっており、金銭的インセンティブを含む報酬と筋トレの関係、目標達成に向けて様々な誘惑を回避するための方法など、ユニークな研究報告が次々と登場しています。これらは**筋トレだけでなく、ビジネスにも役立つヒント**になるはずです。

第4章では、筋トレと病気の関係、筋トレを続けられない理由、筋トレを続けるための技術などについて詳しく解説していきます。

第1章

これが、科学的に正しい「筋トレ方程式」だ！

‹‹

1-1 「筋肉を大きくする」方程式

なぜ、筋トレをするのか？

ひとくちに「筋トレ」と言っても、目的によって取り組むべきトレーニングはまったく異なります。見栄えのよいマッチョな身体を手に入れたいのか。スポーツを楽しむための身体を手に入れたいのか。筋トレを始めるにあたり、まず行わなければならないのは、「何のために筋トレをするのか？」を自分に問い、目的や目指す姿を明確にすることなのです。

スポーツ科学の分野では、**筋トレの目的は大きく2つ**に分けることができます。

- **筋肉を大きくする（筋肥大）**
- **筋力を強くする（筋力増強）**

たくましい大胸筋、美しく割れた腹筋、盛り上がった上腕筋など、見た目に表れるのは「筋肥大」です。本書の読者をはじめ多くのビジネスパーソンは、これらの実現をモチベーションとして筋トレに取り組んでいるのではないでしょうか。

一方、以前よりも重い重量を持ち上げる、以前よりも速く走るなど、筋肉がもつパワーそのものを底上げするのが「筋力増強」です。試合での勝利や記録更新を目指すアスリートが取り組むトレーニングは、こちらが中心となります。

仕事でもスポーツでも、まずは目的を決め、その分野で定められたルールや仕組みを理解し、戦略的に手段を選択していかなければ、課題を解決し成功をつかむことはできません。それは筋トレも同じです。

だからこそ、まずは筋トレに取り組む目的を明確にし、目的を達成するためのルールや仕組み、課題解決への手段といった「方程式」を理解することが大切です。筋トレを理論としてしっかり理解すれば、まるでゲームを攻略するかのように、戦略的に目的へと進むことができるのです。

筋肥大のカギは、筋タンパク質の合成

近年、スポーツ科学の分野には分子生物学や生体力学、脳科学など、他分野の最新研究が導入されるようになり、従来わからなかった筋肥大や筋力増強のメカニズムが解明されつつあります。まずは**筋肥大のルール**を見てみましょう。

筋肉は、数千から数十万本という筋線維が束になって形づくられています（図01）。筋肥大は、筋線維の一本一本を肥大させていくことで生じます。筋線維は1つの筋細胞が細長くなったもので、アクチンとミオシンといった筋タンパク質からできており、筋線維の肥大は筋タンパク質の合成によってもたらされます。

筋タンパク質は24時間、常に「合成」と「分解」を繰り返しています。普段、私たちの身体は食事などで十分な栄養を摂ることで、筋タンパク質の合成と分解が均一に保たれ、現状の筋肉量を維持することができています（図02）。したがって、**食事にプラスしてトレーニングを行えば、筋タンパク質の「合成」が「分解」を上回るようになり、筋線維は肥大していく**ことになります。

図01

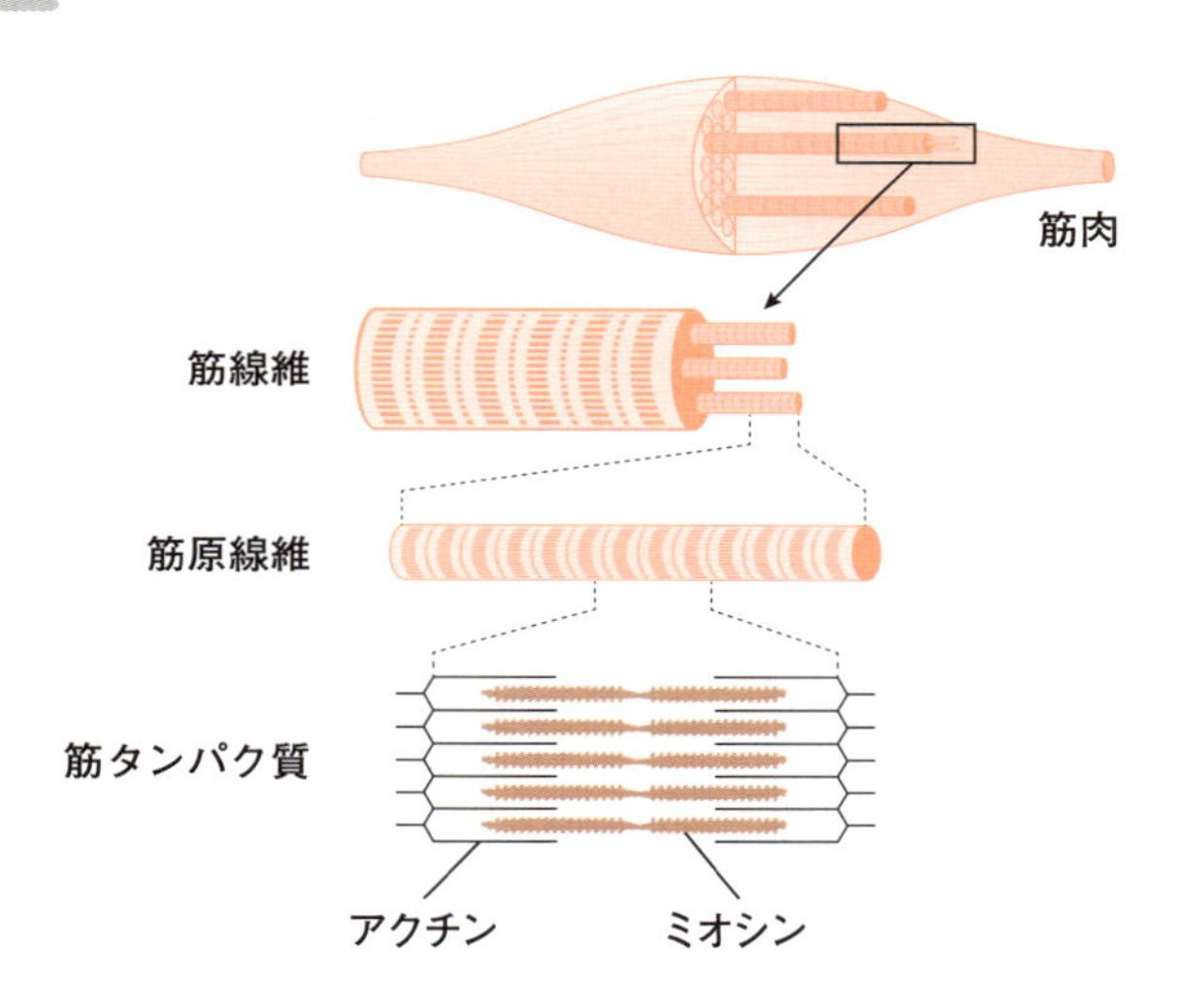
筋肉
筋線維
筋原線維
筋タンパク質
アクチン
ミオシン

図02

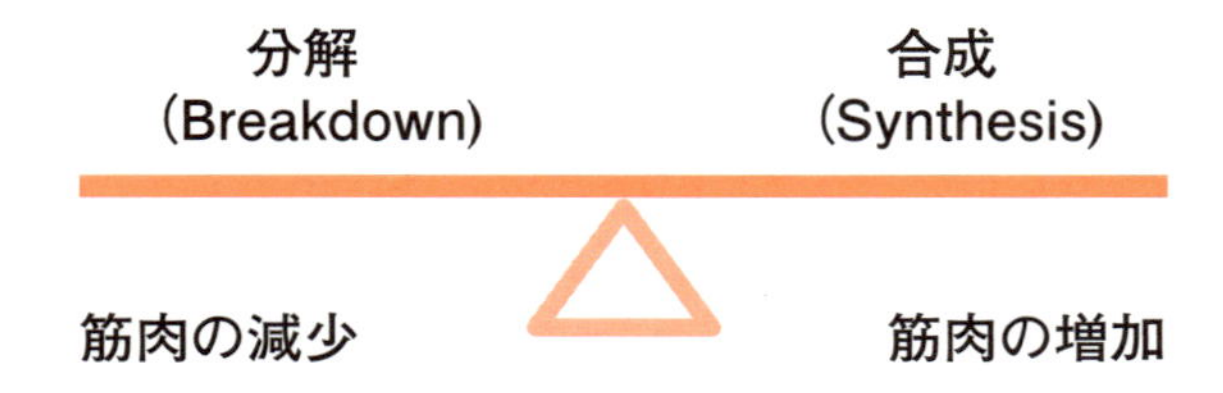
分解
(Breakdown)
合成
(Synthesis)
筋肉の減少
筋肉の増加

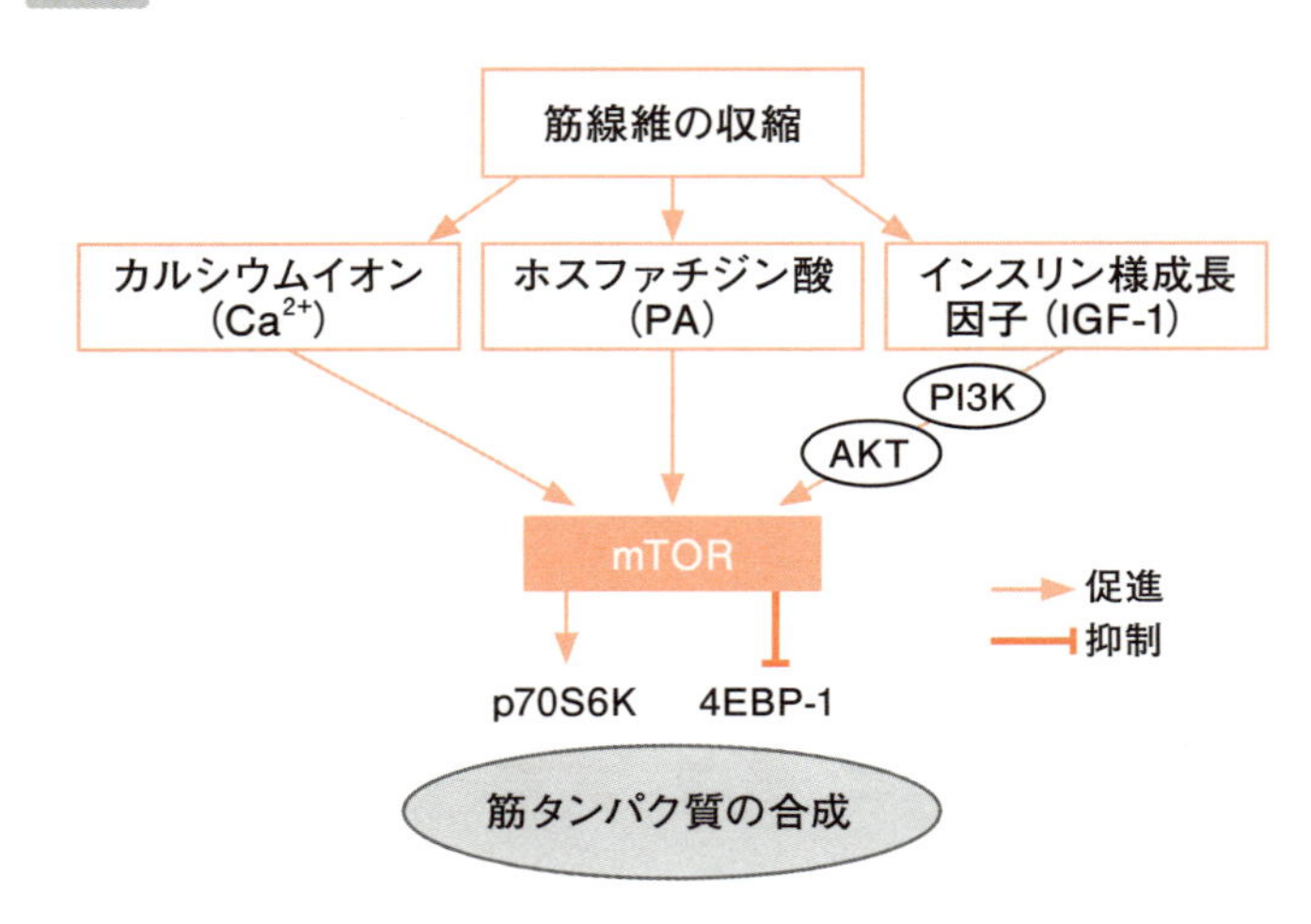

どうすれば、私たちの身体は積極的に筋タンパク質を合成してくれるようになるのでしょうか。そのカギを握るのが「哺乳類ラパマイシン標的タンパク質（mTOR）」です。mTORは細胞の増殖や分化、自食作用などをコントロールする重要な役割を担っています。

例えば、トレーニングでダンベルを身体に引き寄せるようにして持ち上げるとき、上腕二頭筋（じょうわんにとうきん）（上腕の前側）の一本一本の筋線維が収縮し、大きな力が発揮されます。この筋線維の収縮が、筋タンパク質の合成を促進させるスイッチになります。

筋線維が収縮しようとすると、まずは

筋線維内にある筋小胞体（きんしょうほうたい）から「カルシウムイオン（Ca^{2+}）」が放出されます。次に、筋線維の収縮そのものが刺激となり、細胞膜を構成する「ホスファチジン酸（PA）」が増加。さらに、細胞の成長を調整する「インスリン様成長因子（IGF-1）」の分泌が増加します。これら3つの因子によって活性化されるのがmTORです。

3つの因子により活性化されたmTORは、筋タンパク質の合成を促進させる「p70S6キナーゼ（p70S6K）」を活性化し、一方で合成を抑制する「4EBP-1」を不活性化します。これら一連のメカニズムがあるからこそ、トレーニングを通じて筋タンパク質の合成が促され、筋線維が肥大化し、筋肉が太くなっていくのです（図03）。

筋肥大を左右する「運動単位」

上腕二頭筋の筋線維は、平均21万本あると言われています。単純に考えれば、筋肥大の効果を最大化させるためには、21万本すべてを収縮させれば良いわけです。ならば、すべての筋線維を余すことなく収縮させるためには、どうすれば良いのでしょう？

ここで登場するのが「サイズの原理」です。1965年、ハーバード大学のヘンネマンらは、筋肉は大きな筋力が必要になると、発揮する力の大きさに応じて小さな運動単位から大きな運動単位を順番に動員させていく、という「サイズの原理」を提唱しました。この原理を理解するために、筋線維を収縮させる「運動単位（モーターユニット）」の仕組みから説明します。

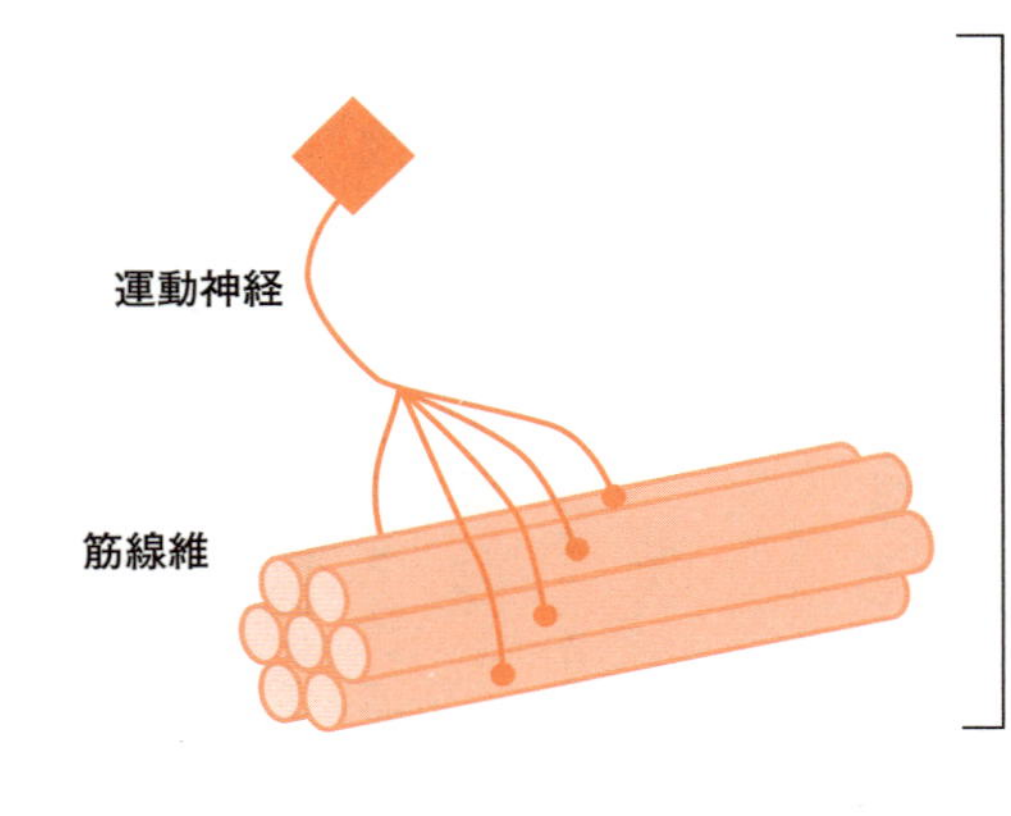

脊髄から伸びる1つの運動神経はいくつかの筋線維と繋がり、その収縮をコントロールしています（図04）。このひと繋がりのユニットを「運動単位」と言います。運動単位は、1つの運動神経が数十本の筋線維を支配する「小さな運動単位」と、数百本から数千本の筋線維を支配する「大きな運動単位」に分けられます。この大小の運動単位は、全身の筋肉に様々な割合で分布しています。

大小の運動単位は、発揮する力の強度に応じて収縮に動員させる運動単位を変えています。例えば、低強度のトレーニングであれば、小さな運動単位が優先的に動員され、強度を高めていくと大きな運動単位が動員されるようになり、使われる筋線維の数も増えていきます。**筋線維が収縮する数は、発揮する力の強度に応じて異なるサイズの運動単位を使い分ける「サイズの原理」にもとづいている**のです。

収縮する筋線維の数が発揮する力の強度によって変わるのであれば、高強度トレーニングを行うことが、すべての筋線維をまんべんなく収縮させるための最も効果的な方法だと考えられます。

２００９年、アメリカスポーツ医学会（ＡＣＳＭ）は、「筋肥大には高強度トレーニングが有効である」という公式声明を発表しています。具体的には「トレーニングによる筋肥大の効果を高めるためには、１ＲＭの70％以上の高強度で、初心者は８～12回、経験者は１～12回の回数を行うことを推奨する」としています。

このアメリカスポーツ医学会の公式声明が筋肥大における〝常識〟となり、多くのメディアやトレーナーが高強度トレーニングを勧めるようになったのです。

高強度だけが筋肥大に至る方法か？

しかし、身体への負荷が大きい高強度トレーニングは筋トレの初心者や未経験者、高齢者にとっては負担が大きく、簡単ではありません。また当然、「つらさ」「苦しさ」を伴うため、筋トレを長く続けていくためのモチベーションにも影響します。これまでは、「サイズの原理」にもとづき、低強度のトレーニングでは、小さな運動単位の動員にとどまり大きな運動単位まで動員できないため、十分な筋肥大の効果が得られないと考えられてきました。

ところが近年、低強度トレーニングでも「ある条件」を満たせば、小さな運動単位だけでなく大きな運動単位も動員でき、高強度のそれと同等の効果を得られることがわかってきたのです。実は公式声明が出されたのと同じ頃、アミノ酸のトレーサーを用いた新たな測定技術が研究に応用され、筋タンパク質の合成作用を直接的に測定できるようになりました。これによって従来の〝常識〟を覆す新たな知見が報告されたのです。それは、次のようなものでした。

・低強度トレーニングでも、『総負荷量』を高めることで高強度トレーニングと同等の筋

肥大の効果が期待できる
・総負荷量は、トレーニングの強度（重量）×回数×セット数によって決まる

この報告により、筋トレの〝常識〟はがらりと変わってしまったのです。現在はさらに研究が進み、筋肥大の効果を最大化するための**「筋トレ方程式」**が導き出されています。

筋肥大の効果＝総負荷量（強度×回数×セット数）×セット間の休憩時間×関節を動かす範囲×運動スピード×筋収縮の様式×週の頻度

ここからは、筋肥大の効果を最大化する「筋トレ方程式」の各要素を、スポーツ科学などの最新の知見からひもといていきます。
まずは、トレーニングの「総負荷量」から見ていきましょう。

1-2 【総負荷量】筋肥大の効果は、バーベルの重さで決まらない！

筋肥大の決め手は「総負荷量」

筋肉を大きくしたいと、毎日のように重いバーベルやダンベルを使った高強度トレーニングを繰り返している人は多いはずです。しかし、前項で紹介したとおり、現代のスポーツ科学は「低強度トレーニングでも『総負荷量』を高めることで高強度トレーニングと同等の筋肥大の効果が期待できる」と示唆しています。これは、日々大変な思いをしてトレーニングに励む人にとっては、嬉しい事実でしょう。

総負荷量は「トレーニングの強度（重量）×回数×セット数」によって決まると言われていますが、その根拠のエビデンスのひとつとなったのが次の報告です。

２０１０年、カナダにあるマクマスター大学のバードらはトレーニング経験者を２つの

図05

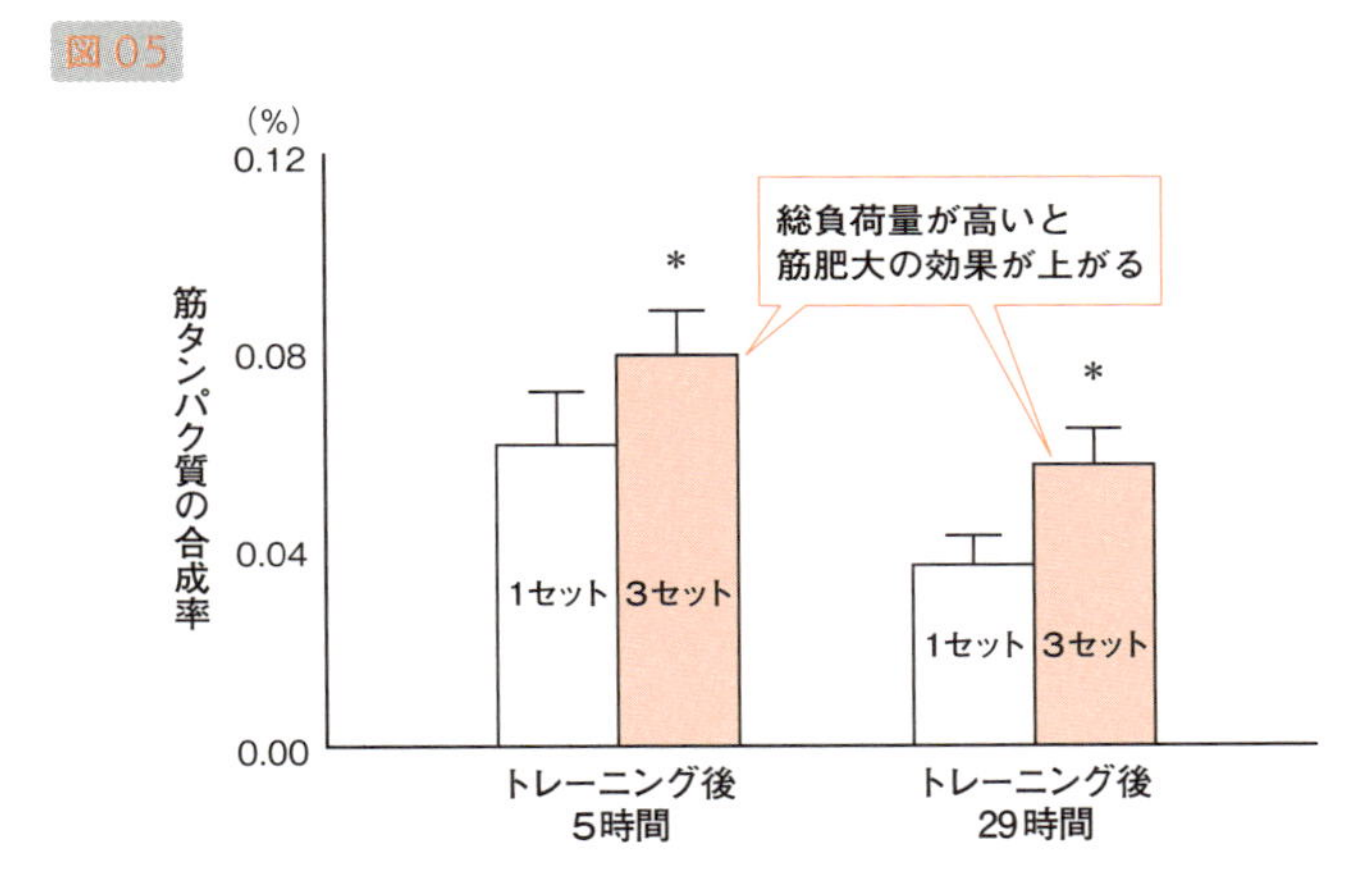

出典：Burd NA, 2010より筆者作成

グループに分け、1RMの70％以上の強度でのレッグエクステンションを、一方のグループは1セット、もう一方のグループは3セット、それぞれ疲労困憊（こんぱい）になるまで行いました。

終了後、両グループの平均総負荷量を計測したところ、1セットのグループの平均総負荷量は942kg、3セットのグループは2184kgとなりました。さらに、トレーニング後の筋タンパク質の合成率を計測すると、総負荷量の高かった3セットのグループが有意な増加を示していたのです。

この結果から「強度が同じでも、セット数を多く行い、総負荷量を高めることで筋肥大の効果が増大する可能性がある」ということが示されたのです（図05）。

図06

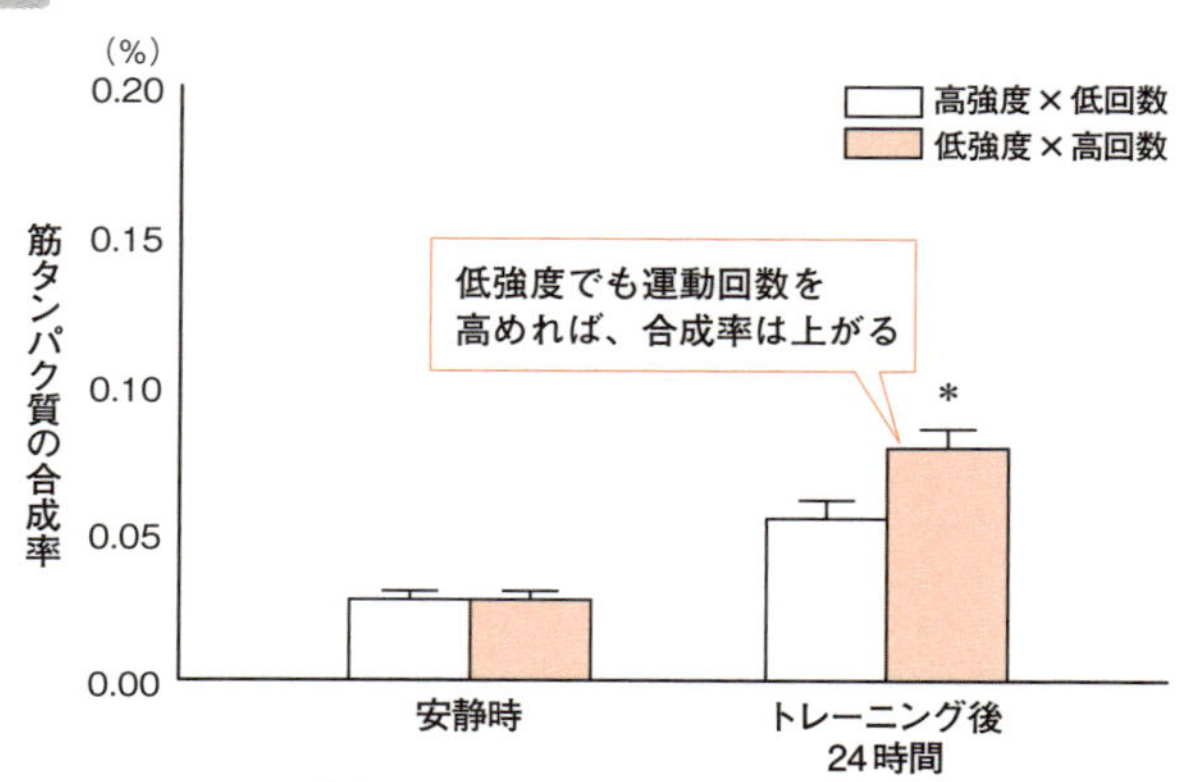

出典：Burd NA, 2010より筆者作成

低強度トレーニングの場合も、総負荷量を高めれば筋肥大の効果が大きくなるのかも検証しています。

今度は、1RMの90％の高強度でレッグエクステンションを行うグループ、同30％の低強度で行うグループに分け、それぞれ疲労困憊になるまで行わせました。その結果、高強度グループのトレーニング回数は5回ほどで終わった一方、低強度グループの回数は24回となり、総負荷量は高強度の710kgに対して、低強度は1073kgとなりました。気になる筋タンパク質の合成率では、総負荷量の大きな低強度グループがより高い増加を示したのです（図06）。

この報告により、**低強度トレーニングにおいても、回数を多くし、総負荷量を高めることで、**

高強度と同等の筋肥大の効果が得られることが示唆されたのです。

なお、これらの報告は、筋タンパク質の合成率や筋肥大の「短期的」な効果を調べたものです。しかし、トレーニングに励む人にとって最も重要なのは、継続的なトレーニングによる「長期的」な効果でしょう。

総負荷量は長期的なトレーニングにも影響する

2012年、マクマスター大学のミッチェルらは、トレーニング未経験者を対象に、レッグエクステンションを1RMの80％で行う高強度グループと、同30％で行う低強度グループに分けて検証しました。両グループとも1日3セットで週3回、疲労困憊になるまでトレーニングを行い、これを10週間継続しました。その結果、両グループともに大腿四頭筋（太ももの前の筋肉）の筋肉量は増加したものの、グループ間で筋肉量の有意な差は認められませんでした。2016年の同大学のマートンらが行った多関節トレーニング（複数の関節に負荷をかけるトレーニング）の研究でも、同様の結果が出ています。

つまり、長期的な筋肥大の効果においても、低強度トレーニングの回数を増やして総負荷量を高めれば、高強度と同等の効果が得られることが示唆されたのです。そして2017年には、これらの報告をまとめて解析したメタアナリシスが報告され、低強度でも高強度でも総負荷量を高めれば、筋肥大の効果は同等であるということが示されています。

現在はこれらの研究報告が**「筋肥大の効果は『総負荷量』によって決まる」**という、筋トレの新たな〝常識〟を支えるエビデンスとなっています。

筋肉を大きくするなら、総負荷量を高めよう

「サイズの原理」では、低強度トレーニングでは小さな運動単位が筋収縮に動員され、大きな運動単位は動員されないとしていました。そうなれば、すべての筋線維をあまねく収縮させるためには高強度トレーニングが必要になると考えられ、「低強度トレーニングが高強度のそれと同等の筋肥大効果をもたらす」という説には疑問が残ります。この疑問に答えたのが、ノルウェー科学技術大学のウェスタッドらによる報告です。

ウェスタッドらは、僧帽筋（上肩部の筋肉）に低強度の負荷を持続的に与えて筋疲労を生じさせると、小さな運動単位のみならず、次第に大きな運動単位も動員されていく「運動単位のサイクル」が生じることを報告しました。つまり、低強度でも、運動回数を増やして疲労困憊まで行うと、小さな運動単位のはたらきを助けるように大きな運動単位が動員されることが示唆されたのです。

また、イギリスのサウサンプトン・ソレント大学のフィッシャーらは、「運動単位のサイクル」に関する前述のメカニズムをまとめてレビューし、低強度トレーニングでも疲労困憊まで行うことですべての筋線維を収縮することが可能となり、高強度と同等の筋肥大の効果が得られると推察し、ウェスタッドらの示唆を後押ししています。

「筋肉を大きくしたければ、高強度でトレーニングをしよう」から、「筋肉を大きくしたければ、トレーニングによる『総負荷量』を高めよう」へ——。アメリカスポーツ医学会の公式声明から10年が経ち、現在は総負荷量を高めるための様々なトレーニング因子が検証され、その最適解も明らかになりつつあります。

次項ではその1つ、トレーニングの総負荷量を高める「セット間の休憩時間」について見ていきます。

1-3 【セット間の休憩時間】セット間の休憩は「2分以上」

見落とされがちな「休憩」の方法

筋トレをする人の多くは、「どんな器具を使って」「何セット行うか」など、トレーニングメニューに綿密な計画を立てているでしょう。

一方、ここで見落とされがちなのが、「休憩」です。

実は**筋肥大の効果を最大化するためには、セット間に「何分間の休憩を挟むか」が大切な要素**となります。

セット間の休憩時間がトレーニングによる筋肥大に影響を与えることは、現代のスポーツ科学での様々な研究報告において、一致した見解となっています。

とはいえ、〝最適〟な休憩時間というのは、トレーニング経験の有無、性差などにも左右され、絶妙なタイミングが求められます。そのため、本項で紹介する事例をぜひ念頭に置いて、トレーニングに組み込んでみてください。

休憩は、短時間か？　長時間か？

このテーマについて、スポーツ科学の分野では短時間派（1分間）と長時間派（3〜5分間）に分かれ、長く議論されてきました。短時間派は、1分程度の休憩時間が最も筋肥大の効果を高めるとし、根拠として「成長ホルモン分泌の増加」を挙げていました。

ある研究では、被験者にベンチプレスやスクワットを4セット行わせ、セット間の休憩時間を1分、1分半、2分に設定し、運動後の成長ホルモンや、テストステロンの濃度を計測しました。その結果、2分の休憩時間に比べ、1分と1分半では成長ホルモンの増加が示されたのです。

これらの知見を背景に、短時間派は「セット間の休憩時間は1分程度が妥当である」と主張していました。この主張は日本のメディアや個人ブログでも引用され、「セット間の休憩時間を短くしたほうが成長ホルモンの分泌が増加し、筋肉が肥大しやすい」という〝常識〟となっていったのです。

ところがその後、「成長ホルモンの増加は、筋タンパク質の合成作用や筋肥大に寄与しない」ことがわかってきました。

2012年、マクマスター大学のウェストらは、筋肥大に関与するとされる様々な因子について検証しました。被験者が12週間のトレーニングを行った結果、約20%の筋肉量の増加を認めました。この筋肉量の増加に対する成長ホルモン、テストステロン、インスリン様成長因子（IGF-1）などの影響を調べたところ、これらと筋肥大には有意な関連が見られなかったのです。

2013年、同大学のミッチェルらはウェストらの報告をあらためて検証し、同様の結果を報告しました。さらに、これらの結果から「トレーニングによる一時的な成長ホルモンなどの増加は、筋タンパク質の合成や筋肥大に寄与しない」と結論づけました。「筋肥大は運動単位の十分な動員によって活性化された細胞内機構が、筋タンパク質の合成作用を促進させることによって生じる」と述べています。

つまり、**セット間の休憩時間が短いほど良いというわけではない**のです。

最適な休憩時間には個別性がある

人間は年齢や性別、体格、運動機能、トレーニング経験の有無などにおいて「個人差」があります。例えば、男女間では筋肉量や筋代謝、血流などの回復機構が異なることが以前より報告されていましたが、性別の違いがセット間の休憩時間に影響を与えることは一切考慮されていませんでした。総負荷量を高め、筋肥大の効果を最大化させていくうえで、自分に合ったセット間の休憩時間を考える際の基準となるようなエビデンスはないのでしょうか？　この問いに答えてくれるのが、２０１７年にオーストラリア・メルボルン大学のGrgicらが報告したシステマティックレビューです。

Grgicらはセット間の休憩時間に関する23の研究報告を分析し、性別やトレーニング経験、運動強度によって最適な休憩時間が異なることを明らかにしました。このなかでは、性差による休憩時間の影響を分析し、女性は男性よりも筋代謝の回復が早いことが示唆されています。

さらにGrgicらは、トレーニング経験の有無による最適な休憩時間も分析しています。トレーニング経験者は高強度トレーニングを行うことが多いものですが、その場合、休憩時間が長い（2分以上）ほうが総負荷量の増大に繋がり、トレーニング効果が高まるとしています。一方、トレーニング初心者は中・低強度トレーニングを選択することが多く、その場合、短時間（1〜2分間）の休憩でも十分に高いトレーニング効果が得られることがわかりました。なるべく長い休憩時間をとろうという長時間派の主張に加え、Grgicらのレビューによって、最適な休憩時間には個別性があることも明らかになったのです。

トレーニング経験者が行うような高強度のトレーニングでは、セット間の休憩を長くすることで総負荷量を増やせる可能性があります。しかし、ジムでトレーニングする場合は順番待ちなどもあり、長い休憩をはさむのは難しいかもしれません。

Grgicらの報告を踏まえれば、そのような場合はトレーニング強度を下げ、回数を増やすことで、セット間の休憩を短縮しても十分な総負荷量が維持できると考えられます。さらに、**トレーニング初心者が行う低強度トレーニングでは、1〜2分間程度の休憩時間で問題ない**でしょう。

セット間の休憩時間はなるべく長くとることを意識したうえで、自分自身のトレーニング経験からトレーニング強度、回数、セット数を考慮し、総負荷量を高められるよう、上手にデザインしてみましょう。

1-4 【関節を動かす範囲】「もう限界！」という領域まで、関節を伸ばせ！

可動域の正解は、パーシャルレンジか？　フルレンジか？

筋トレは、器具やマシンを使って行う屈伸運動が基本です。そのため、関節を「どの範囲まで動かすか」によって、筋肥大の効果も大きく左右されます。

関節を動かす範囲には、可動域いっぱいに曲げ伸ばしする「フルレンジ」と、中間の角度で動かす「パーシャルレンジ」があります。

どちらの方法がより効果的なのかはこれまで、トレーナーや筋トレに関する記事によって、意見が分かれるところでした。ちなみに、比較的ラクなのは、パーシャルレンジです。これは、筋肉の「長さ」と、筋肉の「収縮力」が影響しています。

筋肉は大きいほうから筋線維、筋原線維という階層構造になっています（37ページ図01参照）。最も小さな筋原線維のなかには、筋タンパク質のアクチンからできた細い繊維、

図07

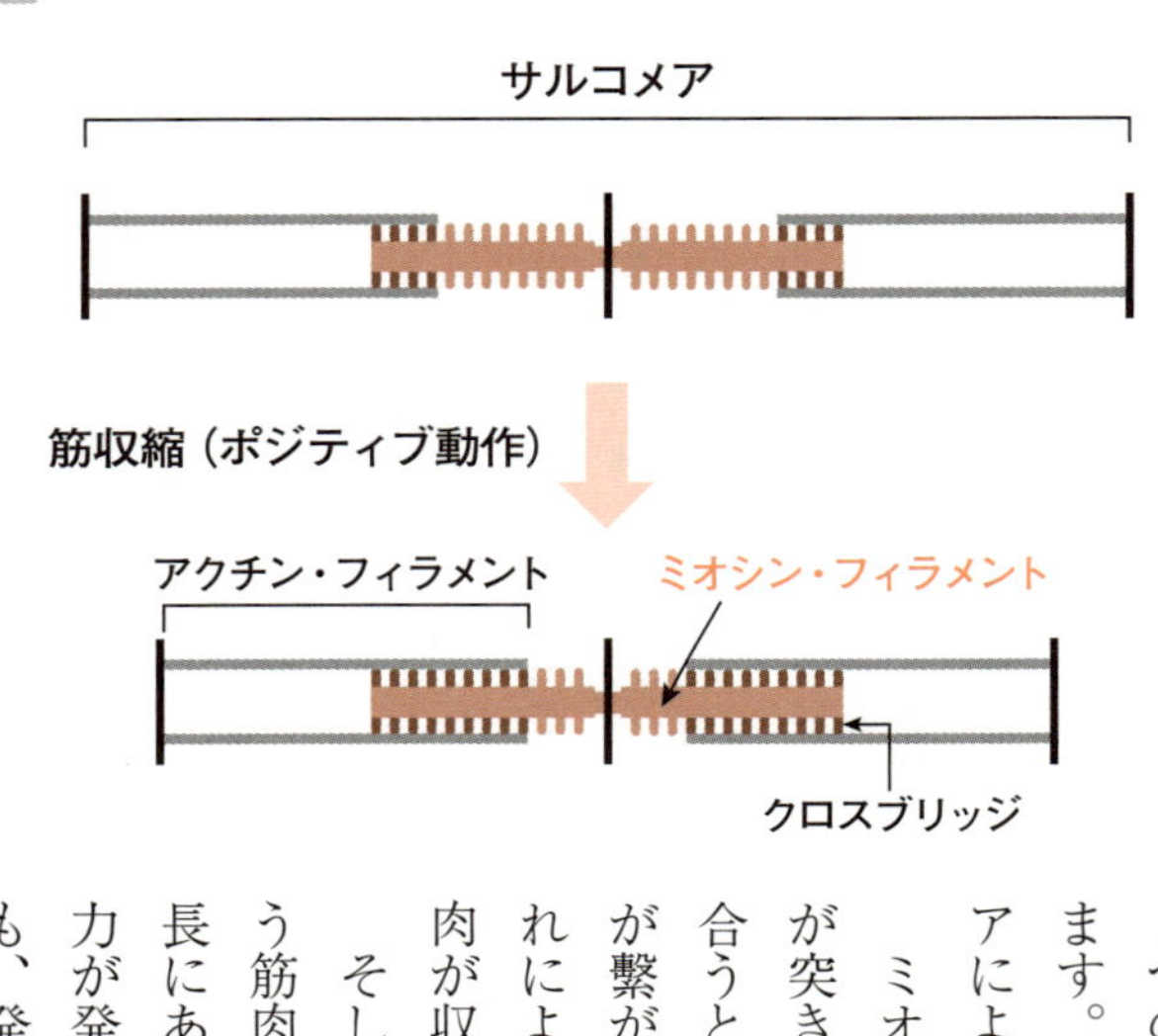

ミオシンからできた太い繊維があり、これらが1つの単位となってサルコメアが構成されています。筋肉の収縮は、無数にあるこのサルコメアによって生じています。

ミオシン・フィラメントからはミオシンの頭が突き出ており、2つのフィラメントが重なり合うとミオシンの頭とアクチン・フィラメントが繋がり、クロスブリッジが形成されます。これによってフィラメントの滑り運動が生じ、筋肉が収縮するのです（図07）。

そして、ミオシンとアクチンが最も重なり合う筋肉の長さを「生体長」と言い、筋肉が生体長にあるときは最大の収縮力、つまり最大の筋力が発揮されます。生体長より長くても短くても、発揮される力は減少します。この関係を表したのが、「長さ—張力曲線」です（図08）。

アームカールは主に上腕二頭筋が活動しますが、その筋肉の長さはひじ関節の角度によって決まります。ひじの可動範囲は0度から130度までありますが、中間域である70度付近が上腕二頭筋の生体長となり、最大の筋力が発揮される角度となります（図09）。

図08

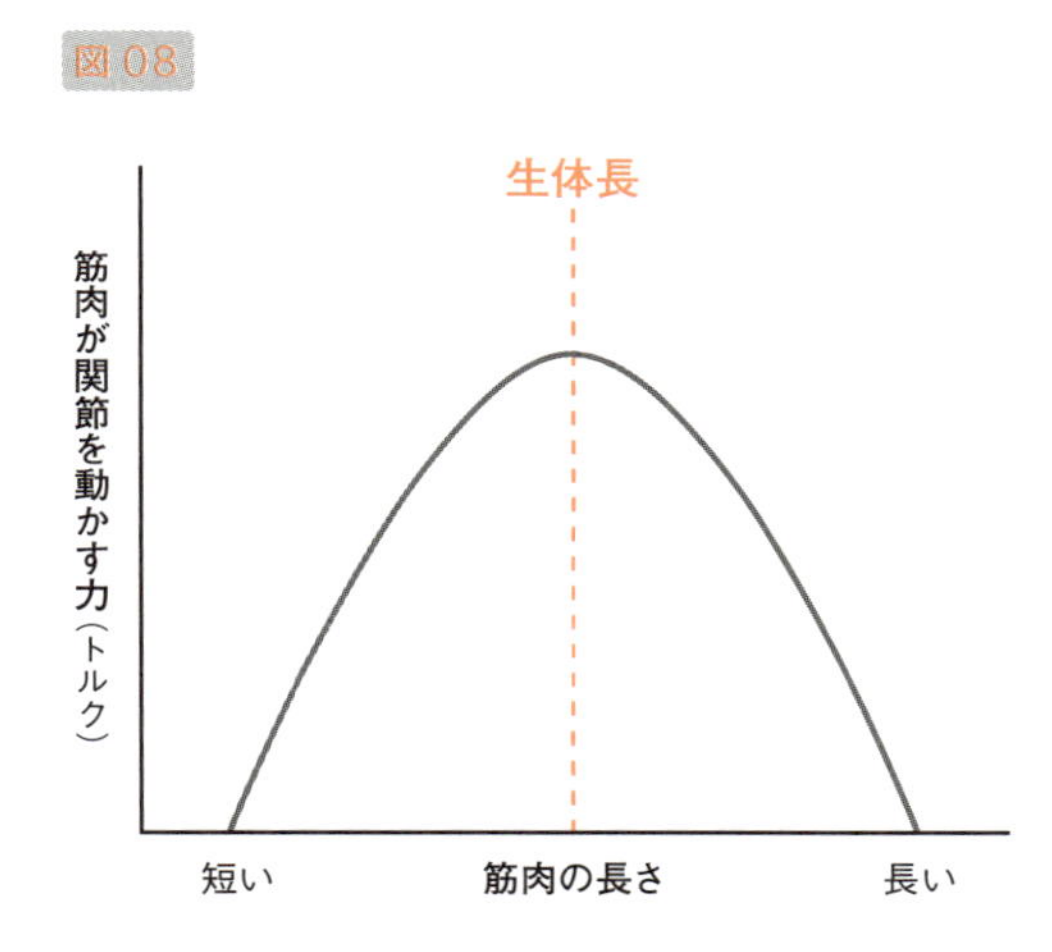

図09

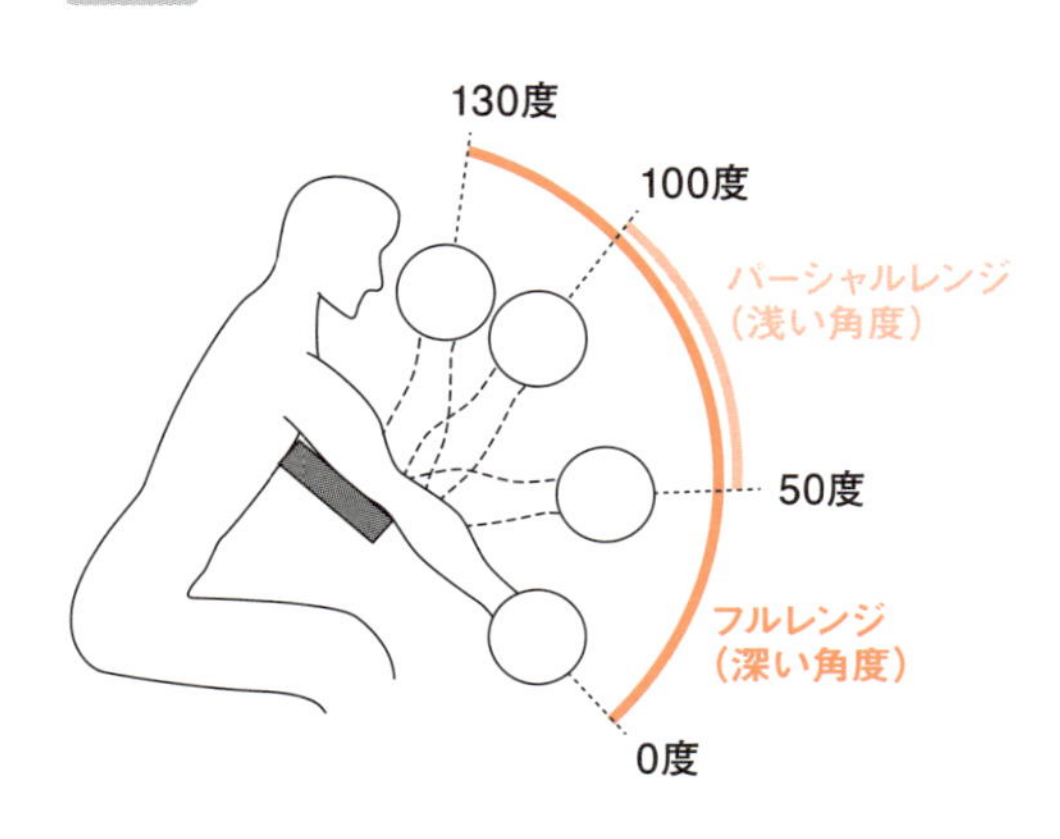

そのため、アームカールを行う場合、しっかり曲げるフルレンジよりも中間の角度で小さく動かすパーシャルレンジで行うほうがラクに感じるのです。これはスクワットやベンチプレスなどでも同じです。また、最初はフルレンジで行っていても、疲れてくると関節を動かす範囲が小さくなったという経験をもつ人も多いでしょう。それは私たちの身体が無意識に、最もラクにパワーを発揮できる生体長の範囲に動きを合わせようとしているからなのです。

筋肥大に効果的なのはフルレンジ

トレーニングによる筋肥大は総負荷量、すなわち「トレーニングの強度（重量）×回数×セット数」によって決まりますが、近年の研究ではここに関節を動かす範囲も影響することがわかってきました。

２０１２年、ブラジルのフェデラル大学のピントらは、関節を動かす範囲の異なりによるトレーニング効果について報告しています。

ピントらは40名の被験者を、アームカールをフルレンジ（０‐１３０度）で行うグループと、パーシャルレンジ（50‐１００度）で行うグループに分け、ともに週２回のトレーニングを10週間行いました。トレーニングの運動強度は、最初の１、２週は20ＲＭの低強度トレーニングで、その後は徐々に減らし、９、10週では８ＲＭで行っています。

その結果、パーシャルレンジに比べ、フルレンジがパーシャルレンジのグループで明らかな筋肥大の増大が示されました。効果量は、フルレンジがパーシャルレンジの２倍の値を示しています。この結果から、ピントらは「筋肥大を目的とした場合、フルレンジのトレーニングが有効である」と述べています。

２０１３年、デンマーク・コペンハーゲン大学のブルームクイストらは、スクワットにおける膝の角度の違いによるトレーニング効果を検証しています。被験者をフルレンジのスクワット（０‐１３０度）のグループと、パーシャルレンジのスクワット（０‐60度）のグループに分け、週３回のトレーニングを12週間継続した結果、パーシャルレンジのスクワットのグループに比べ、フルレンジのスクワットのグループでは足の筋肉量が有意に増加していたのです（図10）。この結果は、パーシャルレンジのスクワットよりもフルレンジのスクワットのほうが筋肥大の効果が高いことを示唆しています。

図10

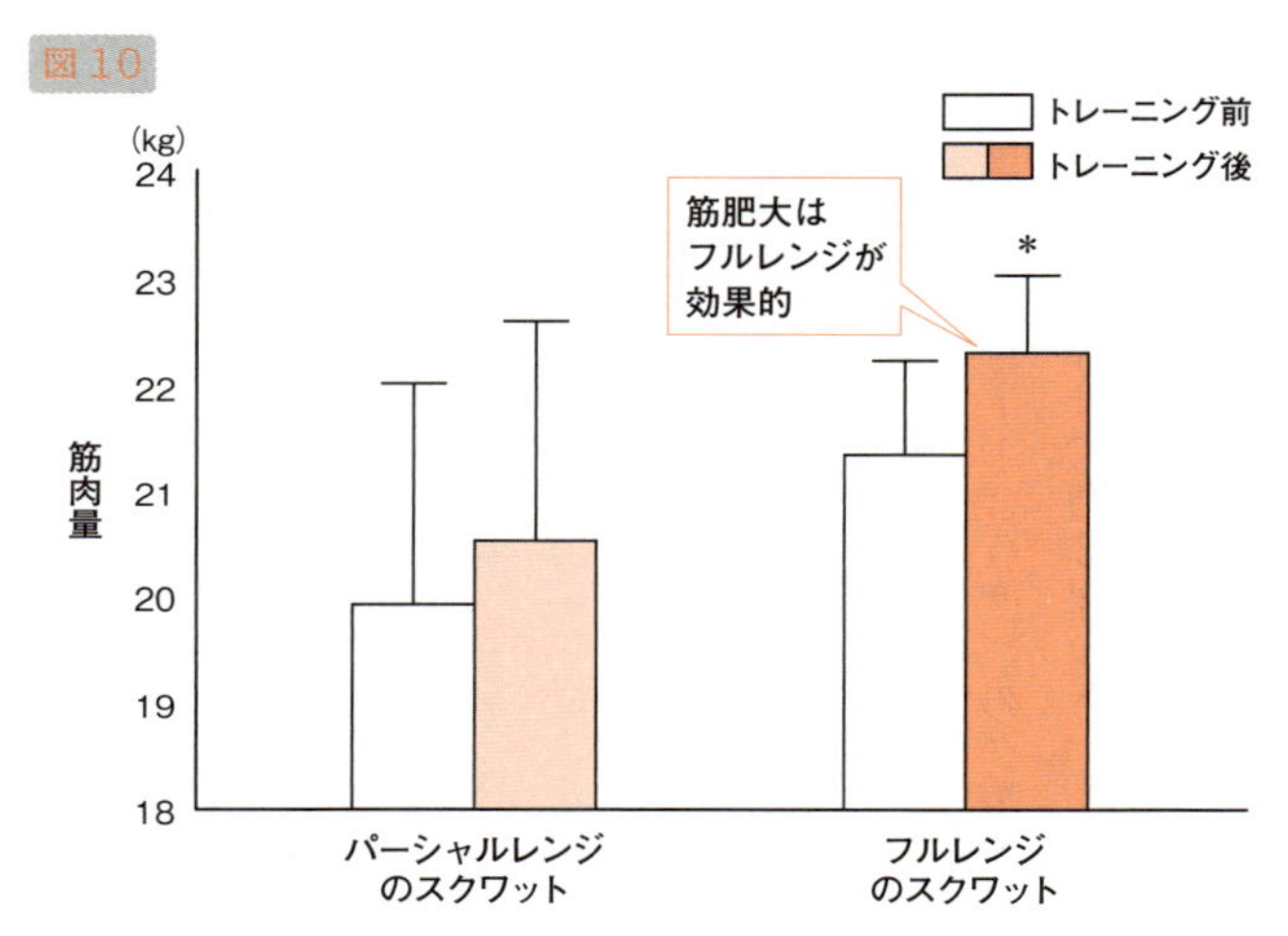

出典：Bloomquist K, 2013より筆者作成

図11

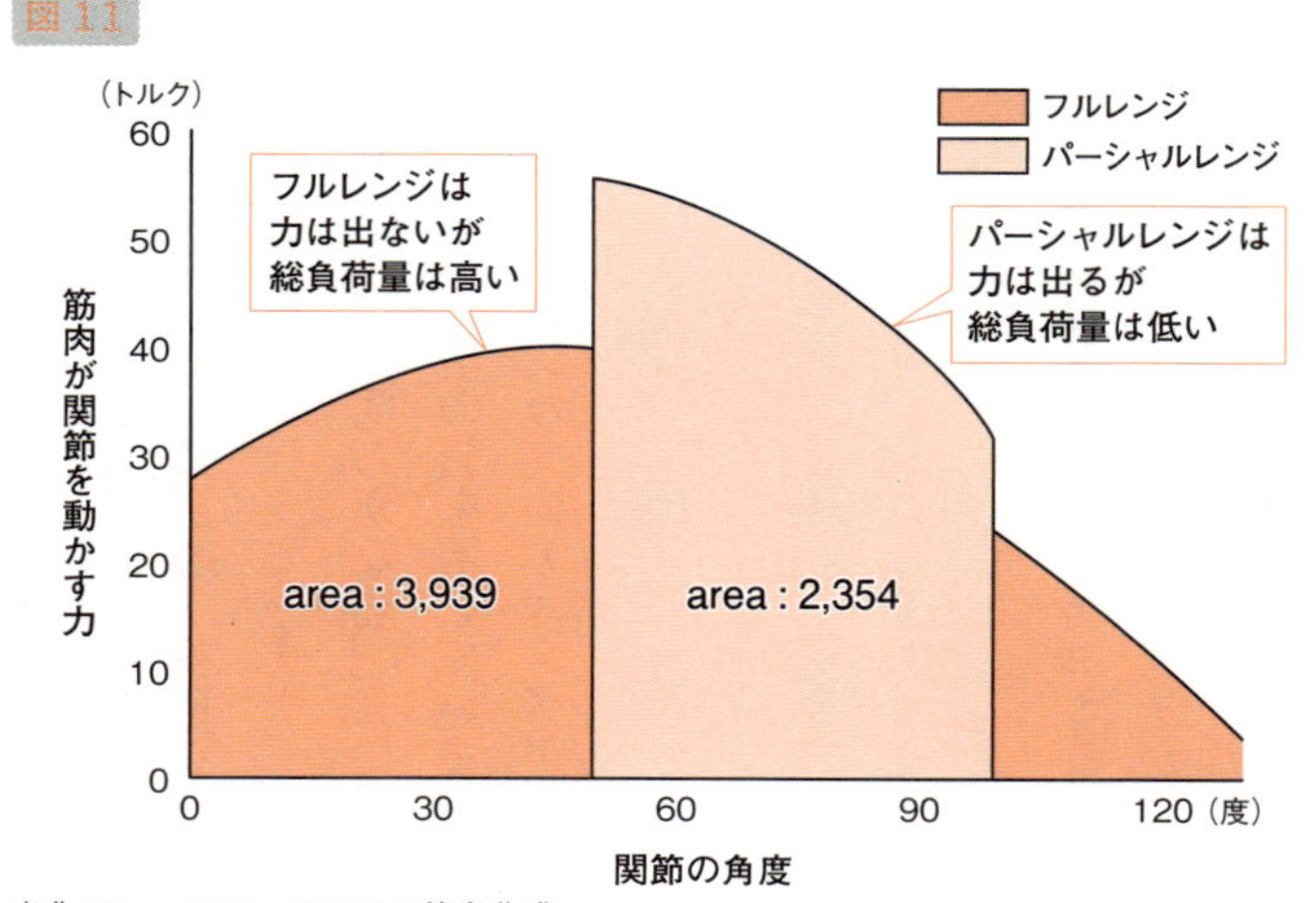

出典：Baroni BM, 2017より筆者作成

これらの報告によって、現在は**「筋肥大を目的としたトレーニングは、フルレンジが効果的である」**と推奨されているのです。

たしかに、パーシャルレンジは生体長に近い運動範囲となるため、フルレンジよりも大きな筋力が発揮でき、より高強度のトレーニングを行うことができます。ところが、関節を動かす際に使われる筋肉の総負荷量を見ると、パーシャルレンジよりもフルレンジのほうが高いことがデータで示されています（図11）。こうしたことが、筋肥大を目的としたトレーニングにおいてフルレンジが推奨される理由となっているのです。

関節の可動範囲と、けがのリスク

総負荷量を高めていくとなると、気になるのがけがのリスクです。

一般的にパーシャルレンジは高強度トレーニングが可能になる一方、関節への圧縮応力（あっしゅくおうりょく）が高く、この部分に大きな負担がかかることでけがをしやすいとされています。

ならば、フルレンジのほうが安全かと言えば、実はそうとも言いきれません。フルレンジはトレーニングの総負荷量を高めやすいものの、けがのリスクが高くなるという報告もなされているからです。

2017年8月、フェデラル大学のバローニらはアームカールをもとに、フルレンジとパーシャルレンジがもたらす筋肉へのダメージについて検証しています。

この実験では、被験者をフルレンジ（0－130度）で行うグループと、パーシャルレンジ（50－100度）で行うグループに分け、ともに最大筋力の80％で10回、4セットを行わせました。ダメージを見るポイントは、①最大筋力（ピークトルク）、②ひじを伸ばしたときの筋肉痛、③触診による筋肉痛、④ひじの動きの結果とし、トレーニング直後、24時間後、48時間後、72時間後に計測しています。その結果、パーシャルレンジに比べて、フルレンジのほうが筋肉へのダメージが大きいことがわかったのです。

具体的には、フルレンジではトレーニング直後から最大筋力が低下し、ひじを伸ばしたときの筋肉痛や触診による筋肉痛が生じ、72時間後まで継続することが示されました。これに対して、パーシャルレンジは筋肉のダメージはあるものの、72時間後にはもとのベースラインに戻ることが示されました。

筋肉は、筋肉の長さが生体長の範囲から離れるほど、負荷によるダメージが大きくなる

図12

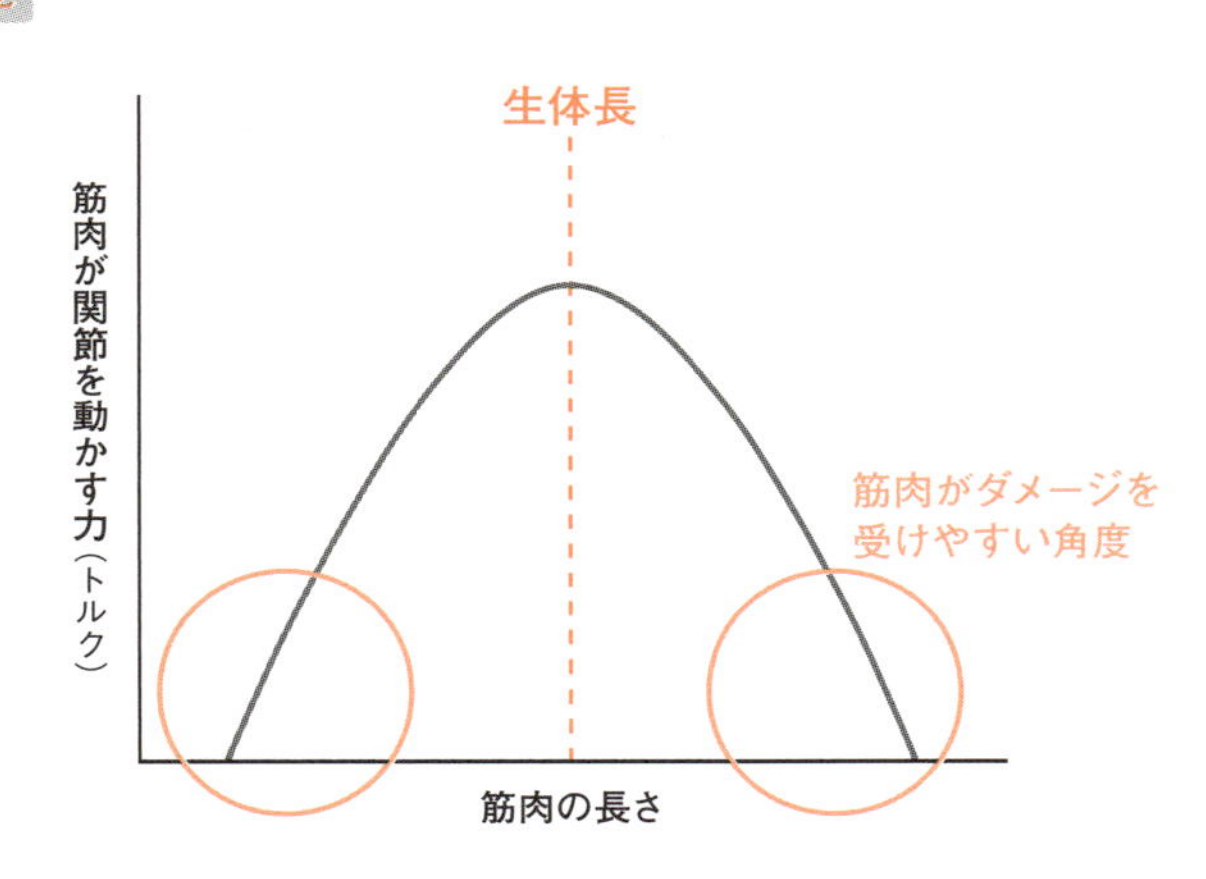

とされています。この仕組みを根拠としてバローニらは、フルレンジはパーシャルレンジよりも筋肉を大きく伸ばしたり、縮めたりするため、筋肉へのダメージが大きくなりやすく、回復が遅延したと推察しています。筋肉が発揮する力は筋肉の長さに影響を受けますが、筋肉のダメージもまた、筋肉の長さに影響を受けることが示唆されたわけです（図12）。

これらの結果からバローニらは**「フルレンジでトレーニングを行う場合は、パーシャルレンジよりも筋損傷の回復時間が延長することを考慮したうえで、トレーニングプランを考えるべきである」**と述べています。

筋肥大を目的としたトレーニングではフルレ

ンジが推奨されています。しかし、筋損傷を誘発し、回復を遅らせる可能性も指摘されています。このトレードオフは、筋トレを行う人にとっては悩ましい問題ではないでしょうか。

高強度の負荷を伴うトレーニングを行う場合、けがのリスクを避けたいのなら、パーシャルレンジで行うか、フルレンジの手前で運動を切り替えてみることも大切です。

1-5 【運動スピード】運動スピードは「8秒以内」

運動スピードとは何か

筋トレを行うとき、皆さんはどれくらいペース（スピード）を意識しているでしょうか？

筋トレが筋肉に与える効果は、「運動スピード」によって大きく変わります。目的に合わせた適切なスピードで行えば、効果はさらに高まるのです。そこで、筋肥大の効果を最大化するための、関節を動かす際の「運動スピード」について見ていきます。

関節を動かすと筋肉は収縮しますが、収縮には大きく2つの様式（仕組み）があります。

- 求心性収縮（短縮性収縮／ポジティブ動作）：筋肉の長さを短くしながら収縮する
- 遠心性収縮（伸長性収縮／ネガティブ動作）：筋肉の長さを伸ばしながら収縮する

図13

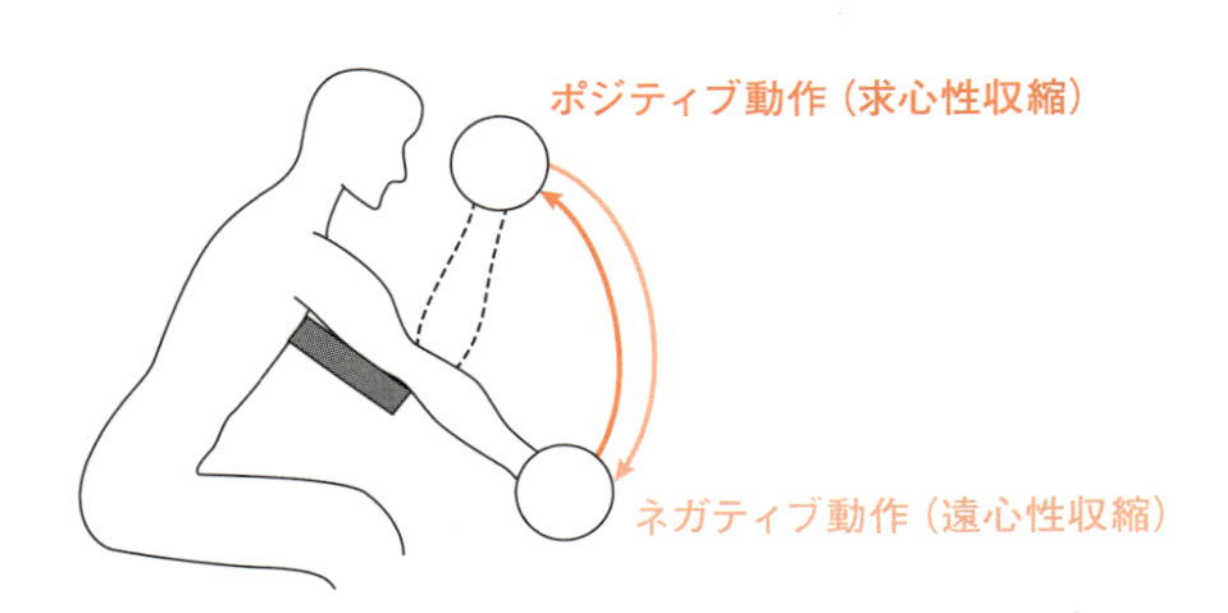

例えば、アームカールでは主に上腕二頭筋が働きます。ダンベルを持ち上げるようにひじを曲げたとき、筋肉の長さは短くなり、上腕二頭筋も収縮します。これが求心性収縮（短縮性収縮）で、「ポジティブ動作」とも呼ばれています。また、ひじを伸ばすときは筋肉の長さは伸び、ブレーキをかけるように上腕二頭筋が収縮しています。これが遠心性収縮（伸長性収縮）で、「ネガティブ動作」とも呼ばれています（図13）。

ここでは、求心性収縮と遠心性収縮にかかる時間を合わせた繰り返し時間を「運動スピード」として話を進めます。例えば、アームカールでひじを曲げる時間が2秒、ひじを伸ばす時間が2秒（動作の切り替え時間は0秒とします）だった場合、運動スピードは4秒となります。

それでは、筋肥大の効果を最大化する運動スピードはどれくらいなのでしょうか？　この問いに世界で初めてエビデンスを示したのが、ニューヨーク市立大学のシェーンフェルドらが行ったメタアナリシスです。

一定の基準を満たした8つの研究結果をもとに、そこから得られたデータを3つの運動スピードにグループ分けし、筋肥大の効果との関連を検証しました。

・速　い：0・5～4秒
・中等度：4～8秒
・遅　い：8秒以上

3つの運動スピードごとに算出した筋肥大の効果（平均効果量）を比較すると、「速い」の効果量は0・42、「中等度」は0・37と、両グループに有意な差は認められず、さらに「遅い」グループは有意な効果が認められなかったため、分析から除外されました。

これらの結果から、次のような2つの結論を導き出しています。

・8秒以下の運動スピードであれば、速くても遅くても筋肥大の効果に大きな差はない

・8秒より遅いと、筋肥大の効果は低い

そして、この結論には本章の冒頭で紹介した「運動単位の動員」が関係することが示唆されています。

運動単位は、運動神経が数十本の筋線維を支配する「小さな運動単位」と、数百本から数千本の筋線維を支配する「大きな運動単位」に分けられます。

・小さな運動単位：発揮する力は弱いものの、疲れにくい
・大きな運動単位：発揮する力は強いが、疲れやすい

これを「サイズの原理」（39ページ参照）と言います。トレーニングの総負荷量を高めることで、小さな運動単位だけでなく大きな運動単位の動員も促されるため、結果として多くの筋線維を収縮させることができ、筋肥大の効果を最大化できるのです。

実は、運動単位の動員にはトレーニング強度だけでなく、運動スピードも深く関与しています。**運動スピードが速いほど大きな運動単位が動員でき、多くの筋線維を収縮させるこ**

とが可能となります。この運動スピードの上限が「8秒以内」なのです。

8秒以上のスロトレでは筋肥大は望めない

マクマスター大学のシェプストーンらは20代の被験者を集め、アームカールを使った運動スピードに関する実験を行いました。片方のグループは運動スピードが1秒以内（ファストトレーニング）、もう一方のグループは8〜9秒（スロートレーニング）という条件で、それぞれ疲労困憊になるまでアームカールを行い、これを4セット、週3回の頻度で8週間実施しました。

そして、トレーニング前後の上腕二頭筋の横断面積、筋線維のタイプ別の横断面積を計測したところ、両グループともに上腕二頭筋の筋肥大が認められたものの、ファストトレーニングのグループのほうがより高い効果が認められたのです。

運動単位はそのサイズにより、特徴の異なる筋線維のタイプに対応しています。小さな運動単位は「タイプⅠ（遅筋線維）」に分類され、発揮する力が弱く、収縮の速度も緩やかですが、疲れにくいことが特徴です。大きな運動単位は「タイプⅡ（速筋線維）」に分類され、発揮する力が強く、収縮の速度も速いのですが、疲れやすいことが特徴です。さらにタイプⅡの筋線維は、強い力を素早く発揮する「Ⅱa」、さらに強力な力を素早く発揮する「Ⅱx」に分類されます（図14）。

シェプストーンらは、タイプ別の筋線維の肥大についても調べています。その結果、タイプⅠ線維の肥大は両グループともに増加を示し、グループ間に有意な差は認められませんでした。しかし、タイプⅡ線維（Ⅱa、Ⅱx）は、ファストトレーニングのグループのほうが有意な増加を示したのです（図15）。

・タイプⅠ線維を肥大させる効果は「ファストトレーニング」「スロートレーニング」ともに同じ
・「ファストトレーニング」は、タイプⅡ線維（Ⅱa、Ⅱx）を効果的に肥大させる

また、裏を返せば、8秒以上のスロートレーニングでは、大きな運動単位にあたるタイプⅡ線維の収縮を十分動員できず、筋肥大の効果が低いことが示されたわけです。

シェプストーンらの報告を後押しするように、オーストラリア・ニューイングランド大

図14

	小さな運動単位	大きな運動単位	
筋線維のタイプ	タイプⅠ	タイプⅡa	タイプⅡx
力の強さ	弱い	強い	最も強い
収縮速度	遅い	速い	最も速い
疲労度	疲れにくい	疲れやすい	とても 疲れやすい
収縮タイプ	持久型	パワー型	瞬発型

図15

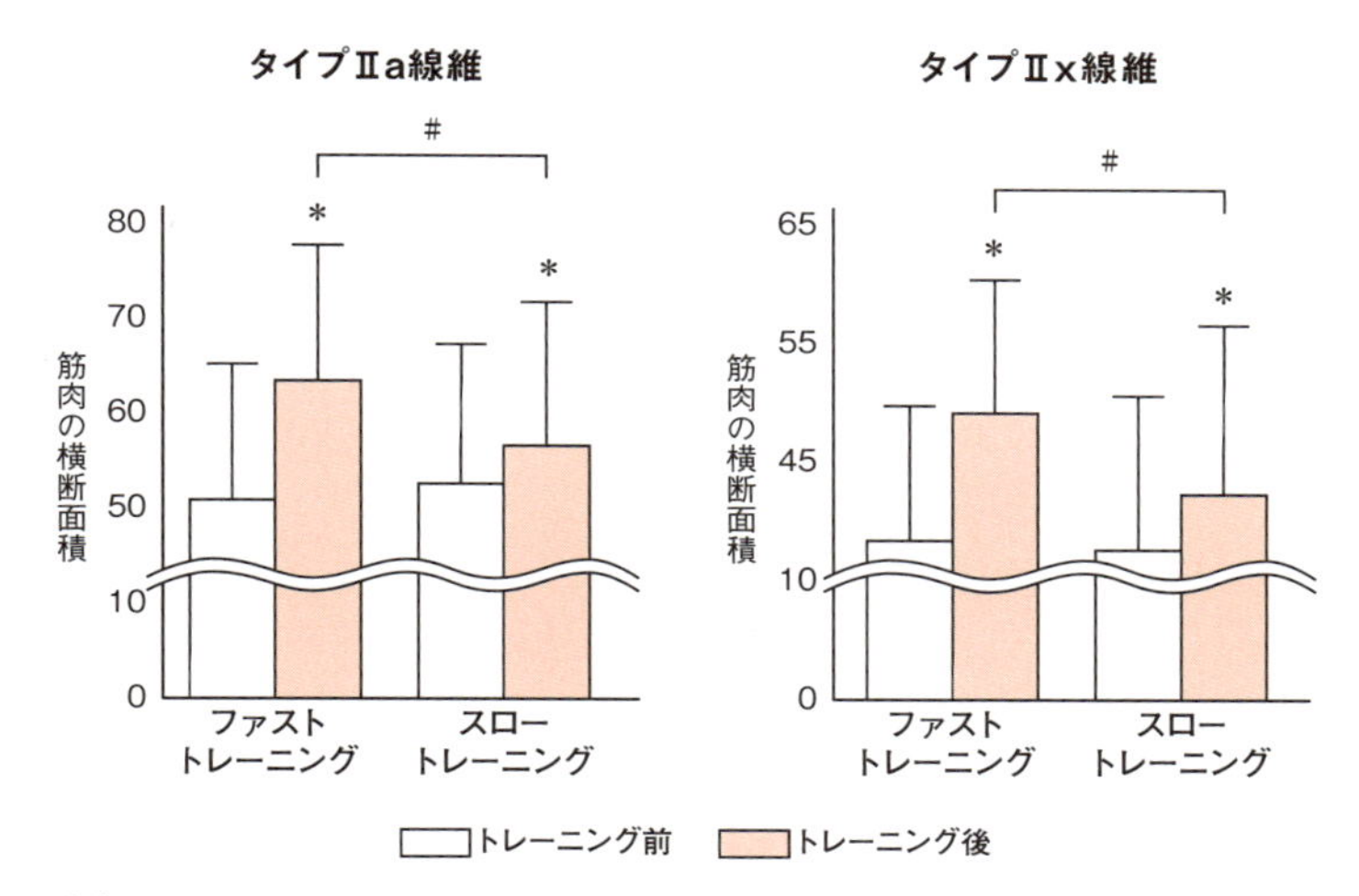

出典：Shepstone TN, 2005より筆者作成

学のシューケンらは、ベンチプレスやスクワットといった多関節トレーニングでも、スロートレーニングではタイプⅡ線維の十分な肥大が生じないと報告しています。これらを根拠に、現在は8秒より遅いスロートレーニングは筋肥大の効果が低いと考えられています。

ここまで様々に述べてきましたが、運動スピードに関する研究はいまだ発展途上です。研究結果はまだ多くは出揃っておらず、性別や年齢、トレーニング経験の有無などによるサブグループ解析は行われていません。しかし、8秒より遅いスロートレーニングについては、神経生理学的なメカニズムからも効果が低い可能性が示されているのです。

筋肥大の効果を最大化させるためにも、ファストトレーニングを意識し、少なくとも「8秒以内」の運動スピードで日々のトレーニングを組み立ててみましょう。

1-6 【筋収縮の様式】ネガティブ動作は、意識しなくていい！

ポジティブ動作とネガティブ動作

前項では、筋肉の収縮には求心性収縮（短縮性収縮／ポジティブ動作）と遠心性収縮（伸長性収縮／ネガティブ動作）という2つの様式があることを説明しました。

実は近年、筋トレに関する書籍やブログでは「ネガティブ動作を意識したトレーニングが筋肥大の効果を高める」とする記事が、たくさん紹介されています。本当にネガティブトレーニングは筋肥大に効果的なのでしょうか？　この疑問に迫るため、まずはポジティブ動作とネガティブ動作のおさらいから始めましょう。

例えばアームカールでは、ダンベルを持ち上げようとひじを曲げたとき、まず上腕二頭筋の求心性収縮（ポジティブ動作）が起こります。そして、ひじを伸ばすときはブレーキをかけるように上腕二頭筋は収縮し、遠心性収縮（ネガティブ動作）が起こります（66ページ図13参照）。

ベンチプレスでは、バーベルを下げるときは大胸筋（前胸部の筋肉）がブレーキをかけるように収縮するネガティブ動作、バーベルを挙げる動作は大胸筋が縮むように収縮するポジティブ動作となります。

スクワットで使われる大腿四頭筋では、膝を曲げる動作がネガティブ動作、膝を伸ばす動作がポジティブ動作となります。

実は、**ネガティブ動作はポジティブ動作よりも大きな重量に耐えることができます。**筋肉に対してより大きな刺激が与えられるため、それが筋肥大の効果を高める理由になると考えられているのです。

ネガティブ動作がもつ特別なメカニズム

ネガティブ動作が大きな重量に耐えられるのは、ポジティブ動作にはない特別な筋収縮のメカニズムをもっているからです。

筋肉の最小単位である筋原線維の内部には、筋タンパク質であるアクチンからできた細いフィラメントと、ミオシンからできた太いフィラメントがあり、これらが１つの単位となってサルコメアが構成されています（56ページ図07参照）。

ポジティブ動作では筋肉の長さが短くなる際、２つのフィラメントが重なり合い、ミオシン・フィラメントから突き出たミオシンの頭とアクチン・フィラメントが繋がり、クロスブリッジが形成されます。このクロスブリッジによってフィラメントの滑り運動が起こり、筋肉が収縮して筋力が発揮されます。

一方、ネガティブ動作では筋肉が伸ばされながら収縮します。サルコメアでは２つのフィラメントの重なり合う部分が減り、形成されるクロスブリッジの数が少なくなります。このままでは発揮される筋力も弱くなり、ネガティブ動作の特性であるブレーキ作用も生じなくなってしまいます。

ここで登場するのが**「チチン」**です。チチンは自然界で知られている最大のタンパク質で、特徴は**自在に伸縮するバネのような「スプリング能力」をもっている**こと。ネガティブ動作でクロスブリッジが減少すると、チチンがバネの役割を果たし、両端に向かって強力に引っ張る力（ブレーキ作用）が働きます。この受動的な緊張があるからこそ、ネガティ

図16

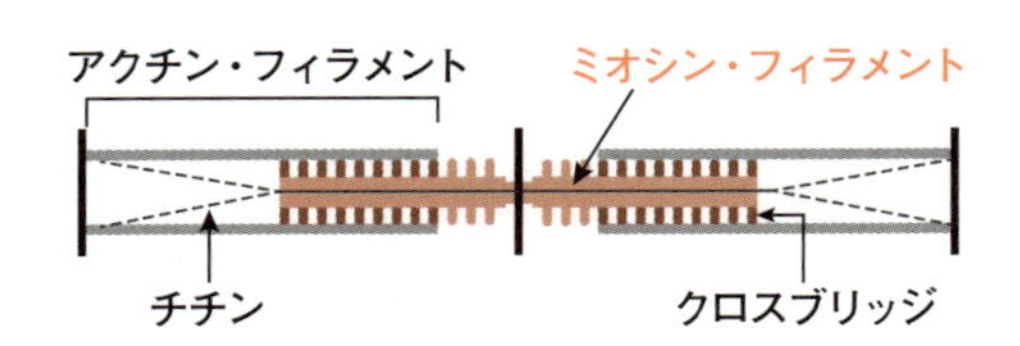

筋収縮（ネガティブ動作）

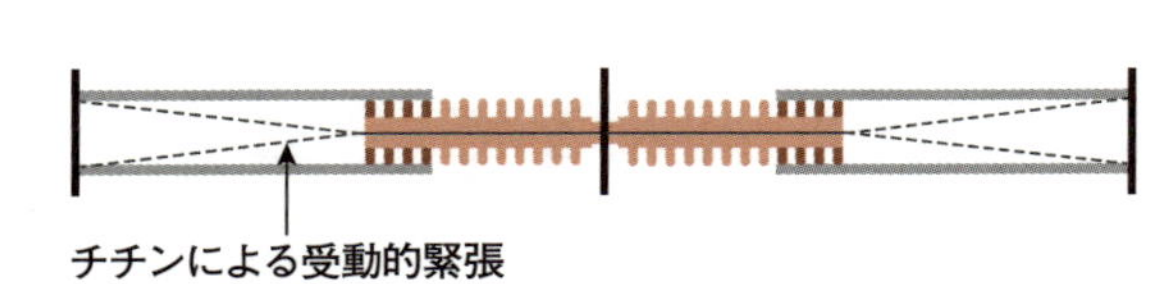

ブ動作は大きな重量にも耐えられるのです（図16）。

ある研究報告では、ネガティブ動作が耐えられる負荷は、ポジティブ動作よりも20〜50％上回ることが示唆されています。このようなメカニズムが根拠となり、「筋肉への負荷を高め、より大きなメカニカルストレスを与えられるネガティブトレーニングは筋肥大の効果を高める」と言われるようになったのです。

ネガティブトレーニングの効果は、高くない!?

ネガティブトレーニングの具体的な効果

について、世界で初めて科学的なエビデンスを示したのが、カナダのブリティッシュ・コロンビア大学のロイグらです。

2009年、ロイグらはポジティブ、ネガティブ双方のトレーニングによる筋肥大の効果を検証した8つの研究報告をもとにメタアナリシスを行い、「ネガティブトレーニングはポジティブトレーニングよりも筋肥大の効果が高い」と結論づけました。この報告が筋トレの新たな〝常識〟として認知され、多くのメディアやトレーナーがネガティブトレーニングを推奨するようになったのです。

ところがその後、多くの研究者がこれに疑義の声をあげました。その理由は、前述のメタアナリシスが対象とした研究報告のなかで精度の高い筋肉量の計測方法が用いられたのは、3つだけだったからです。そして、この3つの研究結果に対象を絞り、あらためて詳細な解析を行ったところ、**ネガティブトレーニングで筋肥大のやや高い効果が示されたものの、双方のトレーニング効果には有意な差はありません**でした。

2017年、ニューヨーク市立大学のシェーンフェルドらは、筋生検、超音波、MRIなど精度の高い計測方法を用いた15の研究報告をもとに、メタアナリシスを実施しました。その結果、ネガティブトレーニングでもポジティブトレーニングでも、それぞれ筋肥大の効果が認められたものの、やはり、双方のトレーニング効果には統計学的な有意差は見られず、ネガティブトレーニングによる筋肥大の効果はポジティブトレーニングよりもやや高い程度にとどまる、ということが示唆されたのです。

シェーンフェルドらは「ネガティブトレーニングを単独で行うことによる筋肥大のメリットは少ないものの、通常のトレーニングのなかでは、ポジティブ動作よりもネガティブ動作を意識して行うことは筋肥大の効果に寄与するだろう」と述べています。

筋収縮の様式の違いによるトレーニング効果の研究も、運動スピードと同様にいまだ発展途上です。とはいえ最新のエビデンスでは、ネガティブトレーニングによる筋肥大の効果は、世間で言われているほど高くはないことが示されています。

ここまで紹介した知見を総合すれば、筋トレを行う際は、**ネガティブ動作の運動スピードを緩やかにすることを意識しつつ、総負荷量を高めるようトレーニングをデザインすることが、筋肥大の効果の最大化に繋がる**と考えられます。

1-7 【週の頻度】週3回でも6回でも筋トレの効果は同じ

筋肥大に効果的なトレーニング頻度はあるのか？

筋トレは週にどのくらいの頻度で行えばいいのか？　これは、筋トレを始めた人が必ず突き当たる問題ではないでしょうか。筋肉の回復を待つために中1日を空けて週3回。いや、中2、3日空けて週2回など様々です。また、個人の生活スタイルにも左右されます。日々の仕事や生活が忙しくて、筋トレにあまり時間がとれない。やめどきがわからず、とにかく毎日繰り返している。つまり、これといった基準がなく、その答えが見いだせず「なんとなく」行っていることでしょう。

本項では、筋肥大の最大化に最も効果的な週単位のトレーニング頻度を、最新の知見から読み解いていきます。

筋肥大の決め手となる総負荷量は、「トレーニングの強度（重量）×回数×セット数」

で導き出されます。これを踏まえれば、週のトレーニング頻度を増やし、週単位の総負荷量を増やせば増やすほど、筋肥大の効果は高まります。

２０１６年、ニューヨーク市立大学のシェーンフェルドらは、世界で初めて筋肥大の効果と週単位のトレーニング頻度に関するメタアナリシスを報告しました。

彼らは、筋肥大の効果と週の頻度（週１〜３日）を調べた７つの研究報告を解析し、

・週１日のトレーニングでは効果がない
・週に２日で筋肥大の効果が認められた
・週に３日でも同様の効果が認められた

と報告しています。この結果から、週の頻度を多くし、週単位での総負荷量を増やすことによって、筋肥大の効果が高められることが示唆されたのです。

これをもとに、**「筋肥大の効果は１回の総負荷量ではなく、週単位の総負荷量によって決まる」**ことを示唆したのが、オクラホマ州立大学のコルクフーンらによる研究報告です。

図17

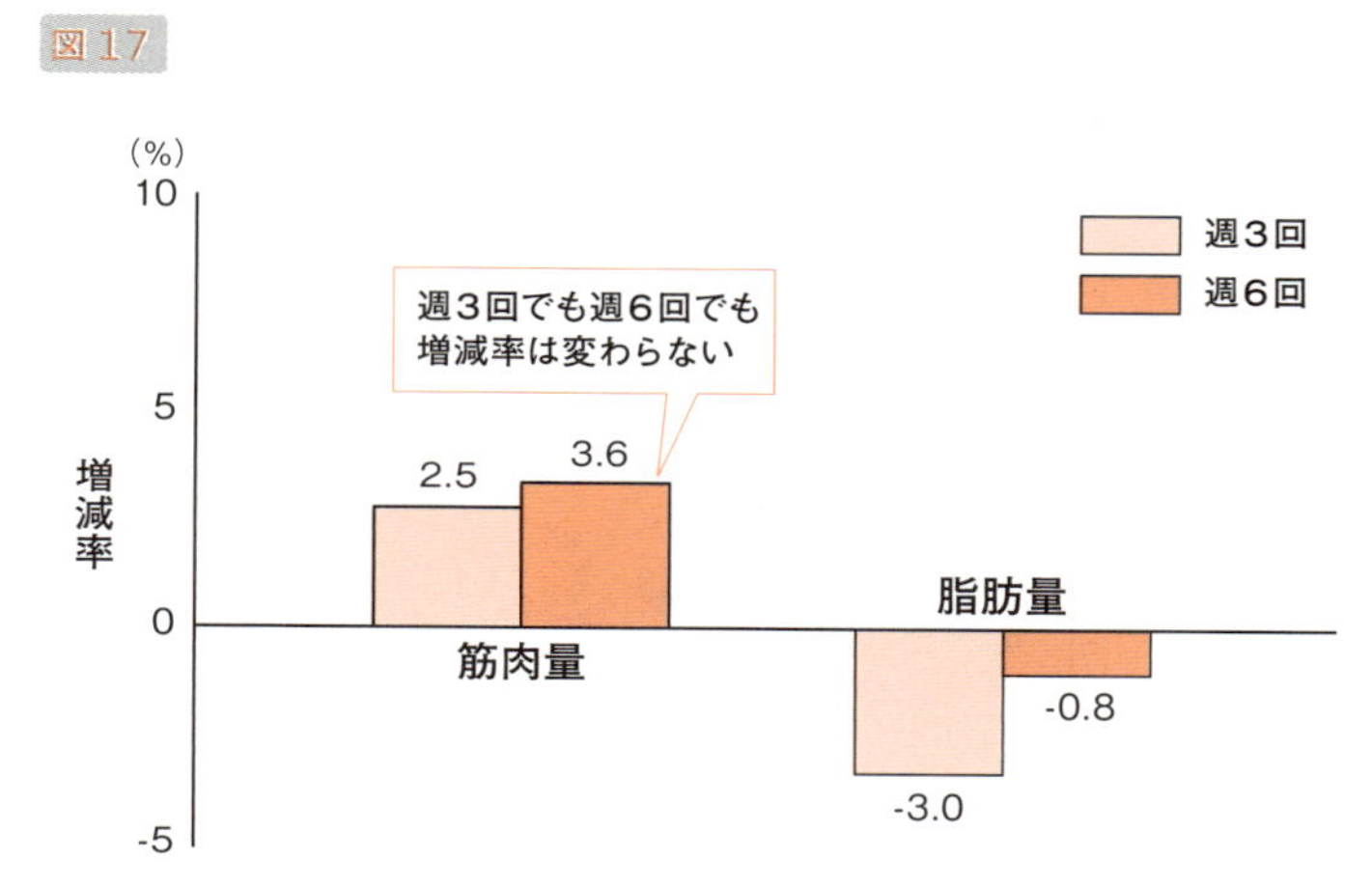

出典：Colquhoun RJ, 2018より筆者作成

2018年、コルクフーンらはトレーニング経験者を集め、頻度を週3回、週6回という2つのグループに分けたうえで、すべての被験者にスクワット、ベンチプレス、デッドリフトを行わせました。ポイントは、3種目ともに週単位の総負荷量が同じになるよう、強度（重量）と回数、セット数が設定されたこと。頻度に違いはあれども、週単位の総負荷量は両グループとも同じにしたのです。

こうしたトレーニングを6週間継続し、トレーニング前後の筋肉量を計測した結果、両グループの被験者の筋肉量はともに増加を示したものの、グループ間で有意な差は認められなかったのです（図17）。

この結果から、筋肥大の効果は頻度では

なく週単位の総負荷量で決まる、つまり、**週単位の総負荷量が同じであれば、週の頻度は3回でも6回でも効果に変わりはない**、ということが示唆されたのです。

頻度ではなく総負荷量で考えよう

人間は誰しも、体調のいい日ばかりというわけにはいきません。1日のトレーニング総負荷量も体調の変化の影響を受け、病気や疲労、けがなどがあるときは総負荷量も少なくなるものです。そうした場合も、あらかじめ基準となる週単位の総負荷量を決めておき、そのなかで頻度を調整していけば、確実に筋肥大の効果が得られるようになります。

総負荷量は「トレーニングの強度（重量）×回数×セット数」で導き出します。そのため、高強度×少ない回数のトレーニングと、低強度×多くの回数のトレーニングでは、総負荷量が同じであれば、筋肥大の効果も同じなのです。

例えば、10kgの重量で10回行うトレーニングでも、1日4セット×週2回行った場合（パターン①）と、1日2セット×週4回行った場合（パターン②）では総負荷量が同じになり、筋肥大の効果も同等になります（図18）。

また、同じ頻度（週3回）でも、10kgの重量で10回のトレーニングを1日2セット行っ

図18

パターン①：総負荷量＝10kg×10回×４セット×週２回＝800kg
パターン②：総負荷量＝10kg×10回×２セット×週４回＝800kg

図19

パターン①：総負荷量＝10kg×10回×２セット×週３回＝600kg
パターン②：総負荷量＝10kg× ５回×４セット×週３回＝600kg

た場合（パターン①）と、10kgの重量で5回のトレーニングを1日4セット行った場合（パターン②）では、総負荷量が等しくなり、筋肥大の効果は同等になります（図19）。

２０１８年、ヴィクトリア大学のGrgicらは、筋肥大の効果と週単位の頻度について検証した23の研究結果をもとにレビューを行い、「週単位の総負荷量が同じであれば、週の頻度は2回でも4回でも筋肥大の効果は同等である」と結論づけています。さらに、「より筋肥大の効果を高めたい場合は、週の頻度を増やし、週単位の総負荷量を高めることでさらなる筋肥大の効果を得ることが可能である」としています。

仕事や生活の忙しさ、あるいは疲労の回復を考えれば、一般的には週に2~3回のトレーニングを行うことが現実的かもしれません。

しかし、筋肥大において大切なのは、頻度ではなく、週単位の総負荷量です。

まずは**トレーニングの指標となる「週単位の総負荷量」を決め、それを基準に体調や疲労の度合いに合わせて、トレーニング強度や回数、セット数、頻度を上手に管理・調整していくことが、筋肥大の効果を高めるための近道**となります。

1-8 「筋力を強くする」方程式

筋肉量が多ければ、筋力が強いとは限らない

ここからは筋トレのもう1つの目的、「筋力増強」（筋力を強くする）の効果を最大化させる筋トレ方程式について考えていきます。

私たちはがっちりした体つきの人（筋肉量の多い）人を見ると、「きっと筋力も強いのだろう」と感じるものです。しかし、現代のスポーツ科学では「筋肉の大きさだけでは筋力について完全には説明しきれない」としています。

これは、私たちの身近なところでも心当たりがあります。一般的に日本人は、海外の人と比べて身体は小さく、筋肉量も少ないです。ところがスポーツ競技においては屈強な相手と伍して時に逆転し、素晴らしい成績を収める人が多くいます。このことからも、筋肉

量が多いことと筋力の強さは必ずしも直結しないということが納得できます。

筋肉の大きさと筋力との関係を調べた研究報告では、筋肥大による筋力増強への寄与は50～60％にとどまると示唆されています。また、筋肉の総量を示す筋体積と筋力にはある程度の関係性が認められたものの、完全な関係性までは認められませんでした。

なぜ、筋肉の大きさだけで筋力を説明できないのか。そこには**筋力に深く関わるもう1つの重要な要素、「神経活動」があるから**です。

右手を鍛えれば左手も〝教育〟される

筋肉の収縮は、脳の神経から伝わる指令によって起こります。現代の脳科学では神経活動を高め、運動に適応させていくことが筋力アップに繋がると示唆しています。

例えば、神経活動にアプローチすることで、筋肥大に関係なく簡単に筋力を強くする方法があります。「右手」に重めのダンベルを持ち、アームカールを疲労困憊になるまで行ってみましょう。実は、これだけで「左手」の筋力は10％増強します。何とも奇妙な話ですが、ここにも科学的なエビデンスがあるのです。

図20

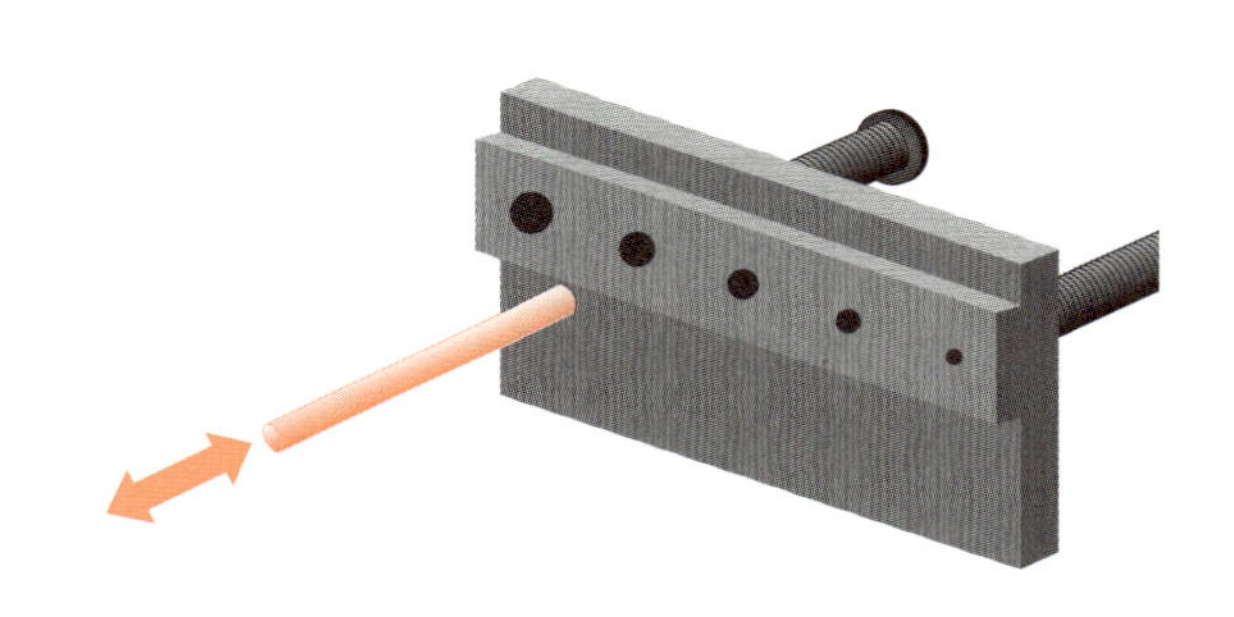

1894年、イェール大学の心理学者スクリプチャーらは、運動の学習についてある実験を行っています。被験者は板に開いた穴に、それよりもやや細い直径の棒を通す課題を繰り返し行いました。穴の縁にはセンサーがあり、棒がぶつかるとエラーが表示され、その回数（エラー数）を計測したのです（図20）。

被験者は右手で棒を持ち、注意しながら穴に棒を通しましたが、最初は多数のエラーが表示されました。しかし、回数を重ねるごとにこの動作に慣れ、エラーの数が減っていったのです。この実験の目的は繰り返しによる運動学習の効果を調べるものでしたが、その途中であることを発見します。

棒を上手に通せるようになった被験者が、左手に棒を持ち替えて課題を行ったところ、驚くことに最初から右手よりも少ないエラー数で棒を通すことができたのです。スクリプチャーらはこの結果を受けて、片方の手で運動を学習すると、反対側の手まで〝教育〟されることを明らかにしました。そしてこれを「クロスエデュケーション」と名付けたのです。

そして今度は、水銀計に繋がるゴムボールを被験者に握らせ、左右の握力を計測しました。次に、右手でゴムボールを何度も握るトレーニングを行わせました。すると、トレーニングしていない左手の握力も増していたのです。この結果から、それが運動の学習だけでなく、「筋力」にも生じることを明らかにしました。

その後もクロスエデュケーションによる筋力の増強効果は様々な研究で追認され、2018年にはイタリア・サッサリ大学のマンカらが、31の研究結果（785名）をもとに解析したメタアナリシスにより、「片側のトレーニングは、反対側の筋力を11・9％（腕9・4％、脚16・4％）増強させる」と報告しています。

イメージトレーニングだけで筋力が上がる

神経活動にアプローチすることで簡単に筋力を強くする方法は、もう1つあります。それは「自分がトレーニングしている姿をイメージする」こと。実は、これだけで筋力は

図21

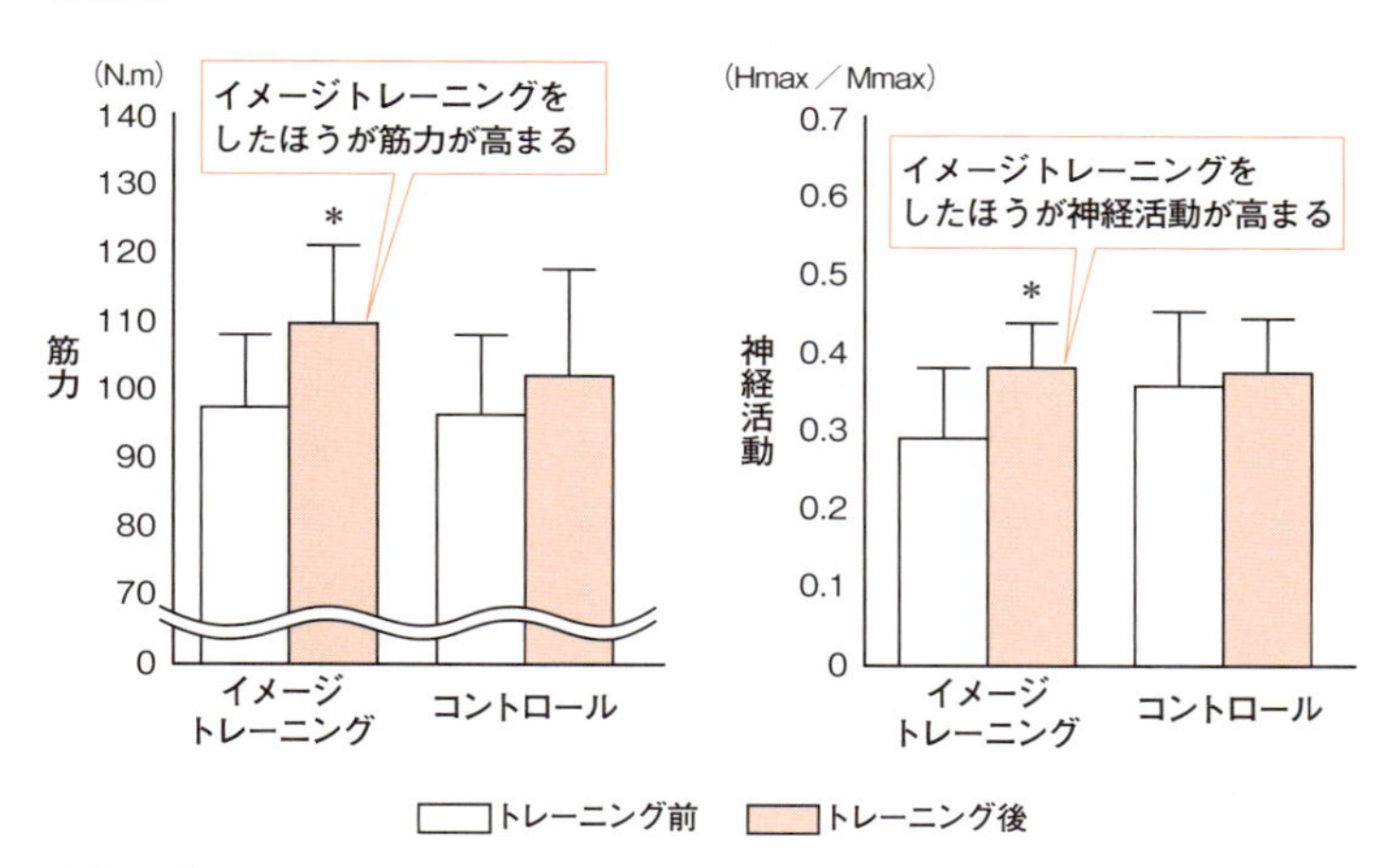

出典：出典：Grosprêtre S, 2017より筆者作成

10％ほど増強されます。これは、最新の脳科学において筋肉と神経活動の関係を検証したエビデンスが示されています。

２０１７年、フランス・ブルゴーニュ大学のGrosprêtreらは、同様のイメージトレーニングを７日間連続で行った結果、被験者の下腿三頭筋（ふくらはぎの筋肉）の筋力（等尺性筋力）が９・46％増強したと報告しています。また、終了後、被験者の脊髄の神経活動が増加することを神経生理学的評価によって明らかにしています（図21）。

同じく２０１７年、同大学のルフィーノらは、イメージトレーニングによる筋力増強のメカニズムを検証した過去の研究報告をレビューし、脊髄とともに大脳皮質の運動野の神経活動が増加することを示唆しています。

このように、筋肉の大きさが変わらなくても、神経活動を変化させることにより、筋力を増強することができるのです。しかし、紹介した2つの方法による筋力増強は、一時的な神経活動の変化がもたらすものにすぎません。翌日にはもとの筋力に戻ってしまいます。これでは真の筋力増強には繋がりません。

そこで重要になるのが**「神経活動の適応」**です。

脳は、160億以上もの神経細胞（ニューロン）が複雑に繋がり合う巨大なネットワークからなります。そしてニューロンは、先端にある樹状突起で他のニューロンとシナプスを形成して繋がり合い、無数の情報を伝達しています。新しい運動に取り組むと、最初はうまくできなかったものが、繰り返し練習をするうちに次第に上達していきます。つまり「体が覚える」ということです。これは、新たに得た様々な情報を伝達するうちにシナプスが組み替わり、神経のネットワークが変化することに起因しています。

このようなネットワークの再構築を「神経活動の適応」と言い、脳科学では運動が上達するメカニズムとして活用されています。そして、**筋力増強の効果を長期的に得るためには、筋肥大とともに、筋力を強く発揮できるように神経活動を変化させ、適応させることがポイント**になるのです。

このような筋力増強のメカニズムからわかることは、これまでに紹介した「筋肉を大きくする方程式」にもとづくトレーニング方法では十分な筋力増強の効果が得られないということです。筋力増強の効果を最大化させるためには、神経活動の適応を考慮した別の方程式が必要になります。それが「筋力を強くする方程式」です。

筋力増強の効果＝トレーニング強度×運動スピード×週の頻度

ここからは、「筋力を強くする方程式」の各要素を見ていきましょう。

1-9 【トレーニング強度】筋力増強は「高強度トレーニング」あるのみ！

筋力増強の効果は「神経活動の適応」で高まる

筋力増強の効果を最大化するトレーニング強度について、アメリカスポーツ医学会は「高強度トレーニングが推奨される」と答えています。具体的には、1RMの80％以上の高強度トレーニングを推奨しており、これは現代のスポーツ科学も支持しています。

なぜ、筋力増強には低強度や中強度は含まれず、高強度トレーニング一択なのでしょうか？　それを考えるために「サイズの原理」（39ページ参照）が再び登場します。

強い力を発揮するためには、大きな運動単位を動員して収縮させることが絶対条件となります。1つの筋肉には大きな運動単位が複数ありますが、強い力を発揮するにはそれぞれの大きな運動単位がバラバラではなく、同じタイミングで収縮することが重要になりま

図22

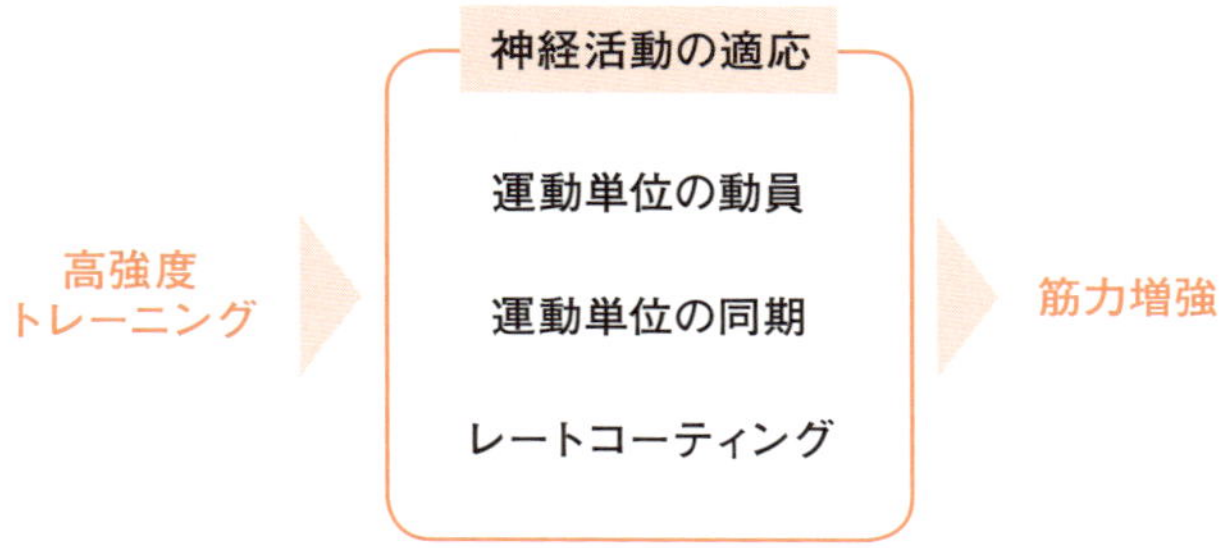

高強度トレーニング → 神経活動の適応 → 筋力増強

神経活動の適応
運動単位の動員
運動単位の同期
レートコーティング

す。これを「運動単位の同期」と言います。

もう1つ、強い力を発揮するうえで重要なのが、「神経活動の発火頻度（レートコーディング）」です。神経活動の発火頻度を高めれば、多くの運動単位が同じタイミングで動員され、高い筋力が発揮できるようになります（図22）。

ほぼ未経験の高強度トレーニングを繰り返していると、脳のなかでは神経活動の発火頻度が高まり、複数の運動単位を動員・同期して強い力を発揮するよう、神経ネットワークを再構築していきます。そのネットワークが完成すれば、より高強度の重量にも対応できる神経と筋肉へと増強され、必要な筋力が発揮できるようになります。これが、神経活動の適応による筋力増強のメカニズムです。

筋力増強の基本は「特異性の原則」

こうした神経生理学的なメカニズムをもとに導き出されたのが、筋力増強の基本となる「特異性の原則」です。

例えば、ベンチプレスで間違ったフォームから正しいフォームに矯正したところ、今までと同じ重量が挙げられなくなった、という経験をされた方もいるでしょう。これは、神経活動が間違ったフォームに適応していたからです。同じトレーニングでも、正しいフォーム、間違ったフォームとでは使われる筋肉が異なります。神経活動のネットワークは、こうした身体の動かし方の違いにも適応してしまうのです。

近年は神経生理学の最新の知見から人体の学習機能が明らかになり、そこから筋力増強には高強度トレーニングが効果的であることを裏付けるようなエビデンスも登場しています。

２０１７年、ニューヨーク市立大学のシェーンフェルドらは、トレーニング強度と筋力増強の効果を調べた21件の研究報告をもとにメタアナリシスを行いました。解析のもととなったデータを、１ＲＭの80％以上の「高強度」、同80％未満の「中～低強度」のグループに分類し、６週間のトレーニングによる筋力増強の効果について分析した結果、高強度トレーニングのほうがより有意な筋力増強効果があることが示されたのです。この結果を受け、**「筋力を高めるためには、高強度の重量を用いたトレーニングが有効であり、これは神経活動の適応のメカニズムに一致する」**と述べています。

現代のスポーツ科学でもこのメタアナリシスをエビデンスとし、高強度トレーニングが筋力増強の効果を最大化するとしています。筋力を強くしたいのなら、高強度トレーニング一択。これが、最新のエビデンスが示す答えなのです。

1-10 【運動スピード】筋力を強くしたいなら「6秒以下」のスピードで動かせ！

筋力増強の効果は「6秒以下」で最大化される

筋肥大と筋力増強では様々な点で違いがあり、近年は双方の目的に合致するトレーニング方法が提唱されています。例えば、筋肥大では「8秒以内の運動スピードが効果的だ」ということを本章第5項で紹介しました。それでは、筋力増強の効果を最大化させる運動のスピードはどのくらいなのでしょうか？

2017年、筋力増強の効果を最大化する運動スピードについて世界で初めてメタアナリシスを行ったシドニー大学のデイヴィースらは、こう結論づけています。

- **筋力増強の効果は、6秒以下の運動スピードで最大化される**

このメタアナリシスは15の研究報告からなり、被験者の総数は５０９名（男性２９２名、女性２１７名）、年齢は19〜73歳、トレーニング経験者だけでなく未経験者も含んでいます。デイヴィースらは研究報告から得られたデータを、「速い（約2〜4秒）」と「中等度〜遅い（4・7〜6秒）」という2つの運動スピードに分けて解析しました。その結果、「速い」では21・8％、「中等度〜遅い」では20・8％の筋力増強効果が示されました。しかし、効果量の差は非常に小さく、運動スピードによって筋力増強効果に有意な差は示されなかったのです。

運動スピードはトレーニング強度（重量）の影響を受けます。当然ながら低強度では運動スピードは速くなり、高強度では遅くなります。

そこでデイヴィースらはトレーニング強度の影響を検証するため、サブグループ解析を行いました。その結果、トレーニング強度が中等度の場合は、運動スピードが速いほうが筋力増強の効果がやや高いことがわかりました。さらに、このメタアナリシスには若年者や高齢者、トレーニング経験者や未経験者が含まれていたため、年齢やトレーニング経験の影響についても、サブグループ解析が行われました。その結果、年齢やトレーニング経験の有無はこの解析結果に影響を与えないことが示されました。

デイヴィースらが示した結果は、6秒以内の運動スピードであれば、速くても遅くても筋力増強の効果に差はないとするものでした。また、中等度の強度では、運動スピードの速いほうが筋力増強の効果がやや高いことも示されました。これらを総合した結果、**年齢やトレーニング経験の有無にかかわらず、6秒以下の運動スピードが筋力増強の効果を最大化させる**ことが示唆されたのです。

この結論は、筋肥大で言われる「8秒以下の運動スピード」とは異なります。実はその理由も、前項で紹介した「神経活動の適応」にあります。

筋力を増強するためには、強い力を発揮し収縮速度の速いタイプⅡ線維を鍛えなければなりません。そのためには、筋肥大のときよりも速い運動スピードで高強度のトレーニングを行うことが有効になります。このようなトレーニングを繰り返すことで、タイプⅡ線維を多く動員させることに神経活動が適応し、筋力が増強されていくわけです。

デイヴィースらは、筋力増強効果に年齢やトレーニング経験の有無が影響しないことの理由も、「神経活動の適応」にあるとしています。

筋力増強の効果は、「筋肥大＋神経活動の適応」で決まります。筋肉は加齢に伴い筋肥大が生じにくくなります。これは「筋タンパク質の合成抵抗性」に起因することが示唆されており、近年、そのメカニズムが明らかになりつつあります。つまり、筋肥大については加齢が影響するわけです。一方、神経活動の適応は加齢による影響が小さいとされており、筋力増強効果にも年齢の影響は少ないと推察されています。

また、トレーニング経験者のほうが神経活動の適応に優れているということはありません。神経活動の適応は筋トレを行う人に等しく必要となる要素です。そのため、デイヴィースらも、筋力増強効果にトレーニング経験の有無が影響することは少ないだろうと推察しています。

デイヴィースらのメタアナリシスは、アメリカスポーツ医学会の公式声明を支持するものであり、現代のスポーツ科学の世界でもおおむねコンセンサスが得られています。

1-11 【週の頻度】筋力を強くする「週の頻度」を知っておこう

週単位の頻度を増やせば、筋力は強くなる

アメリカスポーツ医学会は、２００９年に発表した公式声明で筋力増強のためのトレーニングは「週2〜3回の頻度が推奨される」と述べています。しかし、この公式声明には科学的根拠がなく、推測から導き出された概念的なものにすぎないと認識されてきました。

そして近年、スポーツ科学では「週単位のトレーニング頻度」が大きなトピックとなっており、２０１８年には2つのメタアナリシスが報告されています。

ヴィクトリア大学のGrgicらは22の研究報告をもとに、週の頻度と筋力増強効果の関連について解析しました。その結果、週の頻度を多くすると筋力増強効果は有意に高まるこ

とが示唆されたのです。

さらに、トレーニング内容（単関節または多関節）や年齢、性別による効果を解析したところ、いくつかの重要な示唆が得られたのです。

アームカールのような単関節トレーニング（1つの関節だけに負荷をかけるトレーニング）と、ベンチプレスなどの多関節トレーニングについて、週の頻度と筋力増強効果の関連を見ると、単関節トレーニングは頻度によっても大きな差はなく、多関節トレーニングは頻度の増加に応じて筋力増強効果が高まることが示されました。これは、多関節トレーニングのほうが、神経活動の適応に総負荷量がより強く関与していることを意味しています。

単関節トレーニングに比べ、多関節トレーニングではより強い筋力が必要になり、そのぶん多くの筋肉が使われます。複数の筋肉で同時に強い力を発揮するためには、トレーニングを通じて運動単位の動員や同期、神経活動の発火頻度などを身体に学習させ、神経活動の適応を高めていかなければなりません。そのためには多くの回数や頻度が必要になり、おのずと総負荷量も高くなっていくことになります。

また、年齢や性別に関する解析では、若年者は週の頻度が多くなるとそれに応じて筋力増強効果が高まることが示唆され、さらに男性よりも女性のほうが週の頻度に応じて筋力増強の効果が高まることが示されています。Grgicらのメタアナリシスにより、筋力増強効果も筋肥大と同様、週の頻度に応じて高まることが明らかになったのです。

ならば、週単位の総負荷量が同じだった場合も、筋力増強の効果は頻度に応じて高まるのでしょうか?

イギリス・西スコットランド大学のラルストンらは、週単位の総負荷量が同じ場合における、週の頻度による筋力増強効果を検証した12の研究報告をもとにメタアナリシスを行っています。この解析は、週の頻度を低頻度（週1回）、中頻度（週2回）、高頻度（週3回以上）の3つに分けて行われました。

その結果、週単位の総負荷量が同じ場合、週の頻度を変えても筋力増強効果には有意な差は認められなかったのです。この結果からラルストンらは、**筋肥大と同様に、筋力増強においても週単位の総負荷量が効果の指標になる**と述べています。

この結果についても、「筋力増強の効果は神経活動の適応にもとづく」というメカニズムで説明することができます。

筋力増強の効果は、高強度トレーニングを正しいフォームで繰り返し行い、神経活動を適応させることで高まります。神経活動の適応とは、強い力が発揮できるよう体にその動きを学習させるということです。つまり、**トレーニングの回数を多くするほど学習効果が高まり、筋力増強の効果が得られる**ようになるのです。

そのため、週単位のトレーニングの総負荷量（強度は高強度一択なので、回数とセット数をかけ合わせたもの）が、筋力増強効果を考える際の指標となります。これは筋肥大だけでなく、筋力増強においても週単位の総負荷量から週の頻度をデザインできることを示唆しています。

ここまで、最新のエビデンスをもとに、筋肥大と筋力増強の効果を最大化する「筋トレ方程式」について見てきましたが、現代のスポーツ科学では、筋肥大、筋力増強ともに週の頻度が増えれば効果も高まること、週単位の総負荷量から週の頻度を管理・調整できることが新たな〝常識〟として認知されています。

筋力増強においても、筋肥大に同じく、トレーニングの基準となる「週単位の総負荷量」

を決めておき、体調や疲労に合わせて回数やセット数、週の頻度を上手に管理・調整していくことが大切なのです。

第2章

これが、科学的に正しい「トレーニング」だ！

<<

2-1 【トレーニング前】筋トレは「前日の夜」から始まっている！

睡眠不足は身体にもメンタルにも影響する

この章では、前章で述べた「筋トレの方程式」を前提に、具体的なトレーニングの方法を紹介していきます。

まず知っておいてほしいのが、**「筋トレはジムに行ってから始まるのではない」**ということです。スポーツ科学では、総負荷量を高めるためのベースとして、睡眠の重要性が科学的に証明されています。

2012年、イギリスのスポーツ機関であるUKスポーツで睡眠時間によるトレーニング効果への影響について調査が行われました。被験者として集められたアスリートは睡眠

図23

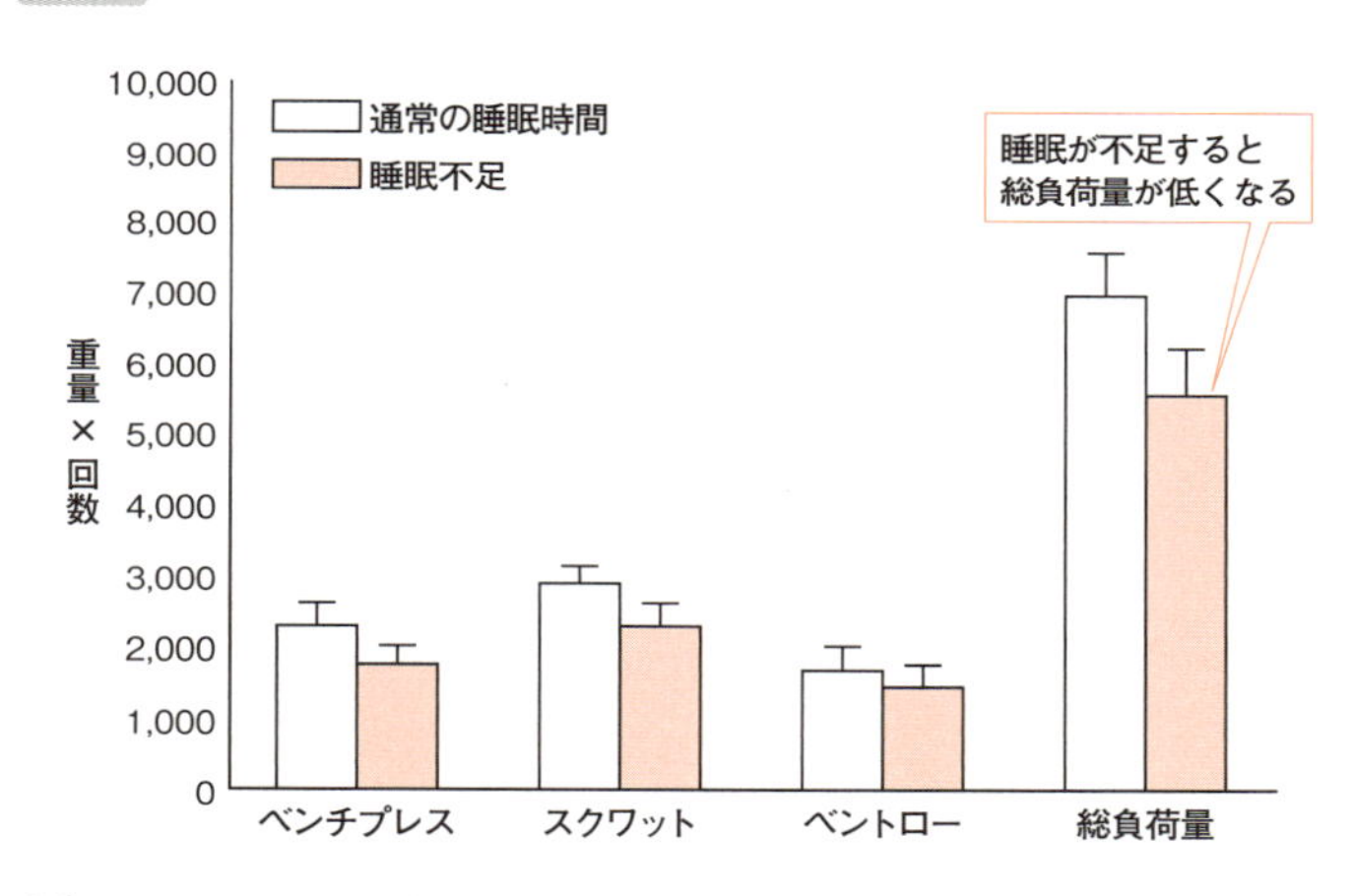

出典：Cook C, 2012より筆者作成

時間が8時間以上のグループと睡眠不足である6時間未満のグループに分けられ、それぞれのグループの被験者はベンチプレスやスクワット、ベントローといった、多関節トレーニングを行いました。トレーニング重量は1RMの85%に設定され、疲労困憊になるまで回数を行い、これを4セット実施。その後、日にちを変えてグループを入れ替え、同様の条件でトレーニングを行いました。

その結果、睡眠時間が6時間未満のグループは、8時間以上のグループに比べてベンチプレス、スクワット、ベントローのすべての総負荷量が減少しました。**睡眠不足はトレーニングの効果を減少させる**ことが示唆されたのです（図

23）。この結果は、「通常よりも3時間少ない睡眠不足がベンチプレスなどの多関節トレーニングのパフォーマンスを低下させる」という過去の報告を支持するものでした。

こうした睡眠不足による影響は身体面だけではありません。精神面にも影響を与えます。２０１８年1月に報告されたアスリートを対象にしたレビューでは、**睡眠不足がモチベーションや集中力を低下させるとともに、気分の悪い状態（イライラ）を作り出し、過剰な重量や回数によるオーバートレーニングを生じさせる危険性**が示唆されています。

睡眠不足で筋肉に取り込まれる「糖」が不足する

一方で、チュニジアのスポーツ医科学国立センターやオーストラリアのディーキン大学のノウルズらの研究により、単関節トレーニングであれば、睡眠不足による影響はないということがわかっています（図24）。

なぜ、睡眠不足は多関節トレーニングにだけ影響するのか。その原因と考えられているのが「筋グリコーゲンの減少」です。

筋グリコーゲンは筋肉に蓄えられる糖のひとつで、筋肉が収縮するためのエネルギー源

図24

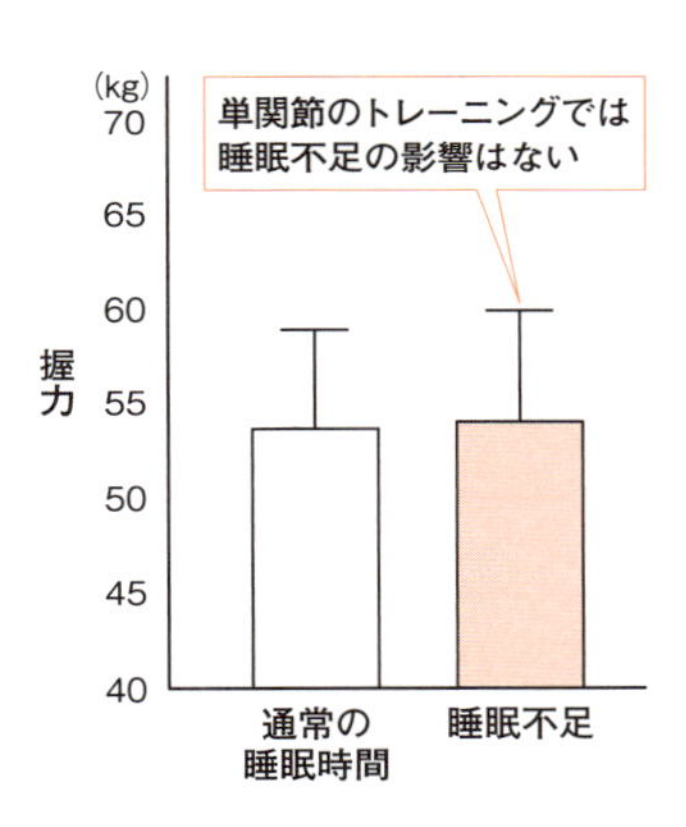

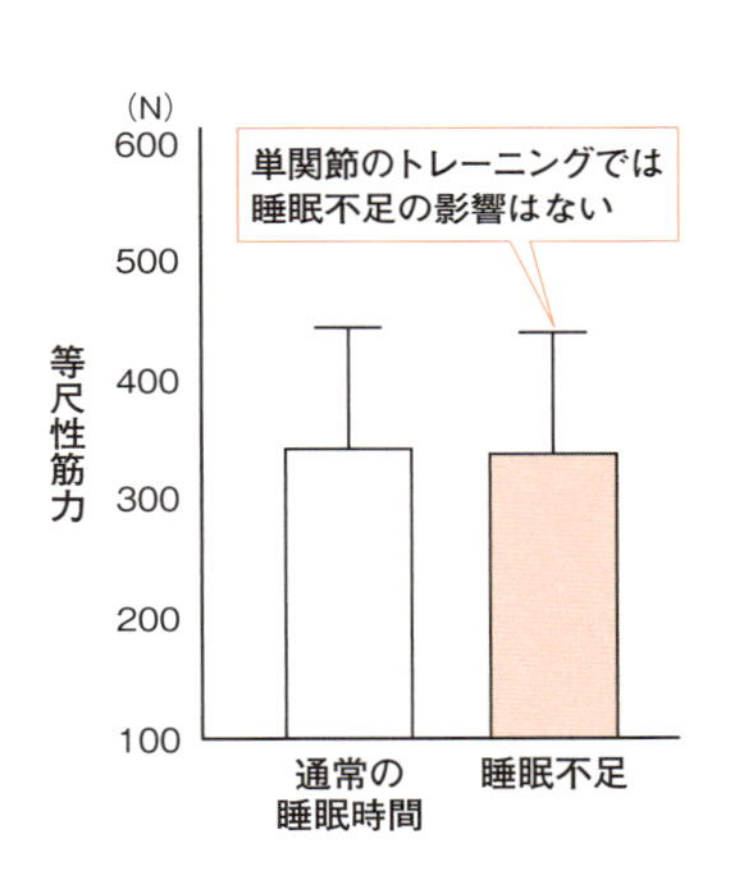

出典：Souissi N, 2013より筆者作成

になります。筋トレはジョギングなどの有酸素運動よりも無酸素運動に近い運動様式です。有酸素運動は酸素と筋グリコーゲンをエネルギー源として使用できますが、無酸素運動は酸素が利用できないため、筋グリコーゲンのみがエネルギー源になります。**睡眠不足はこの筋グリコーゲンを減少させる**ことが示唆されているのです。

２０１１年、オーストラリアのチャールズ・スタート大学で睡眠不足のアスリートを対象に筋グリコーゲン量の検証が行われ、通常の睡眠時と比べて睡眠不足では、筋グリコーゲン量が有意に減少していることが示されています。

また、糖を身体に取り込む役割を担っているのがインスリンという物質です。睡眠

図25

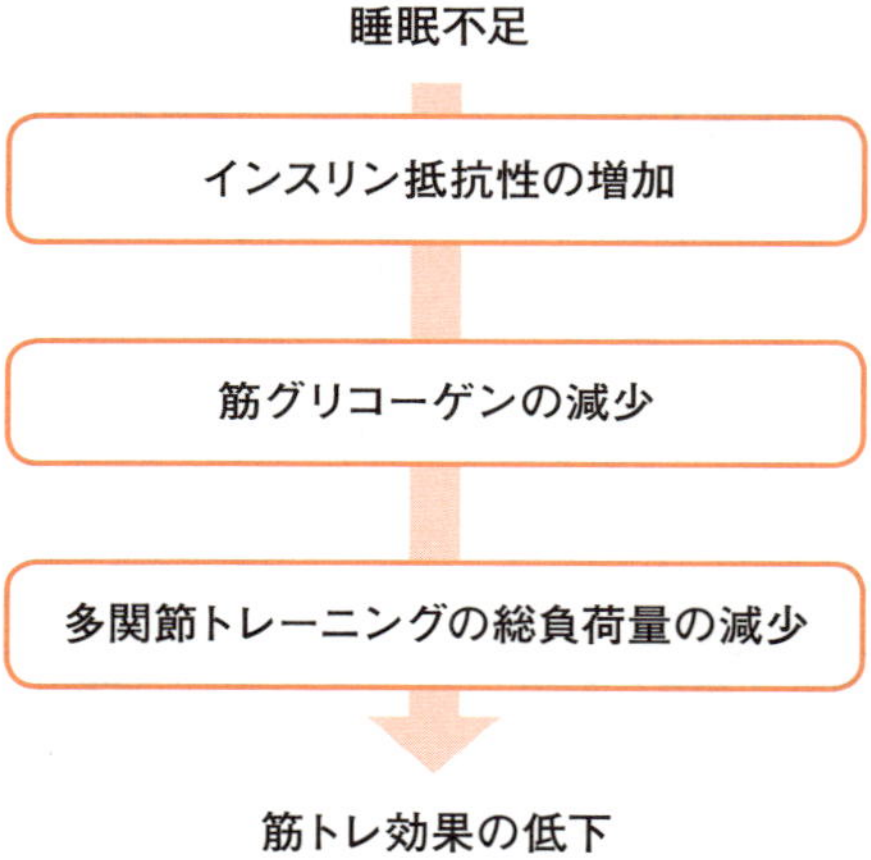

睡眠不足

インスリン抵抗性の増加

筋グリコーゲンの減少

多関節トレーニングの総負荷量の減少

筋トレ効果の低下

不足はこのインスリンの機能も低下させてしまうのです（これを「インスリン抵抗性」と言います）。

２０１７年には、イギリスのスターリング大学で睡眠不足がインスリン抵抗性に与える影響について検証されました。その結果、睡眠時間が通常の半分の時に、インスリン抵抗性が有意に増加することがわかりました。

多関節トレーニングは、単関節トレーニングよりも多くの筋肉が動員されます。そのためエネルギー消費量も多く、多くの筋グリコーゲンが必要となります。**睡眠不足はインスリン抵抗性を増加させ、筋グリコーゲン量の減少を招くため、多くの筋グ**

リコーゲンを消費する多関節トレーニングのパフォーマンスが低下してしまうのです（図25）。

ハーバードが教える、睡眠の「3つの敵」と対策

では、最高のコンディションでトレーニングに挑むために、どのように睡眠の質を高めれば良いのでしょうか？　ハーバード・ヘルス・パブリッシングの報告によれば、**カフェイン、タバコ、アルコールの3つを控えるべき**であることがわかっています。

①トレーニング前日の午後2時以降の「カフェイン」を控える

良質の睡眠を得るためには、トレーニング前日の午後2時以降のカフェインの摂取は避けること。ただし、習慣的にカフェインを摂取している場合は、急に摂取を控えると頭痛や極度の疲労を誘発することが報告されているため、徐々に摂取量を減らすことが良質な睡眠を得るために推奨されています。

②入眠の2時間前から、「喫煙」を控える

タバコに含まれるニコチンは中枢神経系の興奮物質であり、不眠症を引き起こす可能性があります。ニコチンは心拍数を速め、血圧を上昇させ、覚醒を示す速い脳波活動を刺激するため入眠を妨げます。良質な睡眠を得るためには、入眠の2時間前には喫煙を控えてください。

③「アルコールでよく眠れる」は嘘

一般的にアルコールは、神経系を刺激して深い眠りであるレム睡眠を抑制してしまいます。習慣的にアルコールを摂取している場合、よく夢を見たり、頻繁に覚醒してしまうことが報告されています。さらにアルコールは、いびきや睡眠時の呼吸を悪化させることが示唆されています。そのため、過度なアルコールの摂取は睡眠を妨げる可能性があり、アルコールを控えることが推奨されているのです。

2-2 【トレーニング前】筋トレの前にストレッチをしてはいけない！

ストレッチについての残念なエビデンス

運動の前にウォームアップをすることは、けがの予防やパフォーマンスを高めるために大切な準備です。準備がととのっていない状態では、最大のトレーニング効果を得られるはずがありません。しかし、ウォームアップには「ある重要な注意点」があります。それは、ウォームアップで私たちが常識的に行っている、「ストレッチ」についてです。

なぜ一般的に運動前のストレッチが推奨されているのかというと、「ストレッチによりけがを予防できる」というエビデンスがあるからです。しかし、ストレッチの効果には、もう1つの「残念な」エビデンスが存在します。それは、**「運動前のストレッチは筋トレのパフォーマンスを低下させる」**というものです。

２００４年、カナダ・ＳＭＢＪ病院のシュライアーらは、世界で初めてストレッチが筋力やジャンプなどの瞬発力を低下させることを明らかにしました。シュライアーらの報告以降、多くの研究者によって同様の結果が報告され、２００６年には欧州スポーツ医学会が、２０１０年にはアメリカスポーツ医学会が、「運動前のストレッチがパフォーマンスを低下させる」という公式声明を発表したのです。

さらに、アメリカ・ルイジアナ州立大学のネルソンらは、「トレーニング前のストレッチは筋肥大の効果を減少させる」という報告をしています。

ストレッチには、静的に筋肉を伸ばす「スタティック（静的）・ストレッチ」と、動的に筋肉を伸ばす「ダイナミック（動的）・ストレッチ」の２つがありますが、前者のスタティック・ストレッチを行うと、トレーニングによる筋肥大の効果が減少してしまうことが明らかになったのです。

ネルソンらは被験者にストレッチを行った場合と行わない場合で、１ＲＭの60％のレッグカールを疲労困憊まで行わせました。レッグカールの運動回数をカウントした結果、ストレッチをした場合、運動回数が24％も少なくなることがわかったのです。

図26

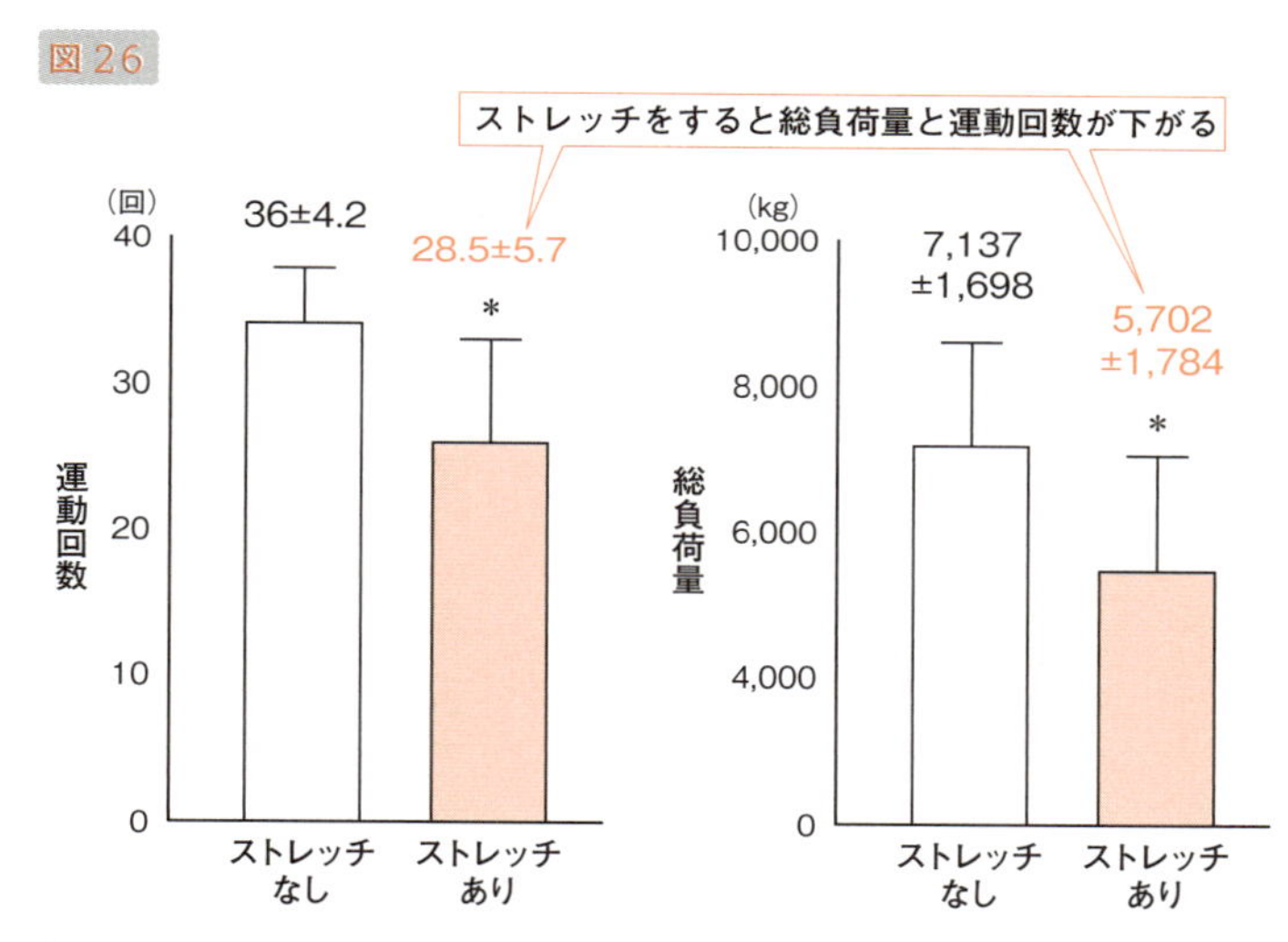

出典：Barroso R, 2012より筆者作成

また、ブラジル・サンパウロ大学のバローゾらは、ストレッチが運動回数だけでなく、総負荷量も減少させることを明らかにしました。

さらに、バローゾらはトレーニング経験のある被験者に対して、ストレッチを行った場合と行わない場合で、1RMの80％のレッグプレスを疲労困憊になるまで行わせ、8セット繰り返させました。その結果、ストレッチを行った場合は、運動回数が18％、総負荷量が23％も減少することがわかったのです（図26）。

ストレッチが運動回数を減らしてしまう3つの理由

では、なぜストレッチは運動回数を減少させてしまうのでしょうか？　バローゾは3つの要因が考えられると言います。

1つ目の要因は、**筋肉をまとめて動かす「運動単位（モーターユニット）」が一部しか働かなくなってしまう**ためです。

トレーニングによる筋肥大の効果を最大化させるためには、筋肉を形づくっているすべての筋線維を収縮させることがポイントになります。そこで重要になるのが運動単位です。これは1つの運動神経と複数の筋線維がまとまったチームのようなもの。運動をするときは、筋線維が1つひとつ働くのではなく、いわば「チームごとに」働いています。トレーニングをするときは、その筋肉にあるすべてのチームを動員することが筋肥大の効果を高めるのです。

しかし、トレーニングの前にストレッチをしてしまうと、神経活動の発火頻度（レートコーディング）が減少し、運動単位の動員が抑制されます。つまり、運動単位Aチームは働いているが、運動単位Bチームはサボっている……という状態になってしまうのです。

2つ目の要因は、**ストレッチが筋肉の「粘り」を低下させてしまう**ためです。

筋肉は「弾性要素」と「粘弾性要素」によって構成され、ある程度の粘り（粘弾性）があるため、ゴムのように伸び縮みして、自在に動くことができます。ストレッチにはこの性質を低下させる作用があり、結果的に筋力を低下させてしまうのです。

3つ目は、ストレッチによって**筋肉内の血流が極度の貧血（阻血状態）になるため**です。

バローゾは、ストレッチによって筋肉が阻血状態になったままトレーニングを行うと疲労物質を除去できず、疲れやすくなると推測しています。結果、運動回数を増やすことができなくなる可能性があります。

ストレッチは筋肥大効果も減少させる

ストレッチがトレーニングの「総負荷量」を減少させることはわかりました。では、「筋肥大の効果」はどうでしょうか？

この問いを検証したのがブラジル・カンピナス州立大学のジュニアらです。

ジュニアらは、被験者をトレーニングの前にストレッチを行うグループと、トレーニングのみを行うグループに分けました。週2回のトレーニングを10週間継続し、トレーニン

図27

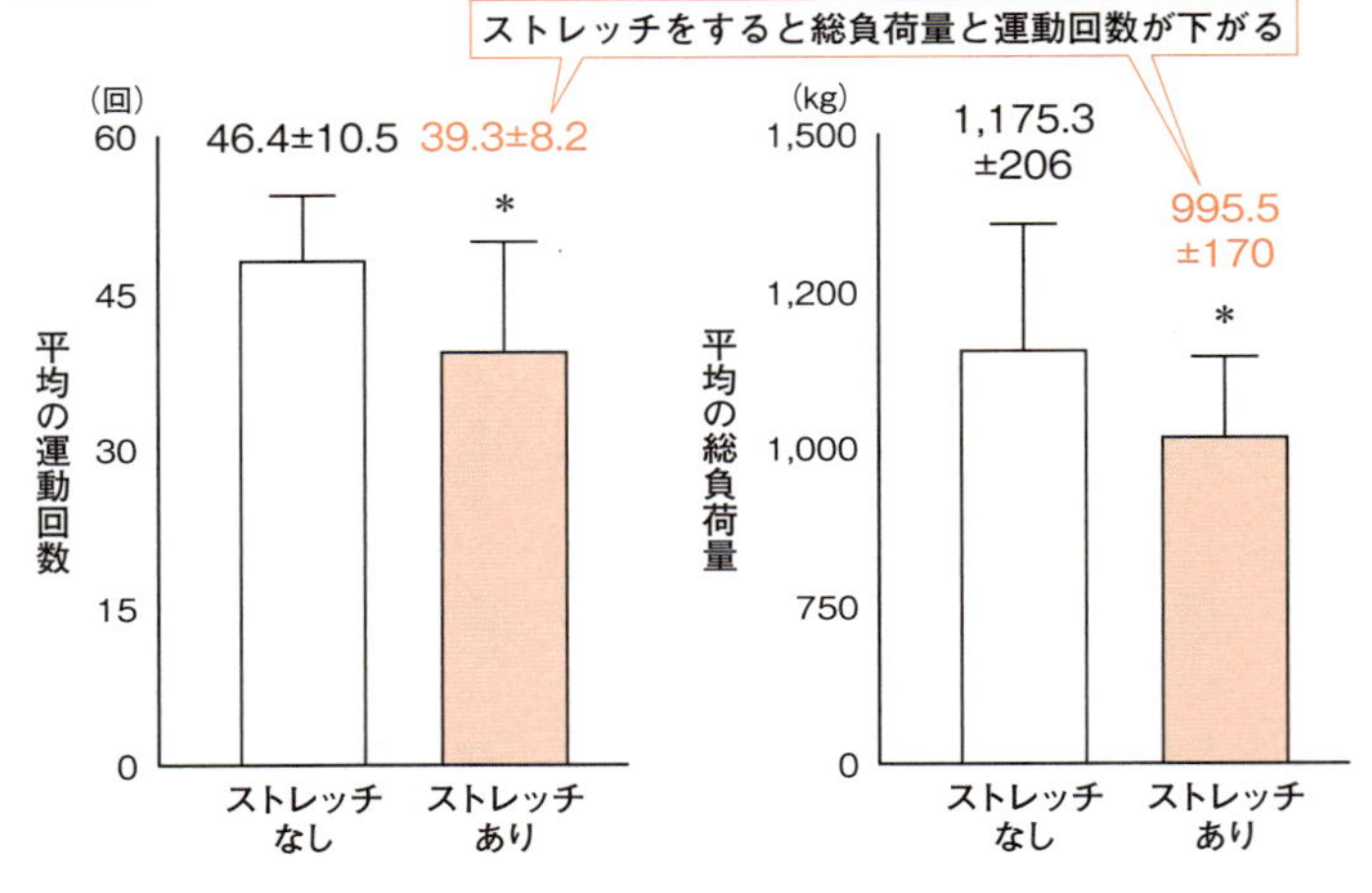

出典：Junior RM, 2017より筆者作成

グ時の運動回数と総負荷量、10週間後の外側広筋（大腿の外側面の筋肉）の筋断面積が計測しました。

トレーニングはレッグエクステンションを1RMの80％で疲労困憊になるまで繰り返し、これを4セット行いました。ストレッチは大腿四頭筋を対象に60秒間行われました。その結果、ストレッチを行ったグループは、運動回数、総負荷量ともに有意な減少を示したのです（図27）。

また、外側広筋の筋肥大を示す筋断面積は、トレーニングのみのグループは12・7％増加したのに対して、ストレッチを行ったグループは7・2％の増加にとどまったのです（図28）。

図28

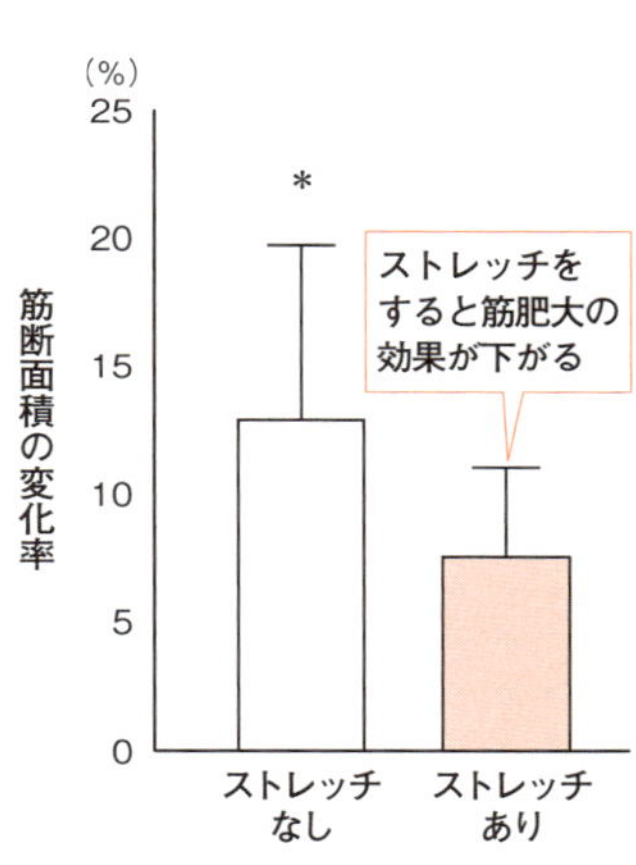

出典：Junior RM, 2017より筆者作成

これらの結果から、トレーニング前のストレッチが総負荷量を減少させ、長期的な筋肥大の効果をも低下させることが示唆されたのです。

どうしてもストレッチをするなら「30秒以内」に！

しかし、そう言われても、ストレッチが習慣化されている私たちは、何もせずにトレーニングを始めることに対して「何か気持ち悪い」と感じてしまいます。

どうしてもストレッチをしたい場合は、1つの筋肉に対するストレッチの時間を「30秒以内」にしてください。30秒以内のストレッチであれば、運動のパフォーマンスに影響しないことがシステマティックレビューで報告されています。また、30秒以内のストレッチでもけがの予防に有効であることも報告されており、パフォーマンスを落とさずにけがの予防ができる可能性があります。

2-3 【トレーニング前】最強のウォームアップは「有酸素運動↓軽いトレーニング強度」

長年「非科学的」だったウォームアップ

前述したとおり、トレーニング前のストレッチはトレーニングの総負荷量を減少させ、筋肥大の効果を低下させることが示唆されています。では、トレーニング効果を最大化させるために、どんなウォームアップをすれば良いのでしょうか?

実は、科学的に正しいウォームアップの方法論が検証され始めたのは近年のこと。それまでのウォームアップの方法論はトレーナーの経験論にもとづき、試行錯誤的に発展してきました。

実際、ウォームアップについての主要な研究報告は、2003年を最後に10年以上の空白が続いていました。そのため、トレーニング効果を高めるためのウォームアップの方法論の確立が遅れていたのです。

２０１０年にようやくトレーニングのための具体的なウォームアップについての研究結果が報告されるようになり、２０１５年にはウォームアップの生理学的な機序からパフォーマンスへの効果までをまとめたレビューが報告されました。

この体系的なレビューを報告したオーストラリア・キャンベラ大学のマクゴワンらは、ウォームアップの一連の流れにおいて、

・ストレッチによりけがを予防し、
・有酸素運動によって筋肉の温度を高め、
・その後に特異的ウォームアップにより神経筋活動を活性化させる

この３つを行うことによって、トレーニングのパフォーマンスを高められると述べています。

「有酸素運動を10分」が望ましい理由

ウォームアップとはその名前のとおり筋力が「暖まる」ことを意味します。ウォームアップにより筋肉の温度が1度上昇すると最大等速性筋力が4・7〜4・9％増加し、垂直跳びの高さが4・2〜4・4％増大することがわかっています。

では、どのような方法によって筋肉の温度を上げれば良いのでしょうか？

この問いに対して、マクゴワンは**ジョギングやペダリングといった有酸素運動を中等度の負荷（最大心拍数の60％）で10〜20分間行うウォームアップ方法を推奨**しています。

最大心拍数はよく、「220−年齢」とされていますが、「208−0・7×年齢」の計算式により、もっと正確に最大心拍数を予測できることがメタアナリシスの結果で示されています。

例えば30歳であれば、208−0・7×30となり、最大心拍数は187拍／分になります。ウォームアップは最大心拍数の60％である120拍／分を目安に10〜20分間行います。有酸素運動を10分程度行うと筋肉の温度が2〜3度上昇し、少なくとも20分までには温度がピークを迎えるという知見が根拠になっています。

これがウォームアップには「10分間以上の有酸素運動を取り入れよう」と言われる理由

なのです。

トレーニングと同じ運動を軽い強度で行う「特異的ウォームアップ」

そして近年、さらに重要なウォームアップと言われているのが、「特異的ウォームアップ」です。特異的ウォームアップとは、スクワットやベンチプレスなどの**トレーニングの前にそれと「同じ運動」を軽い強度で行う**というものです。

有酸素運動によるウォームアップは筋肉の温度を上昇させることによって筋力や収縮速度を増大させます。これに対して、特異的ウォームアップは「神経・筋活動の活性化」により、トレーニングの運動強度と運動回数をさらに高めます。

野球のバッターは打席に入る前に素振りをします。ピッチャーはマウンドに上がる前に投球練習をします。ピッチャーがマウンドに上がる前にバットの素振りをしても投球パフォーマンスは高まりません。これはウォームアップの特異性を示しており、「同じ運動を軽い負荷で行う」ときにこそ、神経活動の増強、脊髄の反射的電気活性の増大、筋肉内のカルシウムイオンの増加といった生理学的な作用が働き、パフォーマンスの向上に繋がることが明らかになっています。

２０１１年、サンパウロ大学のアバドらは、有酸素運動によるウォームアップに特異的ウォームアップを加えることによって最大筋力（１ＲＭ）が高まることを明らかにしました。アバドらは、トレーニング経験のある被験者を対象にして、特異的ウォームアップのみを行う条件と、有酸素運動の後に特異的ウォームアップを行う条件において、レッグプレスの１ＲＭを計測しました。


特異的ウォームアップは１ＲＭの50％で８回、70％で３回行われ、有酸素運動は最大心拍数の60％の負荷で20分間のペダリングが行われました。その結果、有酸素運動の後に特異的ウォームアップを行った場合、特異的ウォームアップのみのときに比べて８・４％の１ＲＭの増加が認められたのです（図29）。

筋力の発揮は、運動神経とそれが支配する筋線維で構成される運動単位の動員で決まります（「サイズの原理」39ページ参照）。特異的ウォームアップにより神経活動が促進され、運動単位の動員が促進された結果、１ＲＭが増強したと推察されています。

図29

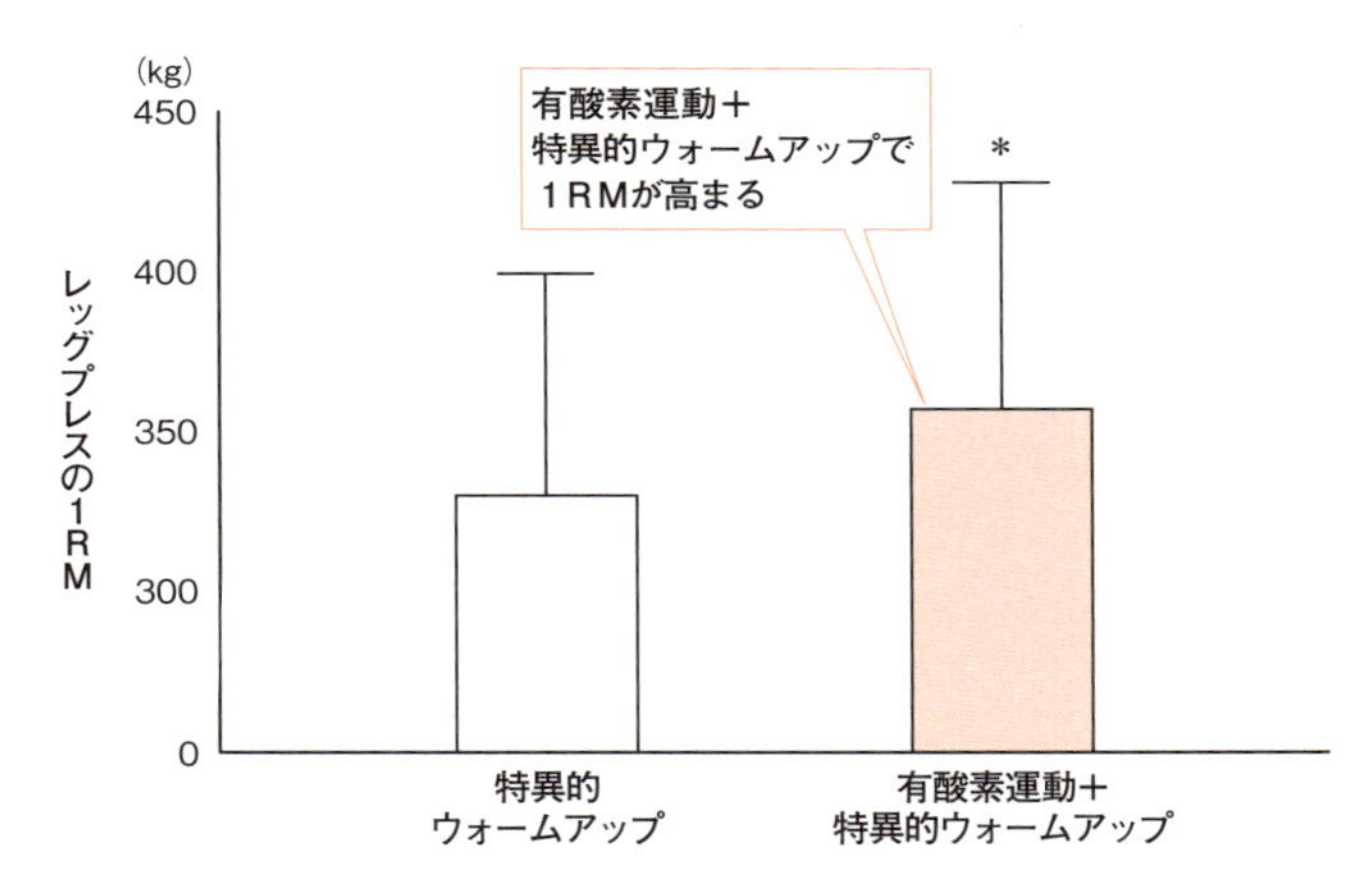

出典：Abad CC, 2011より筆者作成

また、2015年には、ブラジル・リオデジャネイロ・フェデラル大学のSáらにより、特異的ウォームアップが運動回数の増加に寄与することが報告されています。

Sáらは、被験者を3つに分け、静的ストレッチ、バリスティックストレッチ(動的ストレッチの一種)、特異的ウォームアップの3条件によるトレーニング時の運動回数の変化を計測しました。特異的ウォームアップは1RMの30%の強度で20回行われています。その結果、特異的ウォームアップは他のストレッチよりも有意に運動回数を増加させることが示されたのです（図30）。

図30

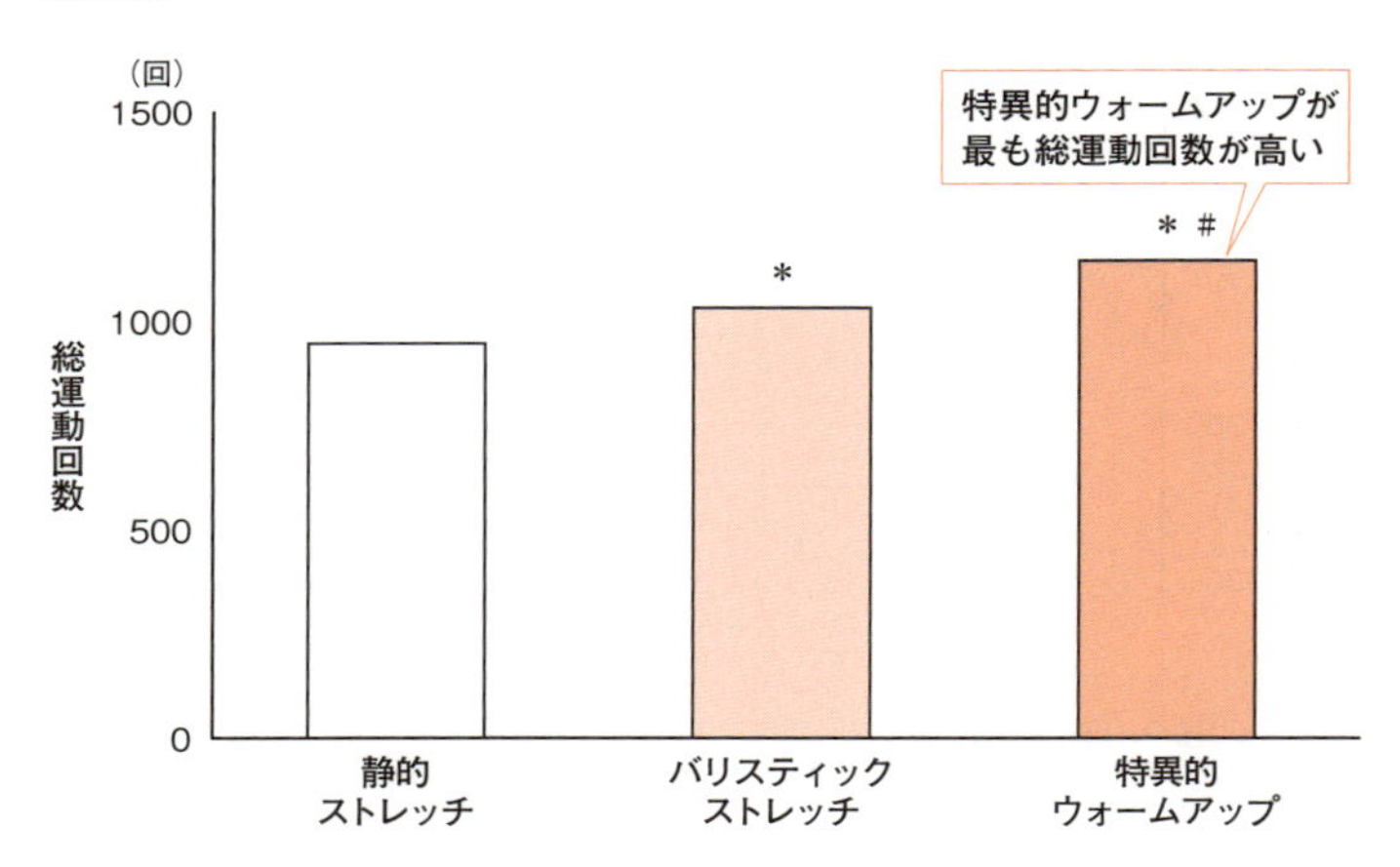

出典：Sá MA, 2015より筆者作成

これらの結果から、**特異的ウォームアップが運動強度や運動回数を増加させ、総負荷量を増やすことによって、筋肥大を目的としたトレーニング効果に寄与する**ことがわかっています。

実際のトレーニングでは、行おうとしている種目の1RMの30％程度の低強度から行い、段階的に目標としているトレーニング強度に近づけていくのが良いでしょう。

2-4 【3大トレーニング】科学的に正しいスクワットフォームの基本

生体力学が解明した「正しいスクワット、ベンチプレス、デッドリフト」

スクワット、ベンチプレス、デッドリフト、これらは「筋トレのビッグ3」と言われ、多くのトレーニーに愛されています。しかし、それにもかかわらず、これまで、その方法論は経験にもとづくものであり、スポーツ科学の分野においてもエビデンスが乏しい状況が続いていました。

その状況が近年、変わりつつあります。128ページの図31はビッグ3の過去20年間の研究報告数を集計したものです。報告数はそこまで多くないのですが、スクワット、ベンチプレス、デッドリフトのすべての研究報告数が右肩上がりに増えつつあるのです。この傾向は、ようやく、トレーニング方法にもエビデンスが示され始めていることを意味します。

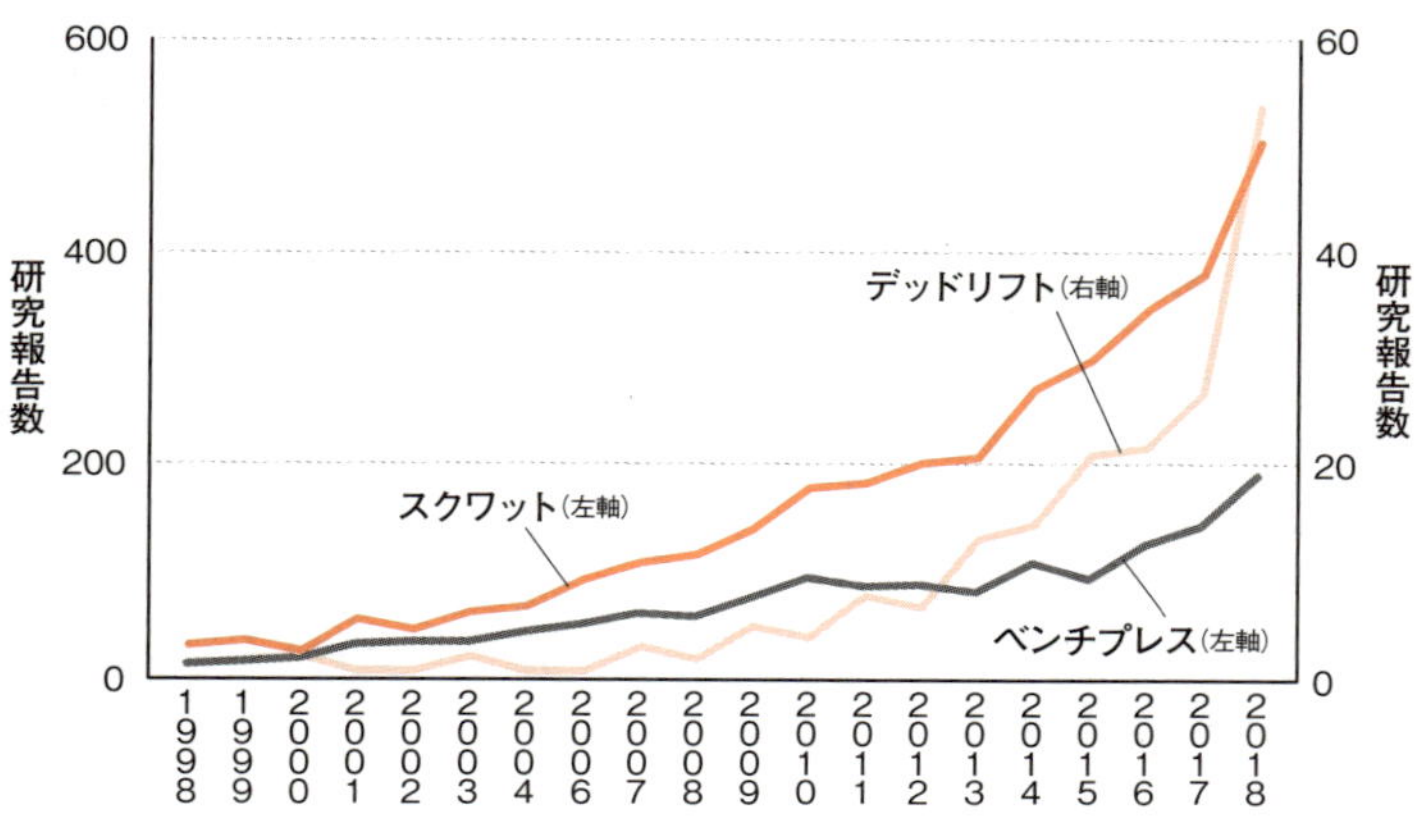

出典：pubmedより集計

これらの研究は「生体力学」という学問分野で報告されています。生体力学とは、トレーニング方法の効果を物理学的な手法で示し、より効果的なトレーニング方法を提案する学問。この先駆けとなったのがアメリカの有名トレーナーであるマーク・リペトーの著書『Starting Strength』です。

リペトーは、トレーニング方法について、これまでの経験論ではなく生体力学的な考察を行い、著書『Starting Strength』のなかで、正しいトレーニング方法を解説しています。

ここでは、科学的に正しいスクワット、ベンチプレス、デッドリフトの方法論について、リペトーの『Starting Strength』を参考に、近年の生体力学の研究報告を合わせて紹介します。

スクワットの基本

「科学的に正しいスクワット」を行ううえで最も重要なポイントは、**「一連の動作において、バーベルの重心が、絶えず足部の中心（ミッドフット）に位置していること」**です。この姿勢をとることで、最も安定性が高く、またエネルギー効率を最大化してトレーニングをすることができます。

実際、人がスムーズに立ち上がるときの動作では、重心は常にミッドフットにあります（図32）。反対に、よろけたり、バランスを崩してしまったときには、重心がミッドフットからずれてしまっているのです。

一見シンプルに思えますが、このスクワットの基本を徹底できている人はあまり多くありません。私のトレーナーとしての経験から見ると、多くの人が、しゃがんだ姿勢（ボトム姿勢）のフォームが間違っているために重心がミッドフットからずれてしまい、残念ながら効果的なトレーニングができていないのです。

図32

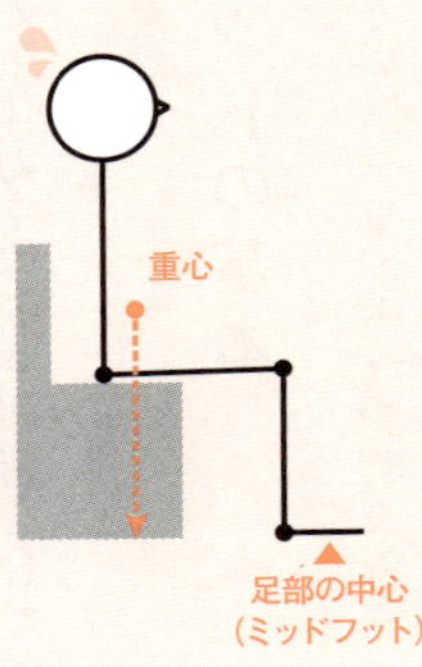

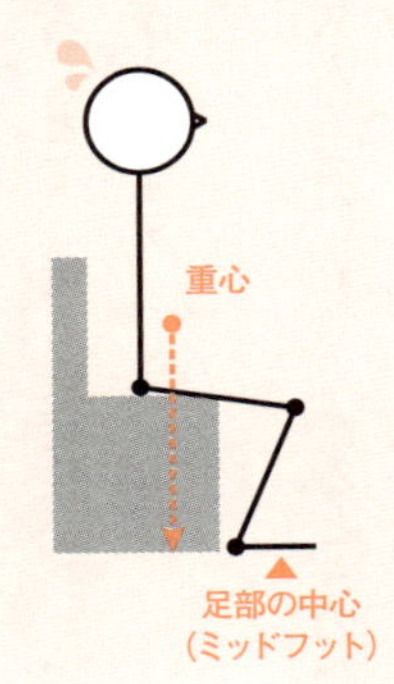

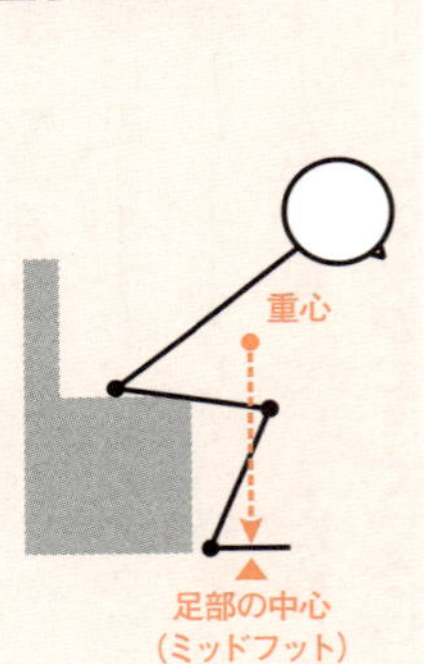

例えば、バック・スクワットには、バーベルを高い位置に置くハイ・バーと、低い位置に置くロー・バーの2つがありますが、ロー・バーのボトム姿勢でバーベルの位置が後ろへ移動してしまう人は、体幹や股関節がうまく使えていなかったり、骨盤がしっかりと前傾できていない可能性があります。また、ハイ・バーのボトム姿勢でひざを前に十分曲げられていないと、重心が後方へ動いてしまって、しっかり筋肉に負荷がかかっていない可能性があります。

ハイ・バーのスクワットでは、バーベルが高いところ（第7頸椎（けいつい））に位置します。そのため、ボトム姿勢でバーベルをミッドフットに位置させるためには、上体を起こし、股関節の角度を浅くしてひざ関節を深く曲げます。ひざはつま先よりも前方に移動させ、足関節も深く曲げるのが、正しいフォームとなります。

これに対して、ロー・バーのスクワットでは、バーベルが低いところ（肩甲骨）に位置するため、上体を深く倒し、股関節も深く曲げ、ひざはつま先を越えず、ひざ関節と足関節の曲がる角度が浅くなるフォームが正解です。

生体力学の重要キーワード「モーメント」と「モーメントアーム」

このように、バーベルをミッドフットに位置させることを基本にすると、バーベルの位置が変わることによって、スクワットの各関節の角度やフォームも変わることがわかります。そして、フォームが変わると「筋活動（負荷がかかっている筋肉）」も変わるのです。

どこの筋肉に負荷をかけるか、すなわち筋活動を考えるうえで知っておきたいキーワードが、「モーメント」と「モーメントアーム」です。

モーメントとモーメントアームについては少し難しいので、図で解説します。

図33

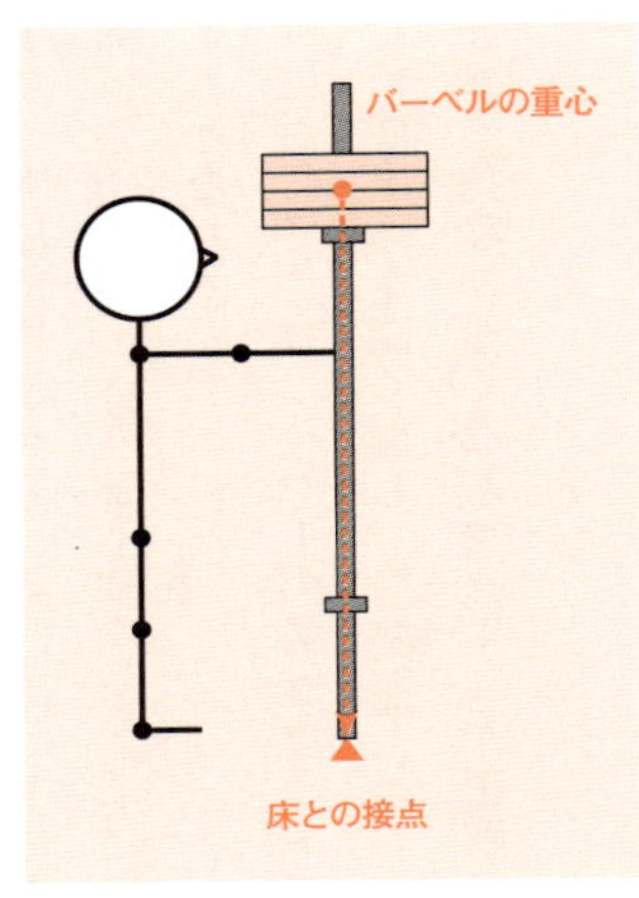

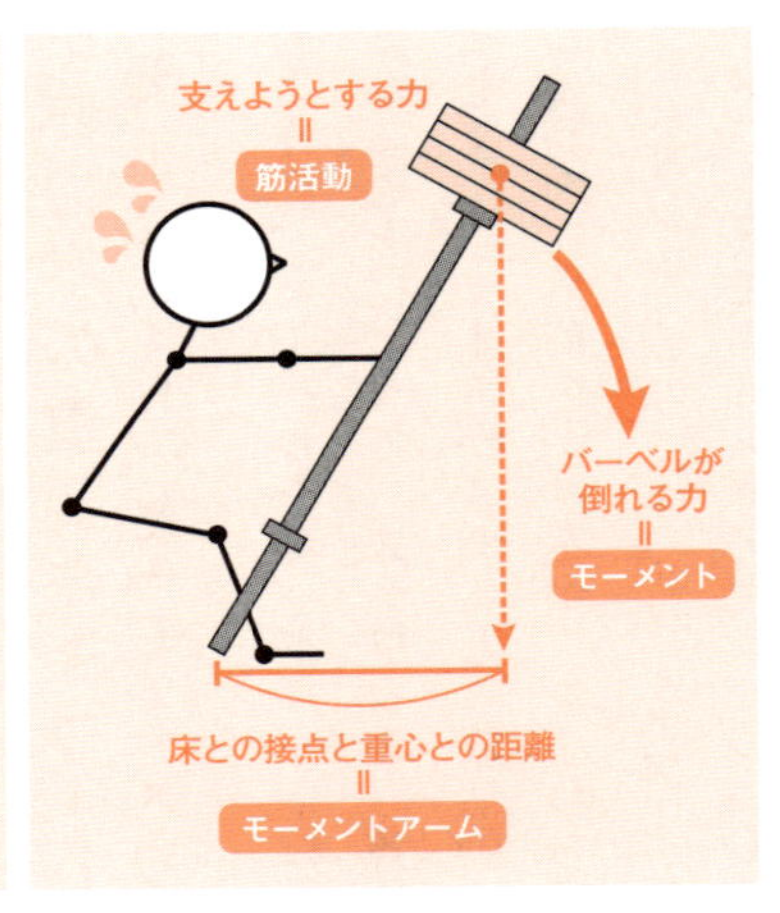

出典：Starting Strengthより筆者作成

図33のように、バーベルを床と垂直に保つように持っているところをイメージしてみましょう。

バーベルの重心が床との接点上に位置するときは安定して立たせることができますが、重心が床との接点から離れれば離れるほど、バーベルの倒れる力は大きくなり、それを支えるための力が必要になります。また、取り付けた重りが重くなるほど、バーベルの倒れる力も大きくなることがわかります。

生体力学では、**バーベルが倒れる力（回転力）のことを「モーメント」と言い、重心と支点（床との接点）との距離のことを「モーメントアーム」**と言います。モーメントアームが長くなればなるほどモーメントは大きくなります。さらに、モーメントは重心の重さが重くなるほど大きくなります。そして、**バーベルが倒れる力（モーメント）を支えるための力が「筋活動」**になります。

つまり、筋活動はモーメントと同等であり、バーベルの重さが一定であれば、次の式のように、**筋活動は「モーメントアームの長さ」によって規定される**ということになります。

筋活動＝モーメントの大きさ＝モーメントアームの長さ（バーベルの重さは一定）

2-5 【3大トレーニング】ハイ・バー、ロー・バーを使用したバック・スクワット

ひざはつま先より前に出さない？

では、具体的な身体の動かし方を見ていきましょう。トレーニングをしている人なら、「ひざはつま先よりも前に出すな！」という〝常識〟を聞いたことがあると思います。しかし、これはロー・バーについての注意事項です。

ハイ・バーで実践してしまうと、重心がかかとに移動して、それを補うように体幹を深く前傾させてしまい、目的である大腿四頭筋を効かせることができなくなってしまいます。トレーナーとして指導しているなかでも、この間違いをおかしてしまっている人をよく見ますので、注意してください。

ここまでの理論を前提に、具体的にどのように身体を動かせば良いか、見ていきましょ

う。

【ハイ・バーの場合】

❶バーベルの重心が足部の中心（ミッドフット）に位置するようにして、背中を丸めず、胸を張らず、自然に立つ

❷足と足の間の幅（スタンス幅）は肩幅より広くし、つま先を30度ほど外に向ける

❸ひざを曲げてバーベルを降ろす。このとき、体幹は浅い前傾姿勢にとどめる（深く前傾しない！）。ひざの位置をつま先よりも前に出し、お尻はひざの高さよりも下に降ろす

❹バーベルの重心を足部の中心に維持したまま、直線的にバーベルを挙げる

（次ページ図34参照）

図34

【ハイ・バーのフォーム】

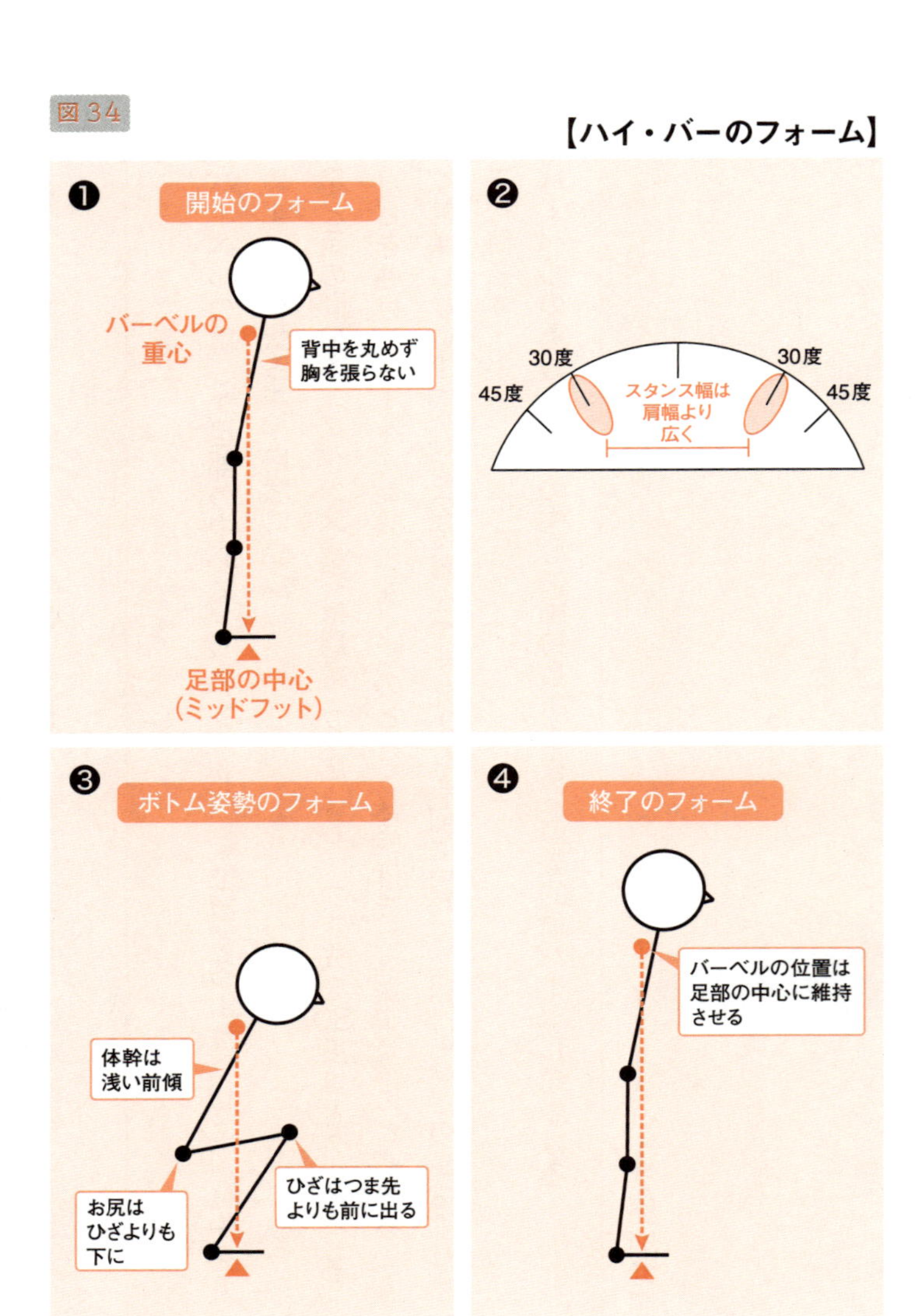

出典：Starting Strengthより筆者作成

【ロー・バーの場合】

❶バーベルの重心が足部の中心に位置するようにして、背中を丸めず、胸を張らず、自然に立つ
❷足と足の間の幅（スタンス幅）は肩幅より広くし、つま先を30度ほど外に向ける
❸ひざを曲げてバーベルを降ろす。このとき、体幹を深く前傾させる（浅い前傾にとどめない！）。ひざの位置はつま先より前に出さず、お尻をひざの高さと同じくらいまで下げる
❹バーベルの重心を足部の中心に維持したまま直線的にバーベルを挙げる

図35

【ロー・バーのフォーム】

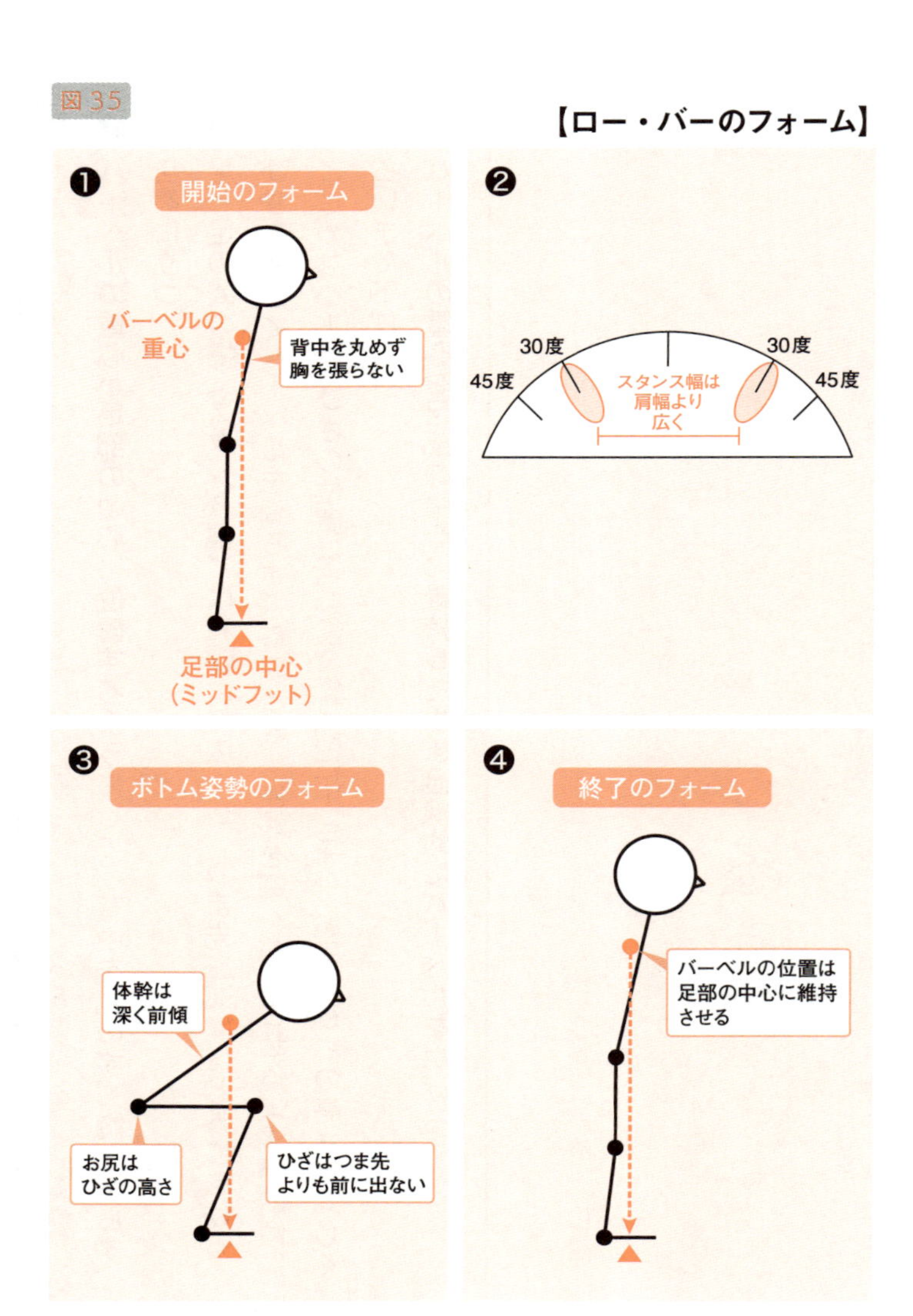

出典:Starting Strengthより筆者作成

ハイ・バーとロー・バーで何が変わるのか？

では、ハイ・バーとロー・バーにおけるスクワットのフォームの違いとポイントを見ていきます。

・開始する直立姿勢

双方ともに重心（バーベル）の位置が足部の中心にくるようにします。

・バーの位置

ハイ・バーは、第7頸椎の棘突起（ちょくとつき）直下の僧帽筋の上部（後頭部から首にかけての筋肉）にバーベルを位置させ、ロー・バーは肩甲骨面上で三角筋後部線維（さんかくきんこうぶせんい）（肩の後ろ側の筋肉）、僧帽筋下部（背中の下側の筋肉）を目印としてバーベルを位置するようにします。

・ボトム姿勢での体幹の前傾角度

ボトム姿勢における体幹の前傾角度は、**ハイ・バーでは浅く、ロー・バーでは深くする**必要があります。ロー・バーでは体幹の前傾が浅いと、重心が後方に移動してしまい、不安定な姿勢になるとともに背部や殿部、ハムストリングス（太ももの裏側の筋肉）などの筋活動を上手に使えなくなってしまいます。

・股関節の角度

ハイ・バーでは大きく（浅く）、ロー・バーでは小さく（深く）します。これは、股関節の角度が体幹の前傾角度に応じて増減するからです。

・ひざ関節の角度

ハイ・バーでは深く、ロー・バーでは浅くします。ロー・バーでひざを深く曲げないのは、深く曲げてしまうと重心が後方へ移動してしまうからです。

逆にハイ・バーでは、ひざを深く曲げることができます。これは、体幹の前傾が浅く、ひざを曲げることによる重心の後方への移動に対応できるからです。ひざを曲げる角度は、ハイ・バーが平均１００～１２０度であるのに対して、ロー・バーでは70～90度にとどまることが研究で報告されています。

・足関節の角度

ハイ・バーでは大きく、ロー・バーでは小さくします。これはひざを曲げる角度に応じており、ハイ・バーではひざを曲げる角度が深くなるため、足関節を前方に曲げる（背屈）角度も大きくなります。これに対して、ロー・バーではひざを曲げる角度が浅いため、足関節を前方に曲げる角度も小さくします。

2-6 【3大トレーニング】スクワットの効果を最大化する「スタンス幅」と「足の向き」

足をひらく幅により、スクワットの成果が大きく変わる

前述したとおり、バック・スクワットには、ハイ・バーとロー・バーの2つの方法があります。これらの方法には、それぞれの特性があり、**ハイ・バーは大腿四頭筋の筋活動を高め、ロー・バーは大殿筋（お尻の筋肉）や背筋、ハムストリングスなどの筋活動を高める**ことに適しています（図36）。

特に、ロー・バーのスクワットは、ジャンプやスプリントのパフォーマンスに重要となる大殿筋や、ハムストリグスなどの筋活動である「ヒップドライブ」を高める効果があります。ヒップドライブを活性化すると、スポーツで着地するときにひざのひねりを抑えたり、衝撃を吸収したりすることができ、ひざ関節のけがの予防に効果があります。最近で

図36

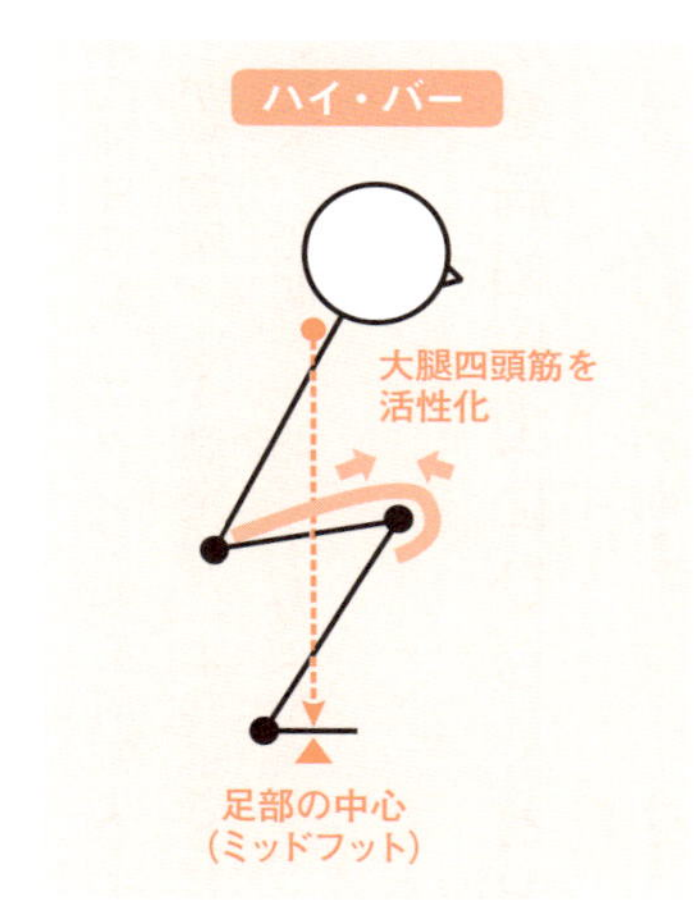

出典：Starting Strengthより筆者作成

は、アスリートの間でもヒップドライブを高めるロー・バーのスクワットトレーニングが推奨されています。

このヒップドライブを高めるためには、「スタンス幅（足と足の間の幅）」と「足の向き」がポイントとなります。

リペトーは、

- **スタンス幅は肩幅以上にする**
- **つま先を30度ほど外側に向ける**
- **つま先の方向にひざを曲げる**

というフォームを推奨しています。

このフォームでスクワットを行うと、骨盤が大腿部にぶつからず、股関節がしっかりと曲がり、大殿筋などの筋活動を最大限に高めることができるのです。

近年の研究でも、スタンス幅を肩幅よりも広くすることによって大殿筋の筋活動が高まることが筋電図という測定器により示されており、これを支持するように近年の別の研究においても、股関節を伸ばす力（ネットモーメント）が高まることが示されています。

足を肩幅以上にひらくとどうなるか

このスタンス幅と足の向きには、もう1つのメリットがあります。それは**内転筋（太もの内側の筋肉）と大殿筋の筋活動を高める**ことです。

内転筋は、その名のとおり股関節を閉じる（内転）ように作用します。しかし、股関節が曲がっているときには、股関節を「伸ばす」（伸展）効果もあることがわかってきました。

スタンス幅を肩幅以上に広げて、つま先を外側に向け、その方向にひざを曲げていくことによって、内転筋がさらに伸び、その筋活動が高まりやすくなると推察されています。

その結果として、大殿筋だけでなく内転筋の筋活動も高め、ヒップドライブをさらに活性化することができると考えられているのです。

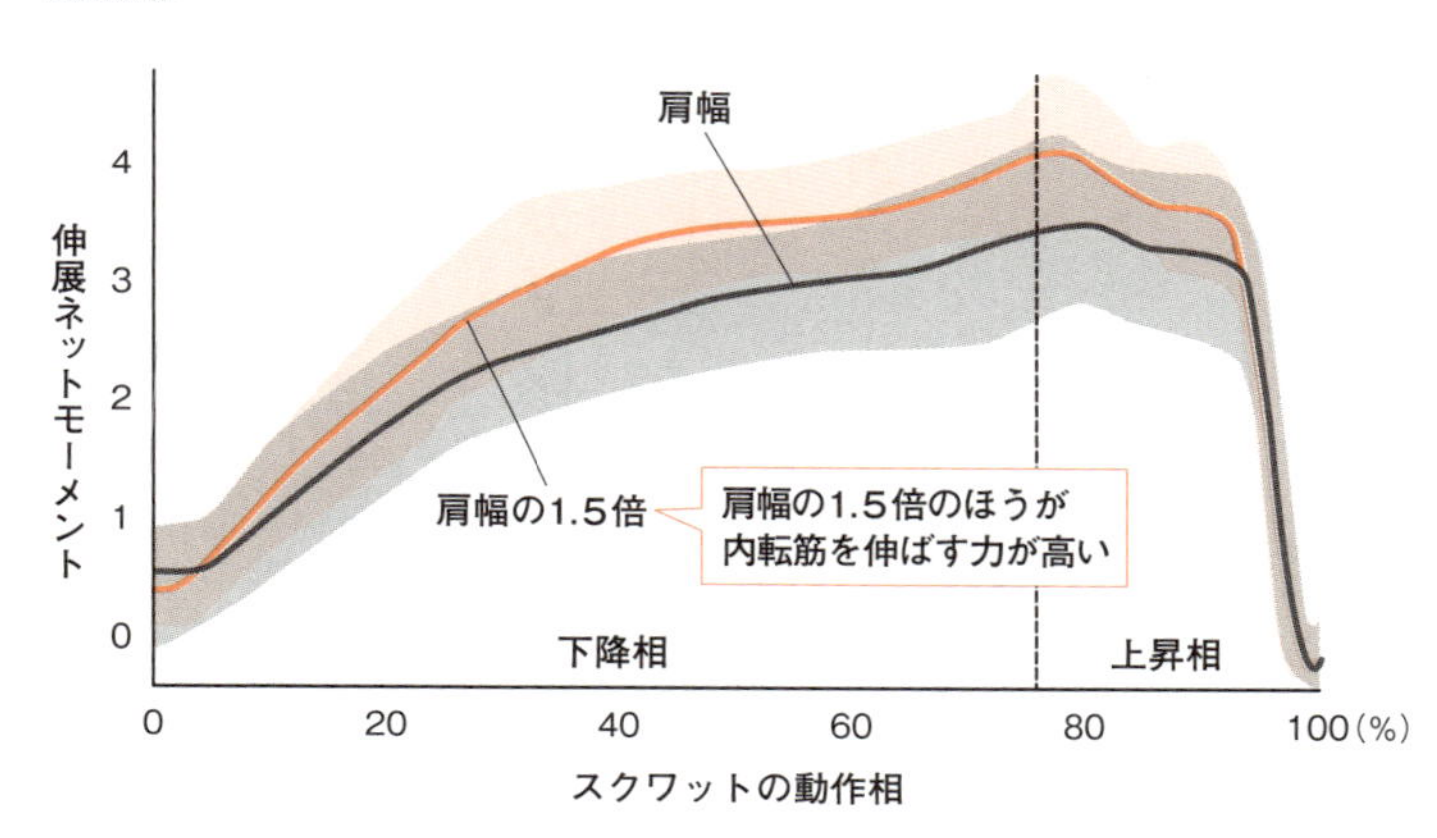

出典：Lahti J. 2019より筆者作成

フィンランドのユヴァスキュラ大学のラハティらは、異なるスタンス幅によるスクワットを行ったときのひざ関節を内股にする力（内転ネットモーメント）を測定しました。その結果、広いスタンス幅（肩幅の1・5倍）のグループは、通常のスタンス幅（肩幅）のグループよりもひざ関節を内股にする力が高くなることを報告しています（図37）。

ひざ関節を内股にする力は、股関節を外にひらく力と関連しており、この力が大殿筋により発揮されていることが推察されています。つまり、内転筋による**内股にする力を抑えるために、大殿筋の筋活動がさらに高まる**ということです。

2-7 【3大トレーニング】科学的に正しいベンチプレスフォームの基本

ベンチプレスの基本

スクワットでは、バーベルが足部の中心であるミッドフットに位置することがフォームの基本でした。そのため、バーベルの位置（ハイ・バーかロー・バーか）が変わると、スクワットのフォームも異なり、バーベルの位置（ハイ・バーかロー・バーか）が変わると、発揮される筋活動も変わります。このようなメカニズムを理解することによって、目的や体調に合わせたフォームを選択することができます。

一方、リペトーが推奨する**ベンチプレスの基本フォーム**は、

・バーベルを挙げるとき（トップのポジション）、バーベルが肩関節の真上に位置するようにする

・バーベルを降ろすとき（ボトムのポジション）、肩関節を60度～75度ひらき、ひじ関節は前腕が床面と垂直になるようにする

この2つです。

私自身トレーニングの現場でよく遭遇することですが、肩を痛める人は、バーベルをトップまで挙げたときに肩甲骨が外側に移動（外転）してしまっていたり、ボトムのポジションで脇を大きくひらきすぎていることが多くあります。トレーニングの効果を最大化することはもちろんですが、けがを予防するためにも、科学的に正しいフォームを知ることは、とても有効なのです。

では、具体的にどのように身体を動かせば良いか、見ていきましょう。

❶肩甲骨を内側に入れ、下げる（内転・下制〈163ページ図43参照〉）とともに背中のアーチをつくる。胸椎（きょうつい）ではなく、骨盤を前傾させて腰椎（ようつい）でアーチをつくる。
このとき、お尻をベンチから上げないよう注意する

❷バーベルを持つときは肩幅の1・5倍の手幅で握る。スタートの位置では、バーベルは肩関節の真上に位置するようにする
❸バーベルを降ろす。肩関節を60〜75度ひらき、ひじ関節は前腕が床面と垂直になるようにする
❹肩関節の真上に位置するようにバーベルを挙げる。バーベルを挙げた後、肩甲骨が外側に移動しやすすので、再度、内側に入れて（内転）バーベルを降ろす

なぜ、「バーベルは肩関節の真上に位置するようにする」のか？

トップのフォームで、バーベルが肩関節の真上に位置するということは、生体力学的にはどういう意味があるのでしょうか。これは、バーベルの重心が肩関節という支点の上に位置することを意味します。つまり、**回転力であるモーメントがまったく生じない、安定したフォームになります。**

仮にバーベルを脚の方向へ倒してみると、支点となる肩関節からバーベルの重心までの

図38

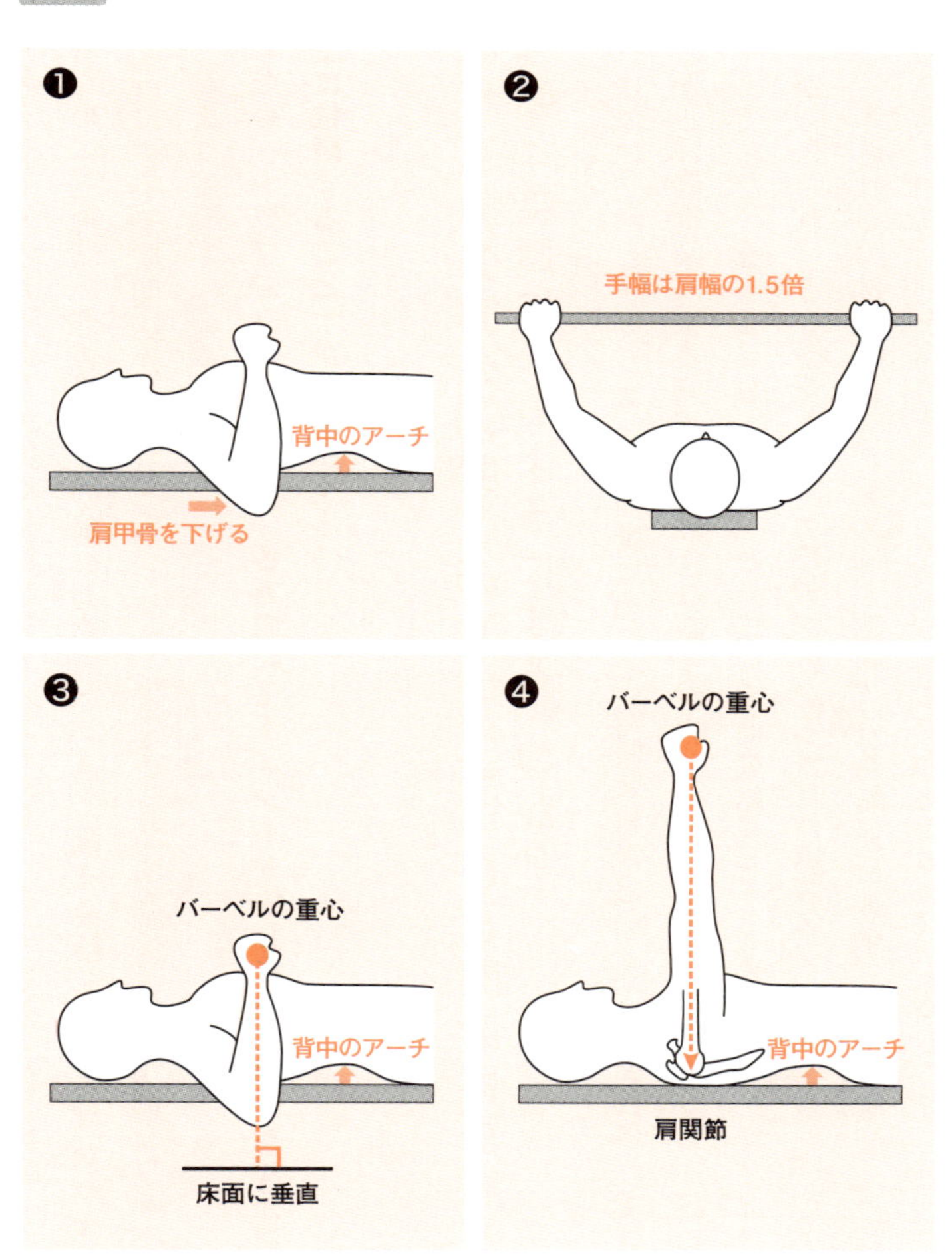

出典：Starting Strengthより筆者作成

距離であるモーメントアームが長くなり、モーメントが生じます。すると身体は、これに抗するために三角筋前部線維（肩の前側の筋肉）の筋活動を発揮しなければなりません。このように重心が肩関節から離れると、無駄なエネルギーを使う非効率的なフォームになってしまうのです（図39）。

そのため、トップのフォームでは、**各方向にモーメントが生じない「バーベルが肩関節の真上に位置すること」が重要**になるのです。

なぜ、「肩関節を60度〜75度ひらき、ひじ関節は前腕が床面と垂直になるようにする」のか？

これまでに、ベンチプレスと筋活動についての研究報告はいくつも発表されてきました。しかし、筋電図による測定は、様々な誤差が生じやすいため、エビデンスが得られていませんでした。そして2017年、これまでの研究結果をまとめたシステマティックレビューが報告され、ようやく1つのエビデンスが示されたのです。

そこで示されたのは「ベンチプレスは大胸筋、三角筋前部線維、上腕三頭筋（上腕の後ろ側の筋肉）の筋活動を高める」という、これまでの報告を支持するものでした。

図39

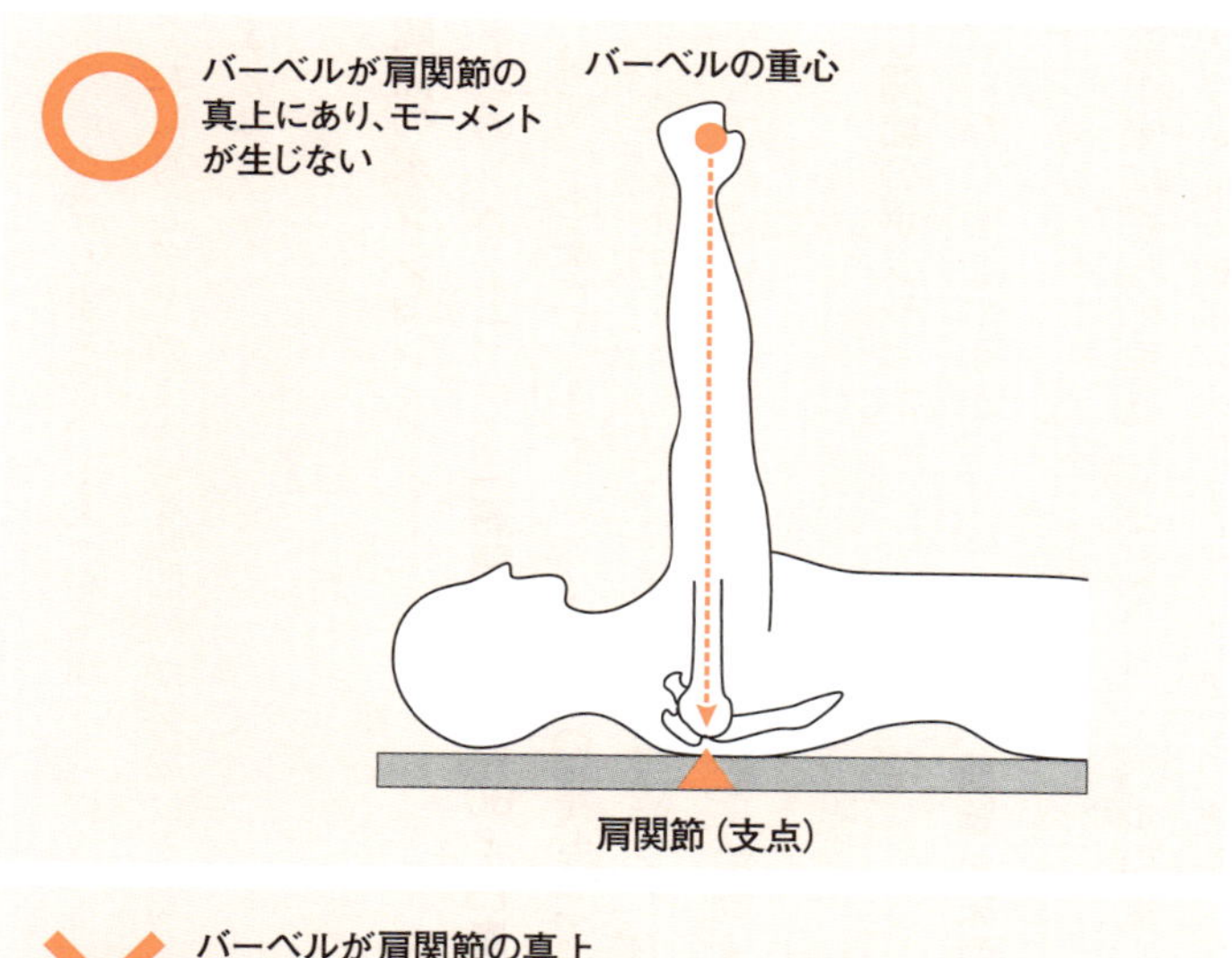

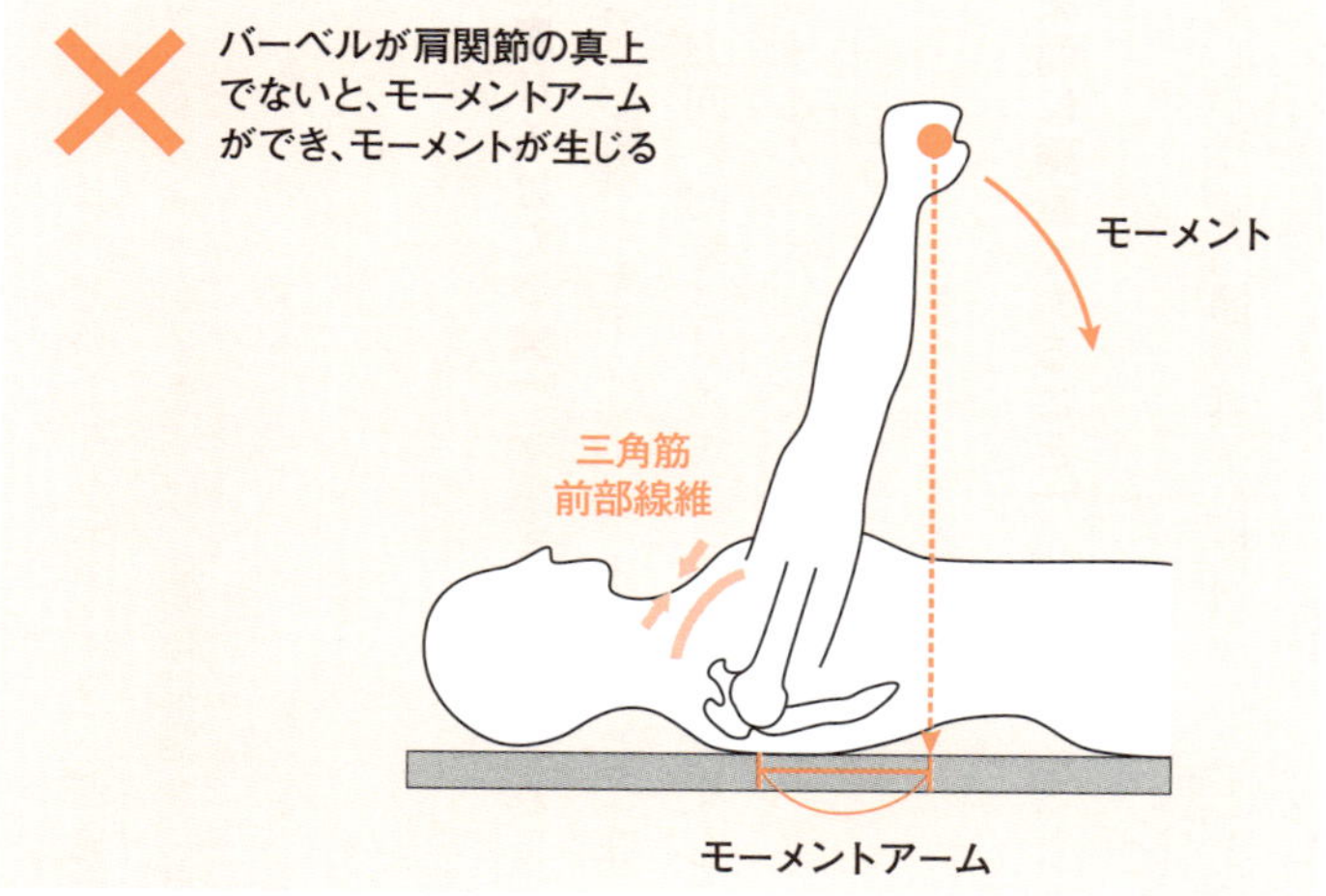

出典：Starting Strengthより筆者作成

バーベルを降ろすとき、すなわちボトムのフォームでは、どのようなモーメントが発生し、それに対してどのような筋活動が必要になるのでしょうか。まずは、頭頂部側から見てみましょう。

・肩関節のポジション

ボトムのフォームでは、**「肩関節を横に60~75度ひろげた姿勢」**が望ましいとされています。肩関節を支点とすると、バーベルの重心までの距離がモーメントアームになります。このモーメントアームの長さに応じて肩関節を下方向に回転させるモーメントが発生します。そして、このモーメントに抗するために活動するのが大胸筋です。

・ひじ関節のポジション

つぎにひじ関節ですが、リペトーは**「前腕が床面に垂直であること」**が重要であると言います。

前腕が床に対して垂直になると、バーベルの重心がひじ関節の真上に位置することとなり、ひじ関節にモーメントは生じません。モーメントが生じないことは、抗するための筋活動が必要ないことを意味し、エネルギー消費の少ない効率的なフォームと言えます（図40）。

仮に、グリップ幅が狭く、ボトムでひじが内側に曲がる場合は、ひじ関節の支点からバーベルの重心にモーメントアームができ、ひじを曲げるモーメントが生じます。これに抗するためにひじを伸ばす上腕三頭筋の筋活動が必要になってしまい、無駄なエネルギー消費に繋がります。逆にグリップ幅が広すぎる場合は、ひじを伸ばすモーメントが生じるため、ひじを曲げる上腕二頭筋の筋活動が必要になってしまいます。

前腕が傾いたフォームでは、その分だけ、ひじ関節にモーメントが生じてしまい、それを制御するための無駄な筋活動が必要になってしまうのです。そのため、ボトムのフォームでは「前腕が床面に垂直であること」が基本とされているのです。

また、前腕の角度は、グリップ幅により決まります。グリップ幅は一般的に肩幅よりも広い位置とされていますが、ボトムの姿勢で前腕が垂直になるようにグリップ幅を調整すると良いでしょう。

図40

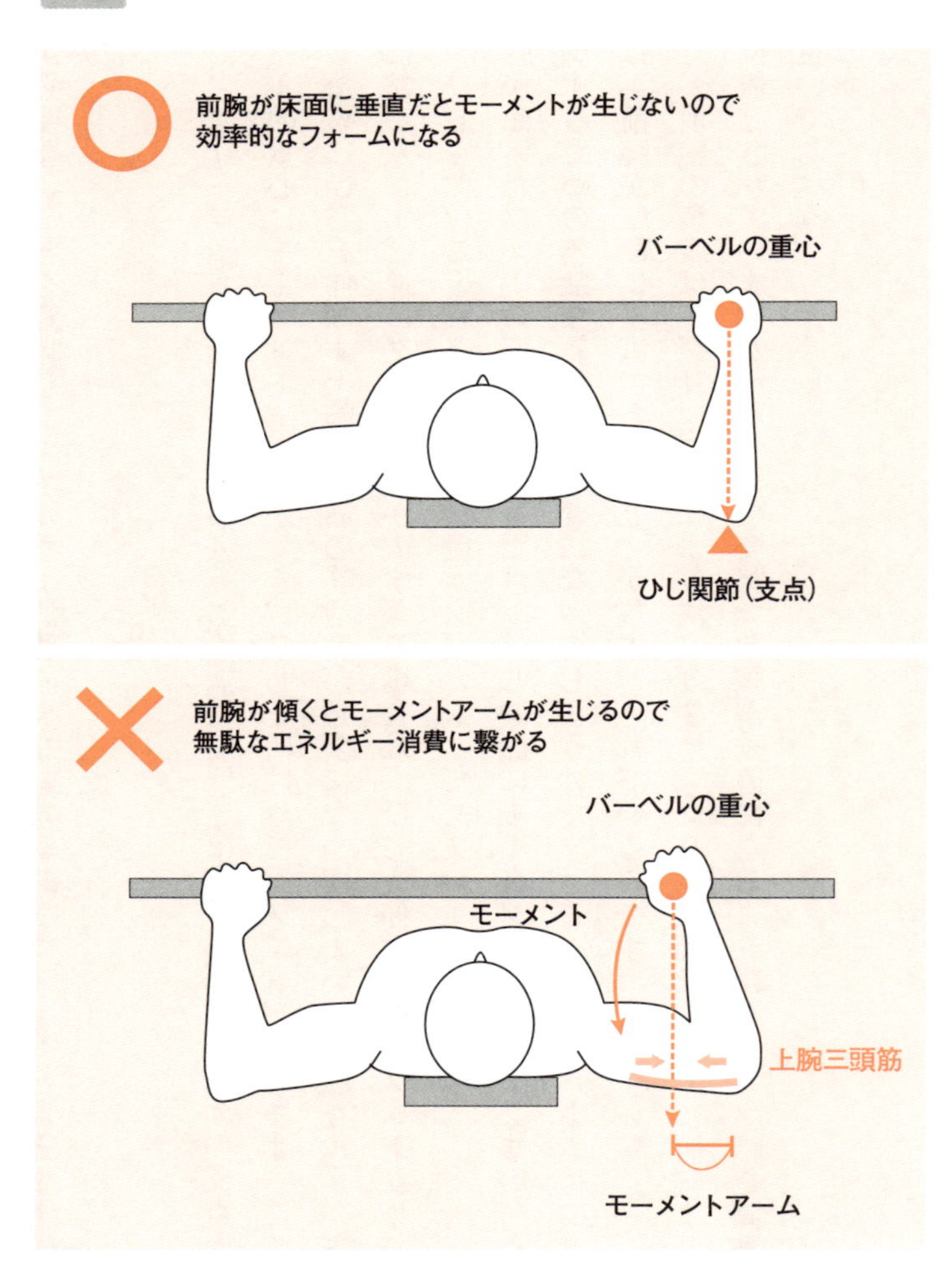

出典：Starting Strengthより筆者作成

横から見たフォーム

・無駄のないひじのポジション

横から見たボトムのフォームにおいても、前腕は床面に対して垂直に保ちます。これも、バーベルの重心をひじ関節の真上に位置させることにより、モーメントの発生を抑え、無駄な筋活動をさせないようにするためです。

例えば、バーベルの重心が脚の方向へ倒れた場合では、ひじを伸ばすようなモーメントが発生するため、ひじを曲げるための上腕二頭筋（上腕の前側の筋肉）の筋活動が必要になってしまいます。

このような無駄な筋活動によるエネルギー消費を避けるために、**「前腕が床面に対して垂直に位置する」**ようにします（図41上）。

・無駄のない肩のポジション

肩関節を支点として考えてみると、肩関節からバーベルの重心までの距離がモーメントアームになるため、肩関節には下方向に回転させるモーメントが生じます。

このモーメントに抗するために活動するのが三角筋前部線維です。

図41

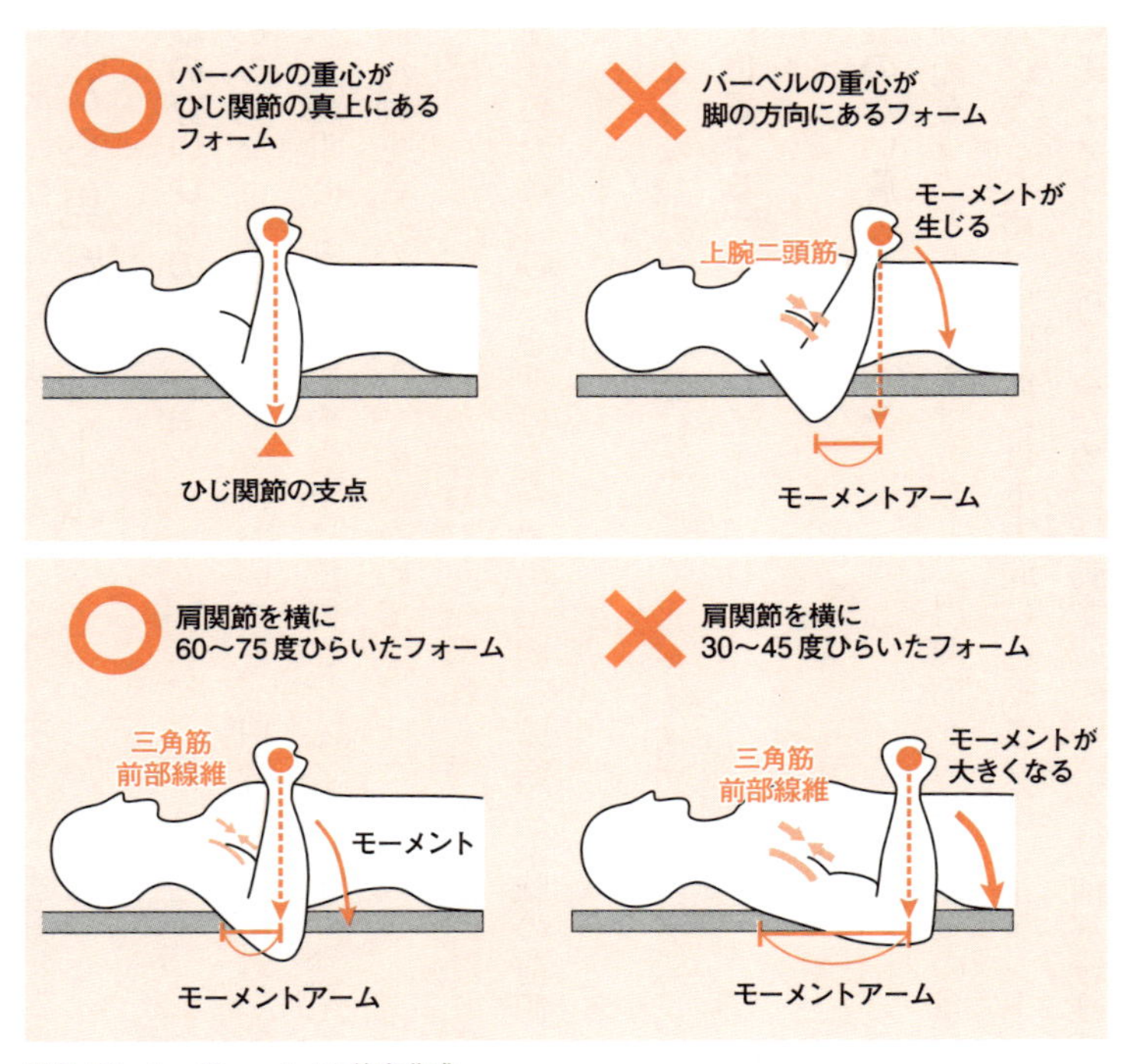

出典：Starting Strengthより筆者作成

肩関節は一般的に60〜75度ひろげますが、肩を閉じたフォームになるとモーメントアームが長くなります。モーメントアームが長くなるとモーメントが大きくなるので、三角筋前部線維はさらに大きな筋活動が求められると同時に、肩関節への負担が強くなってしまいます。

そのため、なるべくモーメントアームを短くして、モーメントを小さくするために、**肩関節は60〜75度程度にひらくことが推奨**されているのです（図41下）。

2-8 【3大トレーニング】ベンチプレスのパフォーマンスを高める「背中のアーチ」と「肩甲骨の動き」

ヒトだけがもつ身体機能を活かせ

ベンチプレスで重いバーベルを何回も挙げるにはどうしたらいいのか。この問いに進化形態学は、次のように答えています――「ヒトだけが進化の過程で獲得した身体機能を活かそう」。

ヒトは初めて二足で大地を踏みしめて以来、数百万年という長く険しい旧石器時代を生き抜くために、身体を狩猟に最適化させるように進化させてきました。

獲物を長い距離でも追えるようにアキレス腱を長くし、大殿筋を大きく発達させました。また、獲物を狩るために木片や石器を正確に投げられるように肩の形態を進化させてきたのです。なかでも、ゴリラなどの哺乳類にも見られない、ヒトだけが獲得した身体機能が「腰椎の前弯（ぜんわん）（軽く前に反っている）」と「肩甲骨の動き」です。

ベンチプレスのパフォーマンスを高めるためには、この2つの身体機能を最大限に活かせばいいのです。

「背中のアーチ」で仕事量を最小化せよ

1つ目の**「腰椎の前弯」と関係するのが、「背中のアーチ」**です。腰椎が前弯していないゴリラなどの哺乳類では、このような背中のアーチをつくることができません。進化の過程で腰椎の前弯を得たヒトだけが背中のアーチを形成し、ベンチプレスのパフォーマンスを高めることができるのです。

リペトーは背中のアーチには、

- **ボトムからトップまでの移動距離を短くする**
- **肩関節に生じるモーメントを小さくする**

という2つのメリットがあると述べています。

重たいバーベルを持って10mを動かすのと、5mを動かすのとでは、5mを動かすほうがラクです。この物体に力を加えて動かした量を「仕事量」と言います。重たいバーベルを5m動かすほうがラクなのは、10m動かすよりも仕事量が少ないからです。

このように仕事量は、バーベルを動かすために加えた「力」と、バーベルを動かした「距離」によって示すことができます。

仕事量＝力×移動距離

背中のアーチにより胸部が上がり、バーベルを下げた位置が前上方に移動します。これにより、**バーベルを挙げた位置までの移動距離が短くなり、バーベルを挙げるための仕事量を減らす**ことができます。

さらに背中のアーチはバーベルの位置を前上方へ移動させ、肩関節に近づけてくれます。これにより、**肩関節とバーベルの距離であるモーメントアームが短くなり、肩関節を下方向への回転させるモーメントが減少**します。その結果、下方向へのモーメントに抗するための三角筋前部線維の筋活動を軽減することが可能になるのです（図42）。

なお、背中のアーチの高さは「握りこぶし1個分」が望ましいとされています。お尻が

図 42

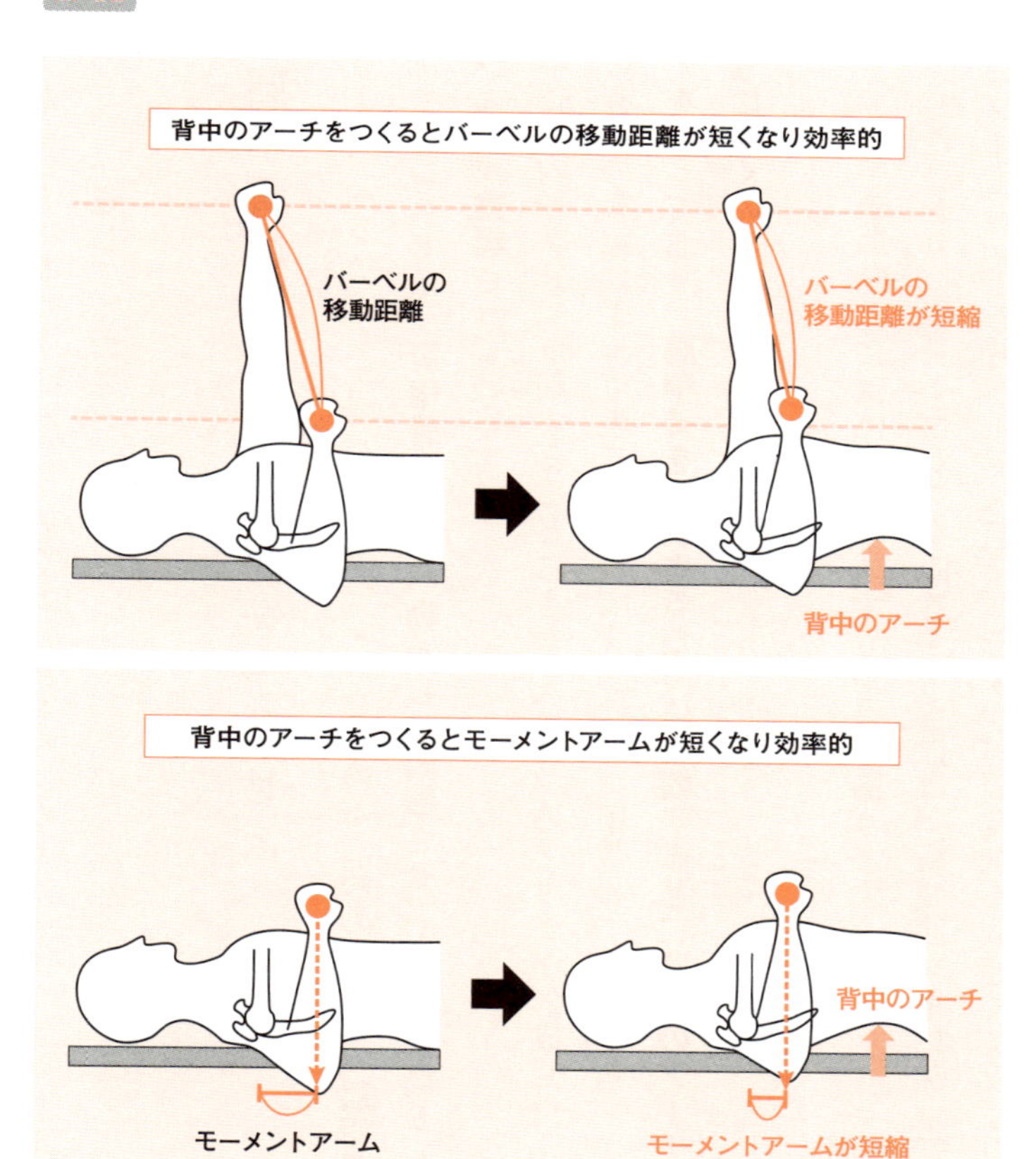

出典：Starting Strengthより筆者作成

持ち上がるほどの高いアーチは、脚を踏ん張れなくなり、アーチを強化できなくなってしまうので、注意してください。

「肩甲骨の動き」でけがを予防せよ

もう1つ、ベンチプレスのパフォーマンスを高めるための要素が**「肩甲骨の動き」**です。ベンチプレスでは、**肩甲骨を内側へ動かし（内転させ）、下方に動かした（下制した）ポジションが推奨**されています。

肩甲骨を内転させ、下制することによって、背中のアーチが形成しやすくなります。これは広背筋（こうはいきん）の収縮によって生じます。広背筋は、肩甲骨の下辺（下角）から胸腰椎（きょうようつい）、骨盤に起始をもっており、**肩甲骨を下制するために収縮すると、背中のアーチの形成を補助するように働く**のです（図43）。

一方、肩甲骨の動きにはけがを予防する効果もあります。

前述したとおり、ベンチプレスを降ろすときには、肩関節を横に60～75度ひらくことが基本のフォーム（156ページ図41下）ですが、肩関節を大きく90度にひらいたフォーム

図43

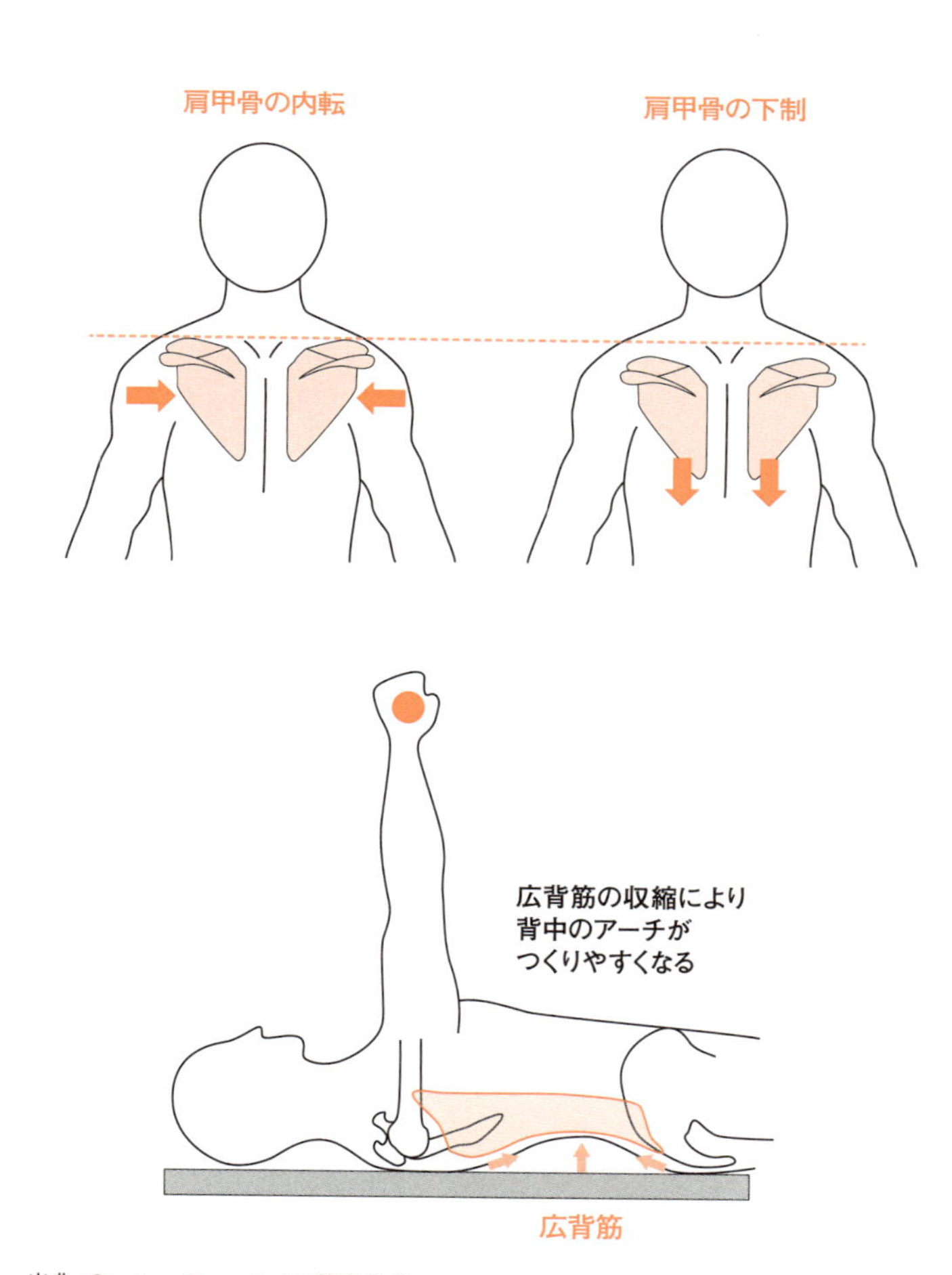

出典：Starting Strengthより筆者作成

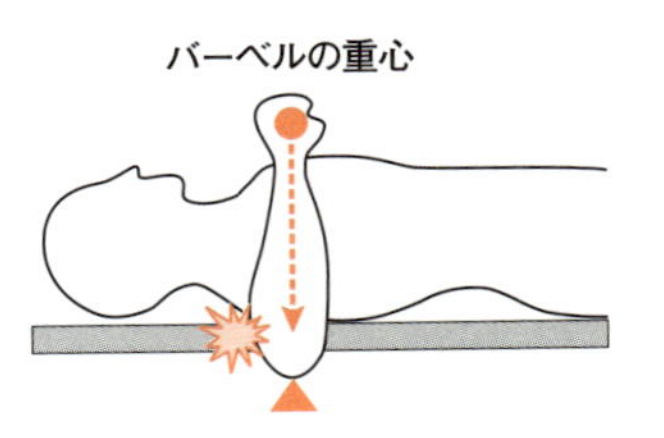

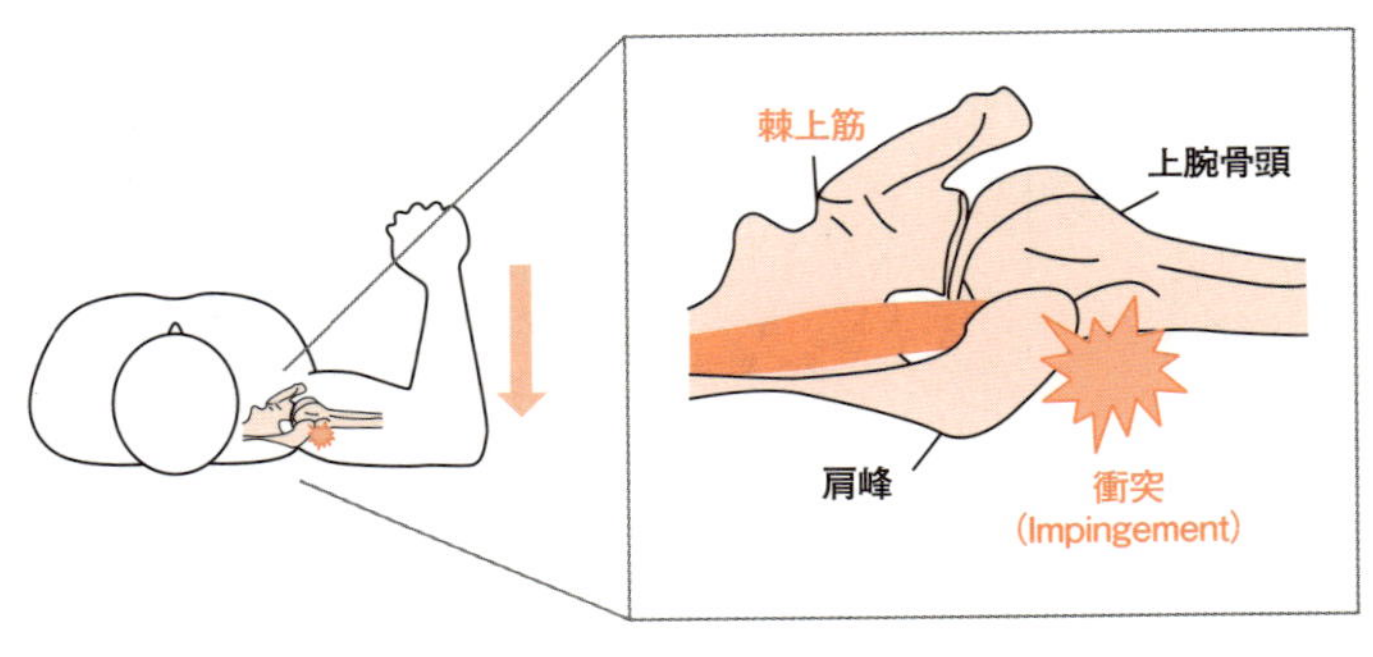

出典：Starting Strengthより筆者作成

では、肩関節とバーベルの距離がなくなり、肩に「つまる感じ」や「痛み」が生じやすくなります（図44）。

肩甲骨を内転・下制するポジションでは、このような肩のけがを予防することができます。

試しに、立った姿勢で、腕を水平にひろげて、ひじを前方に90度に曲げてみてください。その位置からひじを後方へ引くと、肩に「つまる感じ」や「痛み」を感じるとともに、それ以上、後方に引けなくなると思います。

これを、肩甲骨の肩峰（けんぽう）と上腕

骨が衝突する「肩峰下インピンジメント」と言います。肩峰と上腕骨の間のスペースには、棘上筋（ちょくじょうきん）や肩峰下滑液包（かつえきほう）といった軟らかい組織があり、これが圧迫されることによって「つまり感」や「痛み」が生じるのです。

肩甲骨を内転させ、下制してから同じようにひじを後方へ引いてみましょう。今度はつまり感や痛みなくひじを引けると思います。

これが肩のけがを防ぐ理由になります。**肩甲骨を内転、下制することにより、肩甲骨の肩峰と上腕骨の衝突による痛みの発生を回避することができる**のです。

特にトップのポジションまでバーベルを挙げたときに肩甲骨が外転してしまうことが多く、そのままの状態でバーベルを降ろすと肩のけがに繋がりやすくなります。バーベルを挙げたら、一度、肩甲骨を内転、下制させることが肩のけがの予防に繋がるでしょう。

2-9 【3大トレーニング】科学的に正しいデッドリフトフォームの基本

デッドリフトの基本

3大トレーニングのひとつであるデッドリフト。デッドリフトとスクワットを比較した生体力学の研究報告では、デッドリフトはスクワットよりも、大殿筋やハムストリングスの筋活動を高めるトレーニングであることがわかっています。そのため、大殿筋やハムストリングスの筋力増強や筋肥大の効果を狙いたいときは、デッドリフトが最適なトレーニング方法になります。

リペトーは、デッドリフトを科学的に正しいフォームで行うために、

・股関節のモーメントを小さくする

・体幹の剛性（硬さ）を高める

この2つのポイントが重要だと述べています。
では、具体的にどのように身体を動かせば良いか、見ていきましょう。

❶バーベルの前に立ったら、軽くジャンプして、自然に開いた足幅をスタンス幅（足と足の間の幅）とする。グリップ幅（手幅）は肩幅より少し広くとる。バーベルの位置を足部の中心（ミッドフット）にする。肩はバーベルよりも前に出し、肩甲骨を下げて（下制）、広背筋の収縮を促す。股関節の高さは頭部とひざ関節の真ん中に位置させる

❷体幹の前傾角度は変えずに、ひざ関節を伸ばしてバーベルをひざ下まで持ち上げる

❸股関節を前に押し出すように伸ばしながら、体幹を起こして、さらにバーベルを持ち上げる。直立になるまでバーベルを持ち上げる（＝「ロックアウト」の姿勢）。過度に背中を反らないようにし、肩関節、股関節、膝関節が一直線になるようにする

❹バーベルを降ろすときは、股関節から曲げ始める。バーベルがひざ関節を越えたら、ひざ関節を曲げて降ろす

図45

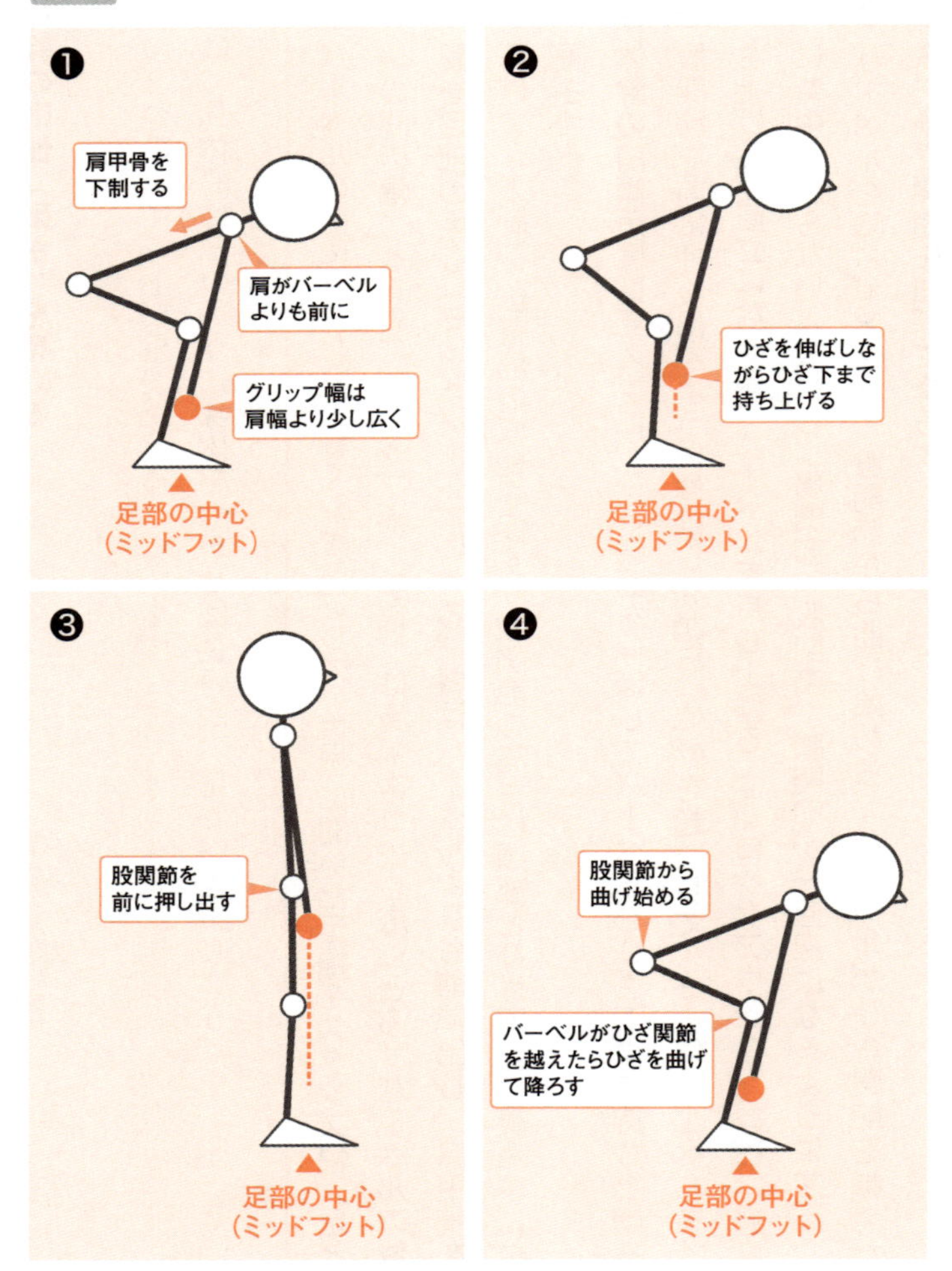

出典：Starting Strengthより筆者作成

「股関節のモーメントを小さくする」にはどうしたらいいか？

生体力学で考えたとき、「股関節のモーメントを小さくする」ためには、どんなことに注意すればいいのでしょうか。リペトーは、

- **バーベルを置く位置**
- **股関節の位置**

の２つがポイントになると述べています。

①バーベルを置く位置を、足部の中心（ミッドフット）にする

股関節に生じるモーメントを小さくするためには、股関節からバーベルまでのモーメントアームを短くしなければなりません。そしてモーメントアームを短くするためには、バーベルをなるべく股関節に近づける必要があります。つまり、**バーベルを、足部の中心（ミッドフット）に位置させる**ことが重要になるのです（図46）。

図 46

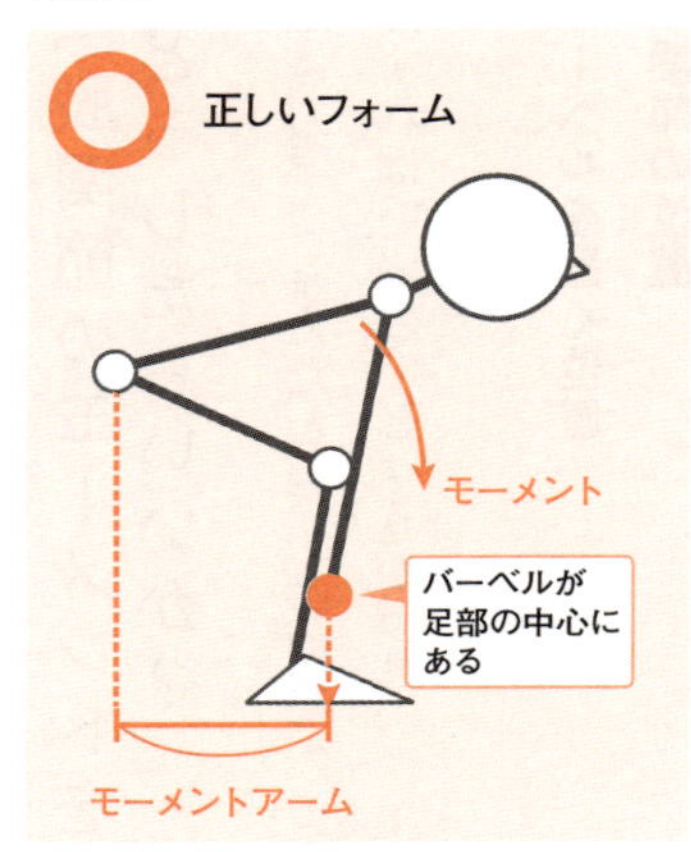

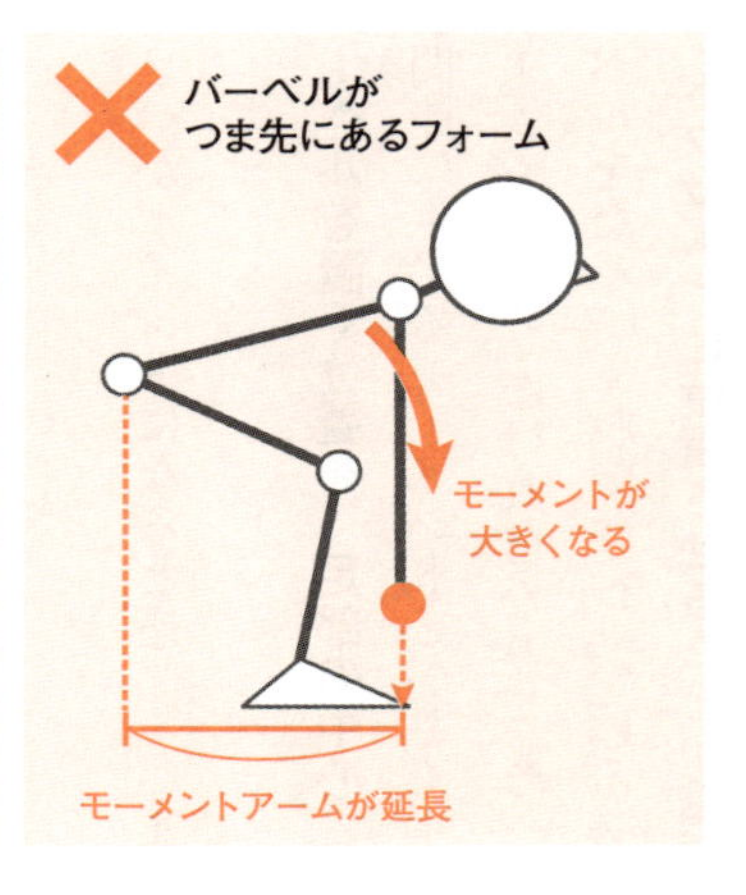

出典：Starting Strengthより筆者作成

バーベルが前方に離れれば離れるほど、モーメントアームが長くなり、股関節に生じるモーメントは大きくなってしまいます。モーメントが大きくなると大殿筋などに無駄な筋活動が生じ、エネルギー消費の多いフォームになるので注意してください。

②股関節の高さは、頭部とひざ関節の真ん中に位置させる

股関節のモーメントを小さくするためには、股関節の位置も重要になります。リペトーは、**「頭部とひざ関節の真ん中に位置させる」**ことを推奨しています（図47）。

股関節の位置がひざ関節の高さまで下がってしまうと、股関節のモーメントアームが長くなり、生じるモーメントが大きく

図 47

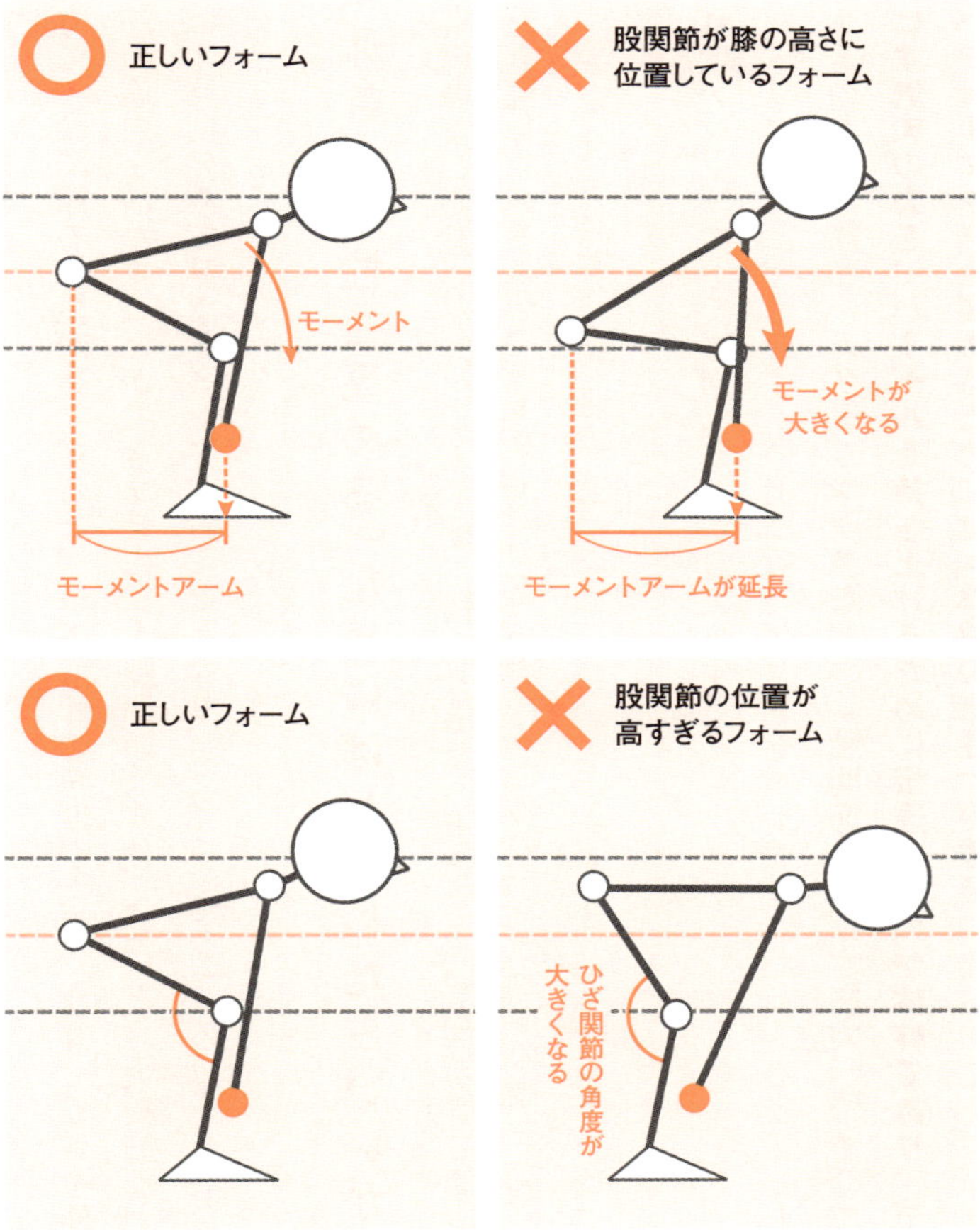

出典：Starting Strengthより筆者作成

なってしまいます。

一方で、股関節の位置が高すぎると、ひざ関節の角度が大きくなり、ひざを伸ばす大腿四頭筋の筋力を活かすことができません。大腿四頭筋が使えないと、大殿筋などの股関節を伸ばす筋肉のみでリフティングすることとなり、パフォーマンスが低下してしまいます。

「体幹の剛性を高める」ためにはどうしたらいいか？

工事現場などで働くショベルカーは、軽々と重たい土をすくい上げることができます。これを実現しているのが、モーターの力を伝達するための「シャフトの硬さ（剛性）」です。もし、シャフトがぐにゃっと曲がってしまっていたら、土をすくい上げることはできません（図48）。

これはデッドリフトでも同じことが言えます。

デッドリフトでは、土をすくい上げるバケットをバーベルにたとえると、モーターの役割をするのが大殿筋やハムストリングスなどの「股関節を伸ばす筋肉」です。この**股関節を伸ばす筋肉の力を、バーベルを持ち上げるために伝達するのが体幹であり、デッドリフトのパフォーマンスを高めるためには「体幹の剛性」が重要**になるのです。

図48

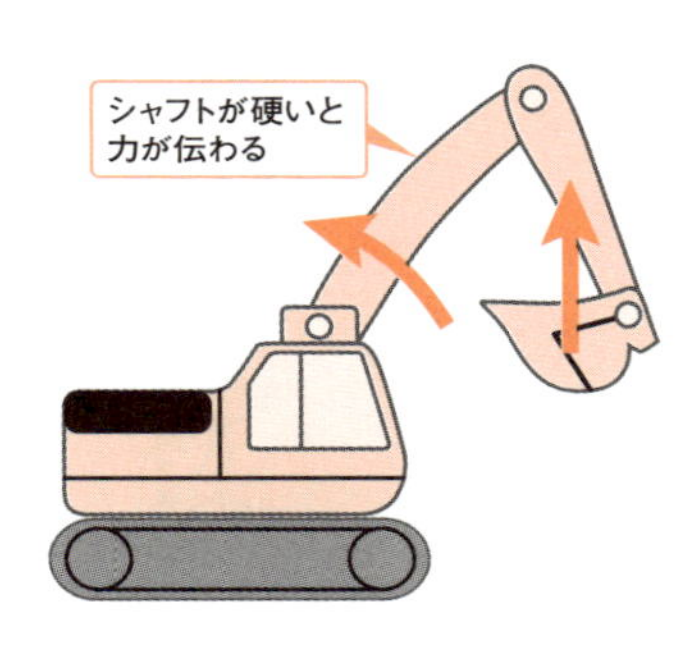

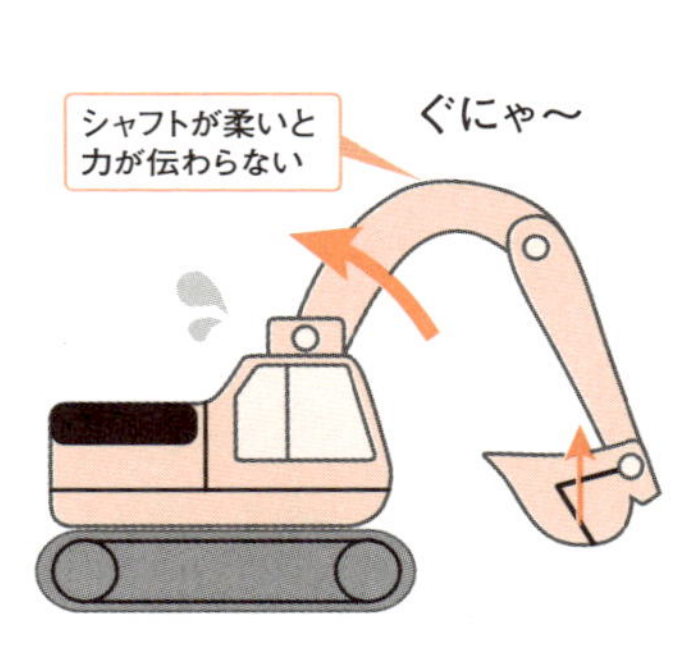

ここで、体幹の剛性を高める役割を担うのが「広背筋」です。

広背筋は、肩甲骨の下辺（下角）から胸腰椎、骨盤に起始をもち、上腕骨に付着しています。このような解剖学的特性から、広背筋はバーベルが前方に移動しないように固定し、体幹の剛性を高めるように作用します。この広背筋を効果的に収縮させ、体幹の剛性を高める役割を果たすのが、「広背筋と上腕骨の角度」です。

広背筋は、上腕骨に付着する筋線維の方向と、上腕骨の角度が「90度」であるときに、最も収縮効率が高くなるとされ、体幹の剛性を高めることができます。

角度の目安になるのが「肩と股関節の位置」です。

具体的には、

図49

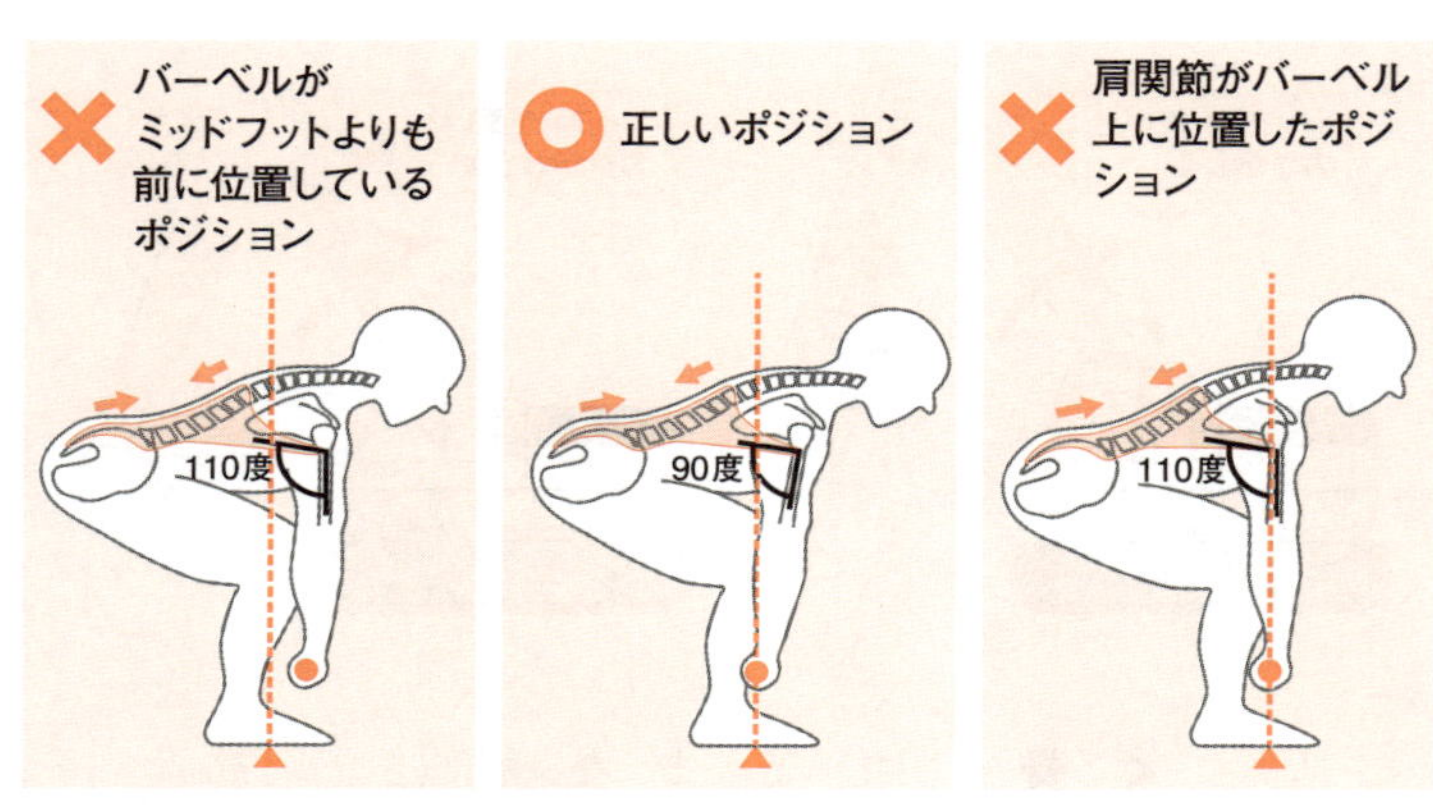

出典：Starting Strengthより筆者作成

・肩関節をバーベルよりも前方に位置させる
・股関節の高さを頭部とひざ関節の真ん中に位置させる

この2点に注意する必要があります。

①肩関節を、バーベルよりも前方に位置させる

肩関節がバーベルの前方に位置していると、広背筋と上腕骨の角度が90度になります。そのため、広背筋の収縮効率を高めるためには、このポジションが最適な位置になります（図49）。

肩関節がバーベル上に位置したポジションでは、広背筋と上腕骨の角度が大きくなり、広背筋の収縮効率が低下してしまいます。

図50

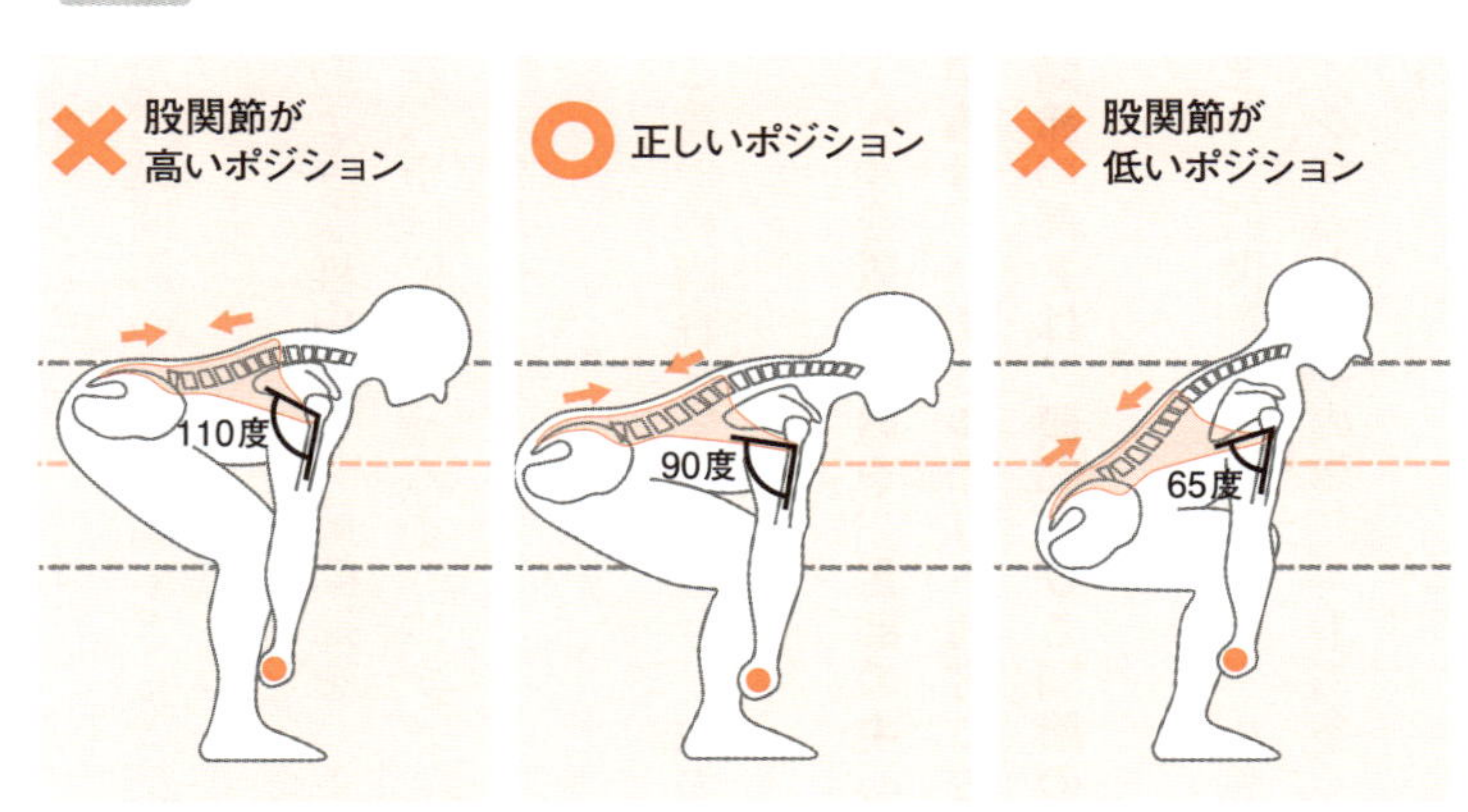

出典：Starting Strengthより筆者作成

また、バーベルがミッドフットよりも前方に位置していても、同じように広背筋と上腕骨の角度が大きくなってしまいます。

バーベルをしっかりとミッドフット上に位置させたうえで、肩関節がバーベルよりも前方に位置することが重要になるのです。

②股関節の高さを、頭部とひざ関節の真ん中に位置させる

広背筋と上腕骨の角度を90度にするためには、股関節の位置も重要になります。股関節を頭部とひざ関節の真ん中に位置させることにより、広背筋と上腕骨の角度が90度になります（図50）。

これに対して、股関節の位置がひざ関節の高さにあるポジションでは、広背筋と上腕骨の角度が減少してしまいます。

また、股関節の位置が高すぎるポジションでは、角度が大きくなってしまいます。

このような理由から、肩関節をバーベルよりも前方に位置させ、股関節を頭部とひざ関節の真ん中に位置させるようにフォームをデザインすることで、広背筋の収縮効率と体幹の剛性が高まります。

ここまでの内容をまとめると、次の３つに集約できます。

- **バーベルを置く位置を、足部の中心（ミッドフット）にする**
- **肩関節は、バーベルよりも前方に位置させる**
- **股関節の高さは、頭部とひざ関節の真ん中の位置させる**

つまり、股関節のモーメントを小さくし、広背筋の収縮効率を高めるようにフォームをデザインすると、そのポイントの多くが重なり「自ずと正しいフォーム」が決まってくるのです。

2-10 【3大トレーニング】デッドリフトの効果を最大化する「リフティング」

バーベルは垂直に挙げなさい

デッドリフトの科学的に正しいフォームについては前項で解説しましたが、ここではバーベルのリフティングのフォームに特化して、そのやり方をひもといていきます。基本をおさえることで、無駄な力をかけたり、けがをしたりするリスクを避けながら、パフォーマンスを最大化することができます。

リフティングで最も重要なポイントは、「バーベルを垂直に挙げる」ことです。

デッドリフトでバーベルを持ち上げる前（ボトムのポジション）には、バーベルはミッドフットに位置しています。**ミッドフットからトップのポジションに向かって垂直に、まっすぐ持ち上げることによって、最も仕事量の少ない効率的なリフティングが可能にな**

るのです。

これに対して、ボトムのポジションでバーベルが前方にある場合や、リフティングのときにひざ関節から伸ばさず、体幹で引き上げようとする場合には、バーベルの移動距離が延長してしまいます。これでは仕事量が増大し、非効率的なリフティングになってしまいます。

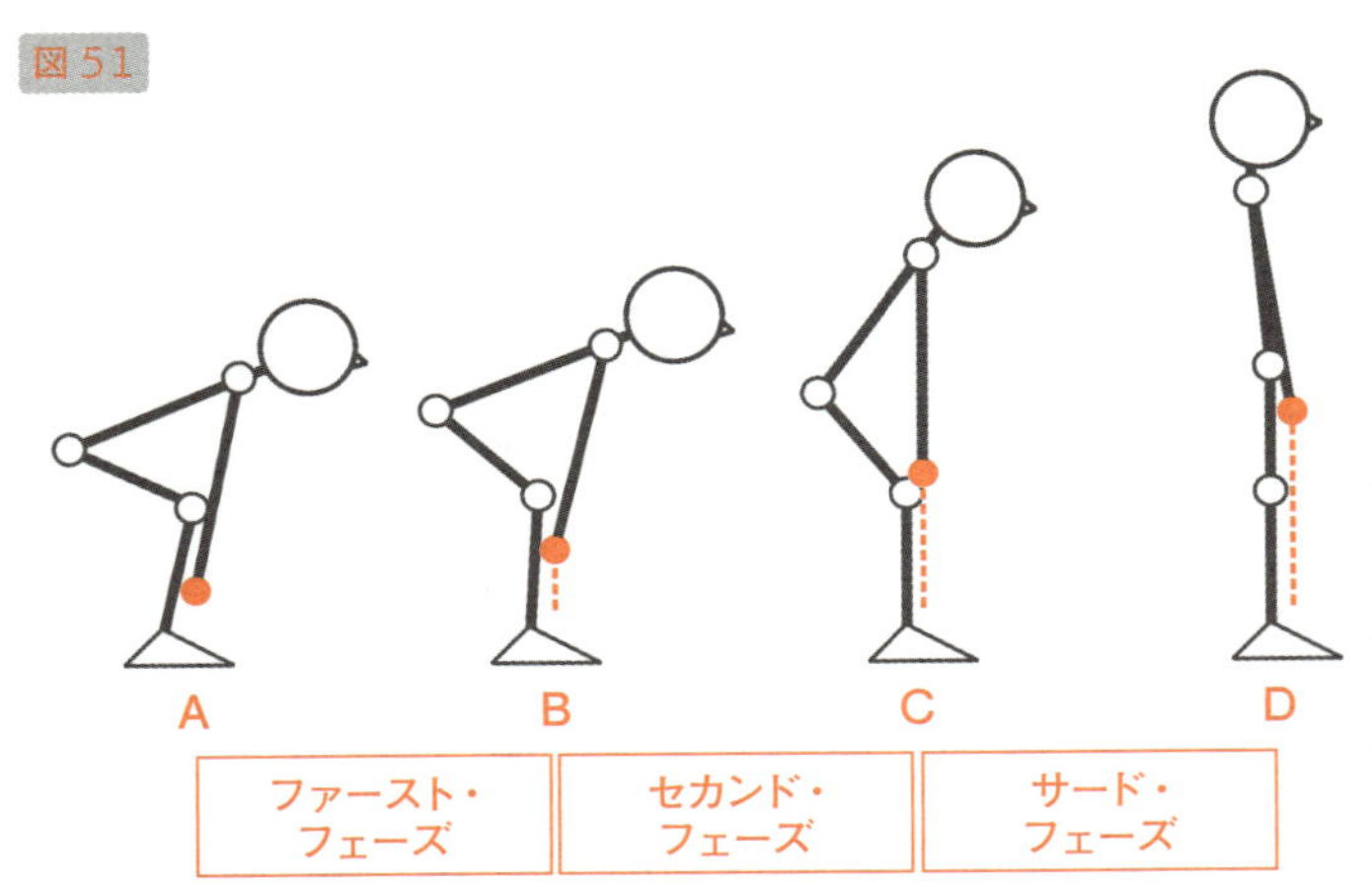

出典：Starting Strengthより筆者作成

リフティングの3つのフェーズ

リペトーは、バーベルを垂直に持ち上げるためのリフティング動作を、A～Dのように示しています（図51）。ここでは、A～Dまでの動作を3つのフェーズに分けて、フェー

図52

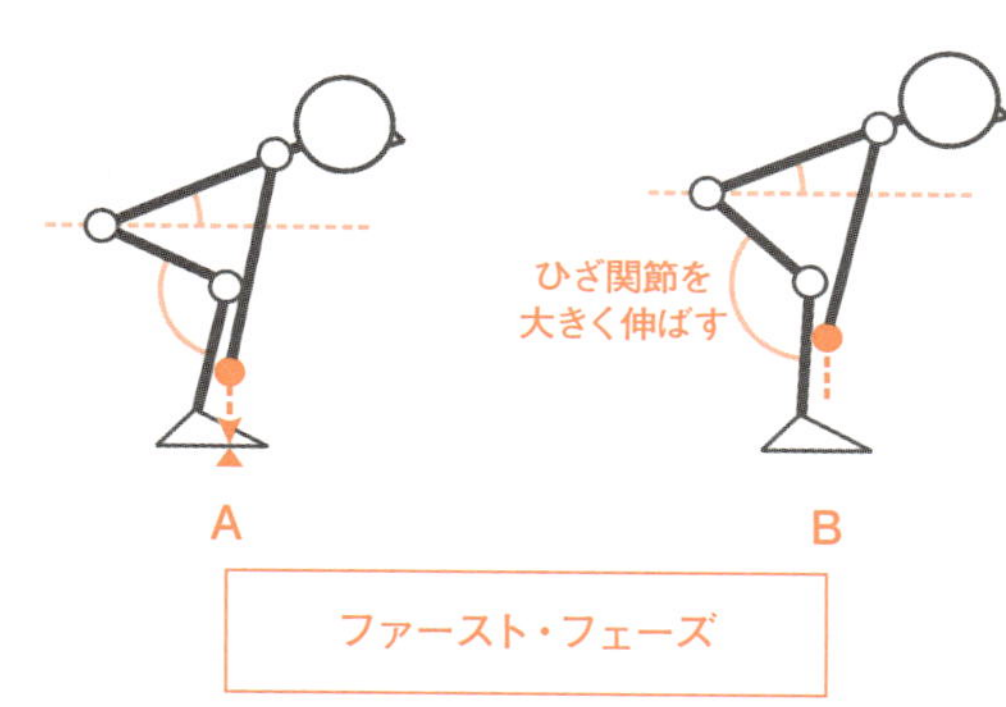

出典：Starting Strengthより筆者作成

ズごとに各動作を分析するとともに、西ノルウェー応用科学大学のアンダーセンらの筋電図による研究報告をもとに、筋活動を見ていきます。

●ファースト・フェーズ（A〜B）

【リフティングのポイント】

このA〜Bのファースト・フェーズで注意すべきことは**「ひざ関節を伸ばしながらバーベルを持ち上げる」**ことと、**「体幹の前傾角度を変えない」**ということです。仮に、ひざ関節を伸ばさずに、体幹でバーベルを引き上げようとすると、バーベルの移動距離が長くなり、リフティングの仕事量が増すとともに、腰部への負担が大きくなり、腰を痛める非効率的なリフティングになってしまいます（図52）。

【筋活動】

大腿四頭筋の筋活動が他のフェーズに比べて高まっていることが示されています。これに対して、背筋（脊柱起立筋。背骨の両側に並ぶ上下に長い筋肉）や大殿筋などの筋活動には変化がありません。これは、ファースト・フェーズのリフティングが主に大腿四頭筋によるひざ関節の伸展動作によって行われていることを意味しています。

ここでは、「床を押し出すことに重点をおこう」と言われますが、これは、リフティングが体幹や股関節ではなく、ひざ関節を伸ばす動きによって行われるからです。

●セカンド・フェーズ（B〜C）

【リフティングのポイント】

このフェーズで重要になるのが、股関節と体幹の動きです。ファースト・フェーズでは、体幹の前傾角度は変わりませんが、このフェーズでは、ようやく体幹を起こしていきます。ここでポイントとなるのが、**股関節を前方に突き出すように伸展しながら、体幹を起こす**ということです。体幹でバーベルを持ち上げようとすると、股関節の伸展運動を上手に使えないため、パフォーマンスが低下してしまうので注意しましょう（図53）。

図53

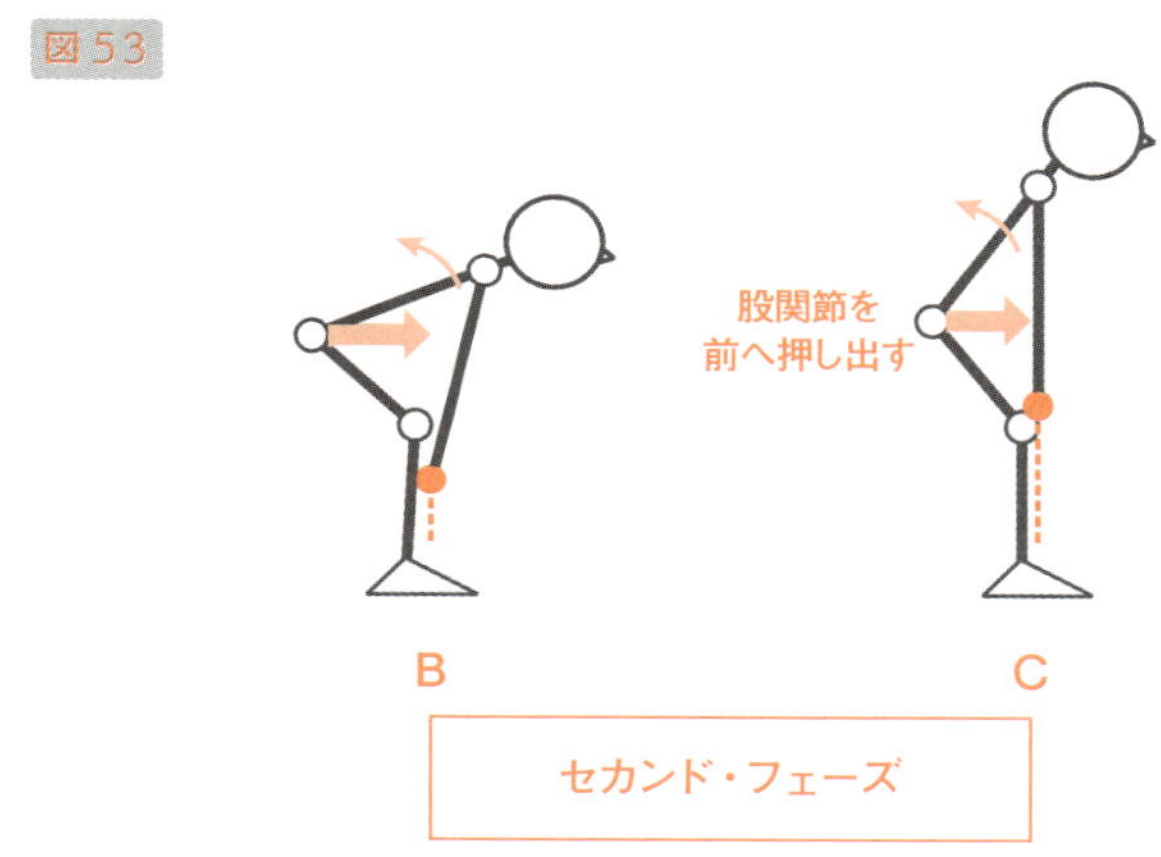

出典：Starting Strengthより筆者作成

【筋活動】

セカンド・フェーズでは、大腿四頭筋は役割を終えますが、股関節に生じるモーメントが最も大きくなるため、これに抗する大殿筋とハムストリングス（大腿二頭筋・半腱様筋。太もも裏の筋肉）の筋活動が最も高くなります。背筋の筋活動に変化はありません。これは、背筋を使用してバーベルを持ち上げるのではなく、体幹の剛性を保つことのみに作用しているからです。

よくセカンド・フェーズでは「肩を後ろに、股関節を前に（Shoulders back, hips forward.）」と言われます。これは、股関節を伸ばす大殿筋やハムストリングスを最大限に活動させて、肩を後ろに、股関節を前に移動させることにより、バーベルをひざ上まで持ち上げることを意

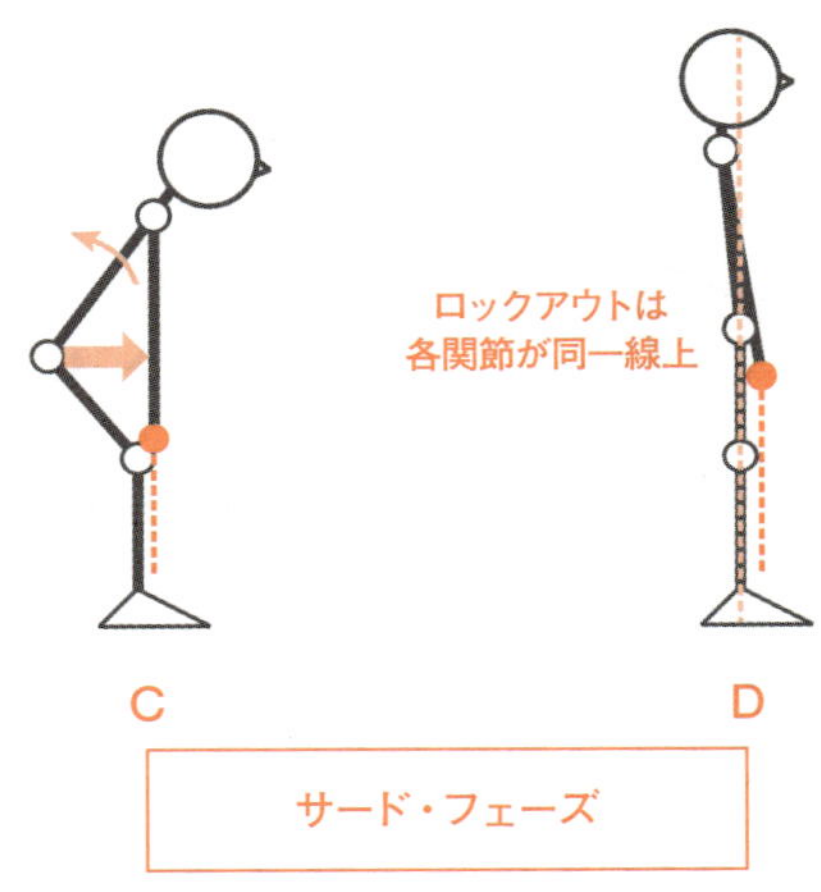

出典：Starting Strengthより筆者作成

味しています。

●サード・フェーズ（C〜D）

【リフティングのポイント】

サード・フェーズでは背中を反らすことはせず、**肩関節、股関節、ひざ関節が同一線に並ぶ**ようにしてリフティング動作を終えます（図54）。

【筋活動】

サード・フェーズでは、股関節からバーベルまでのモーメントアームが徐々に短くなるため、股関節に生じるモーメントも小さくなります。そのため、股関節を伸ばす大殿筋やハムストリングスの筋活動も低下します。また、このフェーズにおいても背筋の筋活動は変化していません。背筋はロックアウトに向けて、体幹を反らすように過剰に活動するのではなく、ここでも体幹の剛性を保つことに作用しています。

ここまでのすべてのフェーズを通じて、広背筋や脊柱起立筋を含む背筋の筋活動は一定に保つようにします。**背筋の筋活動の目的は、リフティングではなく、体幹の剛性を高め、力を伝達すること**です。そのため、背筋の筋活動が必要以上に高まることはありません。逆に、背筋の筋活動が過度に高まる場合は、リフティング動作を間違えているか、重量が大きすぎる可能性があります。その場合は腰痛などのけがを引き起こす原因になるので、注意が必要です。

2-11 【トレーニング後】筋トレ後のクールダウンに意味はない？

アクティブ・クールダウンの効果を覆す7つのエビデンス

多くの人がトレーニング後にジョギングやウォーキング、ストレッチなどのクールダウンをしていると思います。実際、アメリカのトレーナーの89％がクールダウンを推奨しています。

クールダウンには、ジョギングやウォーキングなどの「アクティブ（活動的）・クールダウン」と、マッサージやストレッチなどの「パッシブ（受動的）・クールダウン」があります。

これまで、アクティブ・クールダウンには、パッシブ・クールダウンに比べると疲労に関与する代謝産物の減少や筋肉痛の軽減、心拍数の回復など、多くの有益な効果があると考えられていました。

これらのアクティブ・クールダウンによる効果を検証したのがオランダ・マーストリヒト大学のヴァン・ホーレンらです。

２０１８年、ヴァン・ホーレンらは、これまでに報告された運動後４時間以降のアクティブ・クールダウンによる効果を検証したレビューを報告しました。これらの研究によると、残念ながらアクティブ・クールダウンについてこれまで効果があるとされてきた〝常識〟が、ことごとく否定されています。

①疲労が取れる→×

これまで、トレーニングのあとにはクールダウンをして、乳酸を除去することが早期の疲労回復に繋がると言われてきました。

しかし近年では、**疲労は乳酸から生じるのではなく、水素イオンの蓄積によって筋肉が酸性（アシドーシス）になることが要因**とされています。

そこで、アクティブ・クールダウンによる筋肉のアシドーシスに対する効果を検証した結果、運動から80分後のアシドーシスを低下させる効果は認められませんでした。すなわち、アクティブ・クールダウンによる乳酸の除去効果は期待できますが、肝心の「筋肉の酸化を防いで疲労回復ができる」というエビデンスは存在しないのです。

②筋肉痛が減少する→×

アクティブ・クールダウンには、筋肉痛による痛みや筋損傷マーカーの減少効果があるという説は、長年トレーニーたちの間で〝常識〟でした。アクティブ・クールダウンが筋肉や皮膚への血流を増加させることで、乳酸や筋肉痛の因子（シクロオキシゲナーゼ、グリア細胞系由来の神経栄養因子）の蓄積を減少させ、筋肉の修復を加速すると考えられてきたためです。しかし、その後の多くの研究報告でその説は否定され続け、2018年に発表された体系的なメタアナリシスにおいても、**アクティブ・クールダウンによる筋肉痛の痛みや筋損傷マーカーを減少させるエビデンスは示されなかった**のです。

③脳疲労を改善する→×

筋力の発揮には神経活動が大きく関与しています。そのため、高強度トレーニングを終えたあとには、筋肉の疲労である末梢性疲労だけでなく、脳が疲労する中枢性疲労も生じます。かつてはこの末梢性および中枢性疲労に対してもアクティブ・クールダウンが効果的であるとされていました。しかし、高強度トレーニング後の**アクティブ・クールダウンによる最大筋力（末梢性疲労）、電気誘発性筋力（中枢性疲労）を計測した結果、有意な改善効果は示されませんでした。**

④体が柔らかくなる→×

トレーニングを疲労困憊まで行うと、筋肉の損傷により筋肉の硬さが生じ、関節の運動範囲（可動域）が狭まります。アクティブ・クールダウンは、この筋肉の硬さを改善し、関節の運動範囲を広げると言われています。しかしながら、現在までの報告では、アクティブ・クールダウンが筋肉の硬さや関節の可動範囲を広げるポジティブな結果は示されていません。

サッカー選手を対象にトレーニング後のアクティブ・クルーダウンによる筋肉の柔軟性を検証した研究報告では、ストレッチによるパッシブ・クールダウンと比較して有意な効果は認められませんでした。このような**アクティブ・クールダウンによる筋肉の硬さ、関節の運動範囲への効果についての検証は、現在のところ7つ報告されていますが、そのすべてがネガティブな結果**となっています。

⑤筋力を回復させる「筋グリコーゲン」を合成できる→✕

高強度トレーニングは、筋肉のグリコーゲン貯蔵を枯渇させる可能性があり、トレーニング後24時間までの筋力を損なうことが示唆されています。そのため、アクティブ・クールダウンを行うことによって、早期に筋グリコーゲンを再合成することが筋力の回復に有益であると考えられていました。

しかし多くの研究結果では、アクティブ・クールダウンがパッシブ・クールダウンと比較して、筋グリコーゲンの合成速度に有意な差がないことを示しているとともに、**アクティブ・クールダウン単独においても、その効果が否定されています。**

さらに注目したいのは、アクティブ・クールダウンにより、筋グリコーゲンの合成が妨げられる可能性があることです。高強度トレーニング後にクールダウンを行い、その45分後の筋グリコーゲンの含有量を調査した報告では、パッシブ・クールダウンでは筋グリコーゲンが増加したのに対して、アクティブ・クールダウンの場合、その増加は認められませんでした。その他の研究結果でもアクティブ・クールダウンが筋グリコーゲンの合成を妨げる可能性が示されており、ヴァン・ホーレンらは、アクティブ・クールダウンによる筋グリコーゲンの合成効果は期待できないばかりか、リスクについての今後の検証が必要であると述べています。

⑥心拍数・呼吸数が回復する→×

アクティブ・クールダウンには筋肉の生理学的効果だけでなく、心拍数や呼吸数、発汗や体温調整などの回復期間を短くする効果が期待されていました。

実際、サイクリングトレーニング後のアクティブ・クールダウンによる心拍数、呼吸数の回復効果を検証した報告では、パッシブ・トレーニングに比べて効果が高いことが示唆されており、同様の結果が他の研究結果からも示されています。しかしながら、他の報告では、**パッシブ・クールダウンと比べて回復効果に差がないことも示唆**されており、十分なコンセンサスが得られていないのが現状です。

⑦心理的ストレスや睡眠量を回復させる→×

さらに、トレーニングによる心理的ストレスの増加や睡眠量の低下が示唆されていますが、アクティブ・クールダウンはこのような心理面の回復効果があるとされていました。

しかし、多くの研究結果からこのような心理面、睡眠量へのポジティブな報告はなく、逆にトレーニング経験が少ない場合は、**アクティブ・クールダウンが心理的ストレスを増大させる可能性が示唆**されています。

クールダウンをするなら気をつけたい3つの注意点

これらの研究報告をまとめてレビューしたヴァン・ホーレンらは、「アクティブ・クールダウンによる効果は、乳酸の除去効果は期待できるが、それ以外の生理学的効果においては現在のところの有効性はない」と結論づけています。

しかし一方で、クールダウンによるプラセボ効果は否定できず、個人にあったアクティブ・クールダウンの実施は否定しないとして、いくつかの注意点を述べています。

- **血流を増加させることを目的として低~中強度で行うこと**
- **クールダウンによるさらなる筋肉損傷を防ぐためにも低~中強度で行うこと**
- **筋グリコーゲンの合成を妨げないようにクールダウンは30分以内にとどめること**

ヴァン・ホーレンらのレビューの結果は、アクティブ・クールダウンの効果にエビデンスはないというものでした。しかしながら、このレビューはナラティブ・レビュー（総説）であり、エビデンスを明確に示すものではありません。高いエビデンスを示すためには、バイアス（様々な要因によるデータの偏り）を管理したシステマティックレビューや統計解析を用いたメタアナリシスを行う必要があります。

なぜ、このような解析が行われていないのかというと、これまでに報告された研究の数が少なく、その質が低いためです。今でも私たちが当たり前のこととして行っているアクティブ・クールダウンは、その効果のエビデンスを検証するどころか、検証するための研究さえも十分に行われていないのが現状なのです。つまり、効果がないと言っているわけではなく、その効果に十分な科学的根拠が示されていないということですので、注意してください。

第3章

これが、科学的に正しい「タンパク質摂取法」だ！

3-1 なぜ、筋トレに「タンパク質」が必要なのか？

毎日のように筋トレに励んでいても、それだけで筋肉は大きくなったり、強くなったりすることはありません。自動車が走り続けるには外部からエネルギーを補給しなければならないように、私たちも運動によってエネルギーを消費すれば、外部からエネルギーを補給しなければなりません。**筋肉を大きく、強くするためには、正しい理論にもとづいた「運動」、そして「栄養摂取」という両輪を揃えることが大切**です。

バランスのとれた質の高い栄養とは何か。身体に取り入れた栄養はどのようなプロセスをたどって筋肉を作り、それを強く、大きくさせていくのか。どの栄養を、どのくらいの量で、かつどのようなタイミングで摂れば、筋トレの効果は最大化するのか。本章では最新のエビデンスをもとに、正しい栄養摂取の理論やメカニズムをひもといていきます。

人間の身体を作るタンパク質とアミノ酸

栄養の話に入る前に、まずは生物学や栄養学の面から私たちの身体の仕組みを見ていきましょう。

人間の身体は約60％が水分で構成されています。そのほか、脂肪やミネラルなどがありますが、水分の次に多いのが、全体の約20％を占めるタンパク質です。タンパク質は心臓や肺といった臓器をはじめ、皮膚や爪、髪の毛、ホルモン、血液、免疫成分など、身体を構成する様々な物質を作るための原料となっています。

筋肉の最小単位である筋原線維も、アクチンとミオシンという筋タンパク質からできています（図55）。つまり、筋肉を増やすことは、筋タンパク質を増やすことと同義なのです。

タンパク質は、「アミノ酸」と呼ばれる分子が数十～数万個単位で組み合わさってできています。地球上のあらゆる植物や動物も、アミノ酸が作り出す無数のタンパク質からできており、人間の身体を構成する約十万種類のタンパク質もここに含まれます。

アミノ酸は基本構造としてアミノ基（NH^2）、カルボシル基（COOH）、水素（H）、側鎖（そくさ）（R）で構成されています。この側鎖に様々な分子が繋がることで、アミノ酸は多種多彩な機能を発揮するようになります。自然界には数百種類のアミノ酸が存在しています

図55

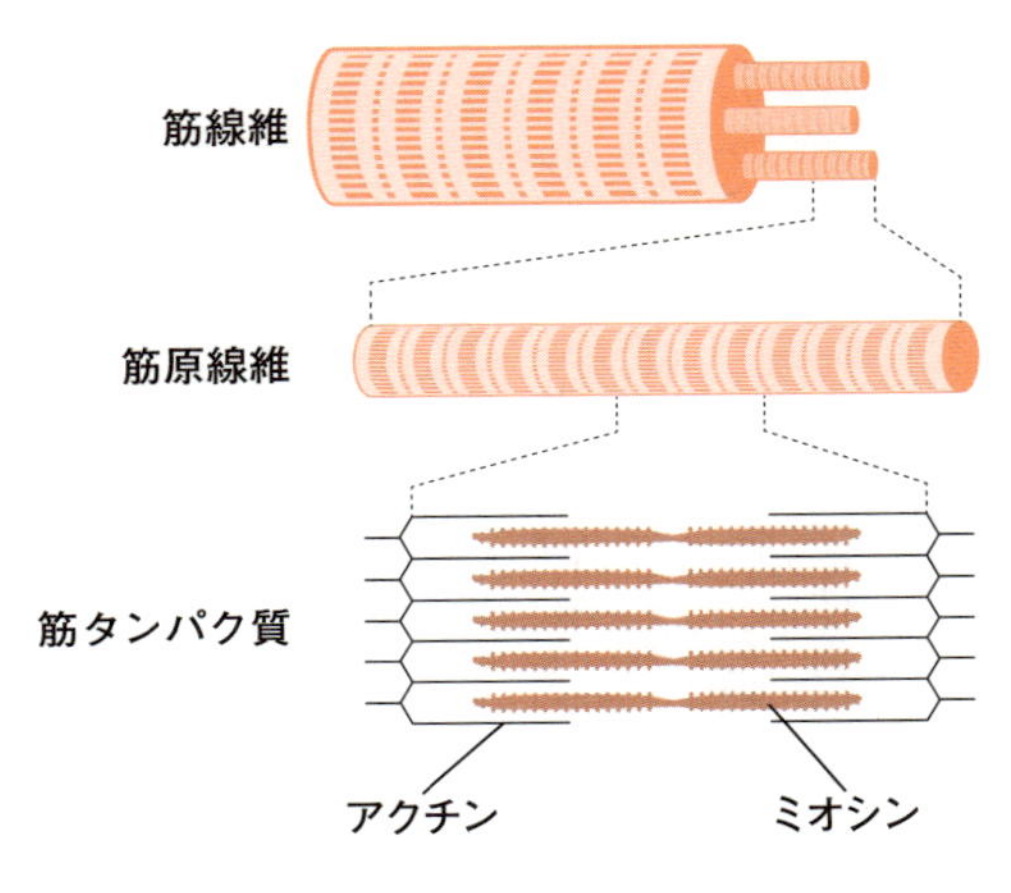

が、タンパク質の材料となるのはわずか20種類のアミノ酸です。

20種類のアミノ酸は、9種類の「必須アミノ酸」と、11種類の「非必須アミノ酸」に分けられます。必須アミノ酸は体内で作り出すことができないため、食事などで摂取しなければなりません。非必須アミノ酸は、バランスのとれた食事で栄養補給している限り、体内で作り出すことができます（図56）。

タンパク質を作る際、アミノ酸は無秩序に組み合わさっているわけではありません。DNAの塩基配列（遺伝子情報）には、タンパク質の合成方法を示す設計図（アミノ酸配列の情報）が記されています。この設計図をもとに、組み合わせるアミノ酸の種類や数、並び順が決まり、臓器や皮膚、筋肉など、目的

図56

タンパク質を構成する20種類のアミノ酸

非必須アミノ酸（11種類）	・アスパラギン酸 ・アスパラギン ・グルタミン酸 ・グルタミン	・システイン ・アルギニン ・セリン ・アラニン	・プロリン ・グリシン ・チロシン
必須アミノ酸（9種類）	・ロイシン ・バリン ・トリプトファン ・フェニルアラニン	・イソロイシン ・ヒスチジン ・リジン	・スレオニン ・メチオニン

に合わせたタンパク質が作られます。

また、アミノ酸が2個以上結合した状態を「ペプチド」と呼びます。アミノ酸が2個結合すると「ジペプチド」、3個では「トリペプチド」、10個程度では「オリゴペプチド」、それ以上は「ポリペプチド」となります。ペプチドとタンパク質の間に明確な線引きはありませんが、一般的にアミノ酸が50～100個以上結合したものをタンパク質と呼んでいます。

体内に入ったタンパク質はこの結合とは真逆の流れ、つまりタンパク質をアミノ酸レベルにまで分解したうえで、もう一度合成するというプロセスを経ていくことになります。

例えば、ステーキ（タンパク質）を食べた場合、胃に入ると胃酸によって変性（やわらかく）され、粘膜細胞から分泌された消化酵素（ペプ

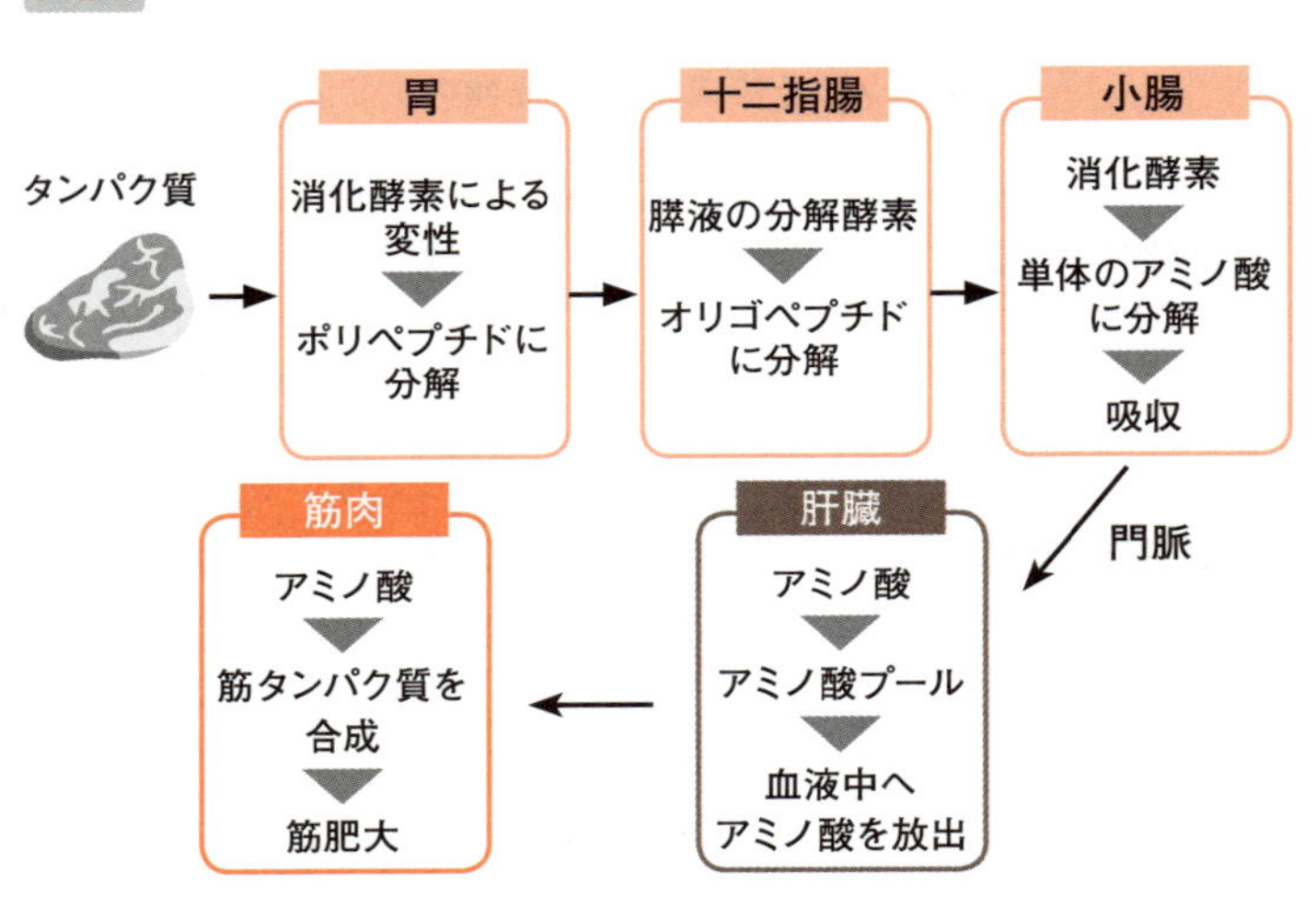

シン）によってポリペプチドに分解されます。胃の消化を終えると、次の十二指腸では膵液（すいえき）中の分解酵素によってオリゴペプチドに分解されます。その後は小腸に入り、消化酵素によって単体のアミノ酸にまで分解され、小腸の粘膜や上皮（じょうひ）細胞から吸収されます。

小腸で吸収されたアミノ酸は、最終的に毛細血管を伝わって門脈（もんみゃく）（肝臓に流入する太い血管）に入り、肝臓へと集められます。

そしてここから、アミノ酸の新たな旅が始まります。

アミノ酸は肝臓からすぐ使う分は血液中に放出されて、それ以外はアミノ酸プールに貯蔵されます。貯蔵といっても、銀行の金庫のように特定の貯蔵庫があるわけではなく、血液中や組織内に「アミノ酸が遊離した状態」にあることを指します。十分な量のタンパク質を摂取すると、血液中のアミノ酸濃度が上昇し、体内がアミノ酸リッチの状態になります。

体内がアミノ酸リッチの状態になると、筋細胞はＤＮＡの塩基配列から写し取った設計図に従ってアミノ酸を結合し、アクチンやミオシンといった筋タンパク質を合成していきます。つまり、**体内に入ったタンパク質は、消化・分解→吸収→貯蔵→合成という流れを経て筋肉へと作り替えられていく**わけです（図57）。

しかし、単純にタンパク質を摂取しているだけでは、現状の筋肉量を維持する程度にしか筋タンパク質は合成されません。合成を促進し、筋肉を大きくするためには、食事による栄養摂取とともに、運動がもたらす刺激によって「筋タンパク質の合成感度」を高めていかなければなりません。そのための最適な運動が筋力トレーニングなのです。

筋トレ後のタンパク質摂取は理に適っている

近年、アミノ酸の安定同位体を用いる研究手法が確立し、アミノ酸の合成・分解を詳しく調べる方法が生み出されたことで、次々と新たな知見が報告されています。現代のス

図58

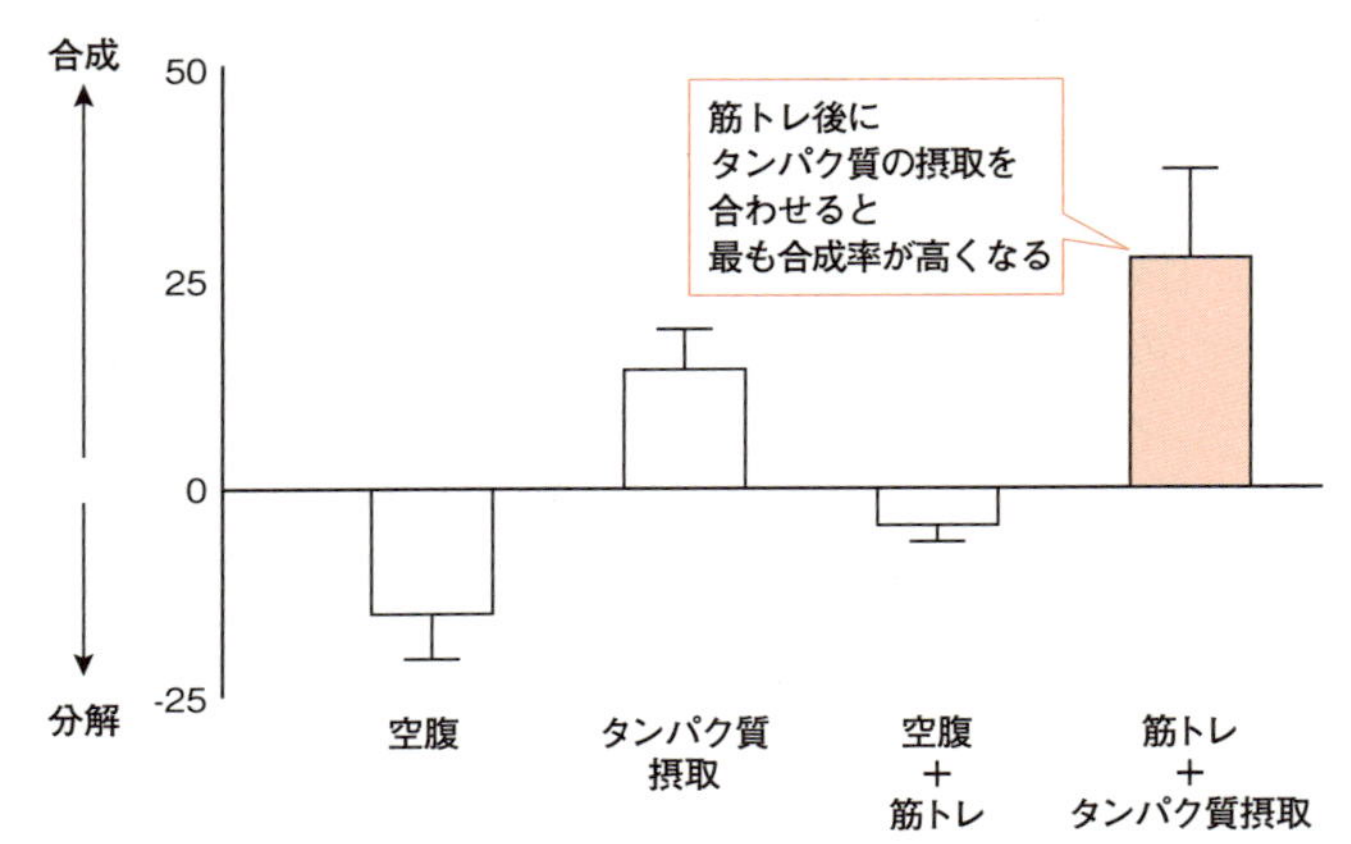

出典：Biolo G, 1997より筆者作成

ポーツ科学やスポーツ栄養学では「筋トレだけでは筋肥大は生じない」こと、「筋トレ後にタンパク質を摂取する」ことが常識として定着しつつあります。

その1つの根拠となったのが、アメリカのシュライナーズ・バーンズ研究所のビオロらの研究報告です。

ビオロらは、①空腹のとき、②タンパク質を摂取したとき、③空腹状態で筋トレをしたとき、④筋トレ後にタンパク質を摂取したとき、の4パターンで、筋タンパク質の合成量と分解量を計測しました（図58）。

その結果、「空腹のとき」は筋タンパク質の分解量が増加し、「タンパク質を摂取する」と合成量が増加しました。空腹になると体内のアミノ酸濃度が不足し、それを補うために筋タンパク質を分解してアミノ酸が作り出されます。そうなれば当然、筋肥大は起こりにくくなります。ここでタンパク質を摂取すると、体内がアミノ酸リッチの状態に戻り、筋タンパク質の合成量が増加していくことになります。

「空腹状態で筋トレをしたとき」は、筋タンパク質の合成量は増加しませんでした。つまり、筋トレによって筋タンパク質の合成感度を高めても、体内のアミノ酸が不足した状態では合成量は高まらないわけです。

「筋トレ後にタンパク質を摂取したとき」は、筋タンパク質の合成量が顕著に増加しています。この結果は、筋トレにより筋タンパク質の合成感度が上昇したタイミングでタンパク質を摂取すれば、合成量が増大し、筋肥大が促進できることを示唆しています。

現状の筋肉量を維持するだけなら、適度な運動と食事だけで十分です。しかし、筋肥大を目指す場合は、筋トレ後のタンパク質摂取が重要になるということです。

筋トレをする↓筋タンパク質の合成感度が高まる↓タンパク質を摂取する↓筋タンパク質の合成が促進される↓筋肥大が生じる

筋肥大を目指すのなら、この一連のサイクルを回し続けることが大切になるのです。

3-2 最高の摂取タイミングは筋トレ後の「24時間」

「ゴールデンタイム」よりも重要な「筋トレ後の24時間」

一般的に筋トレ後の1~2時間は、筋タンパク質の合成作用が最も高まる「ゴールデンタイム」と言われています。様々な記事やブログでも「筋トレとタンパク質摂取はセットで行え」と説明され、実際に筋トレを行うときに意識している人も多いようです。

その根拠となったのが、アメリカ・テキサス大学医学部のラスムッセンらによる研究報告です。

ラスムッセンらはトレーニング未経験者を集め、トレーニング直後のタンパク質摂取による筋タンパク質の合成反応を調べました。被験者は1時間トレーニングを行った後、必須アミノ酸を15g摂取し、その後1時間おきに筋タンパク質の合成量を計測しました。すると、筋タンパク質の合成量はトレーニング後1~2時間が最も高くなり、その後は1時

図59

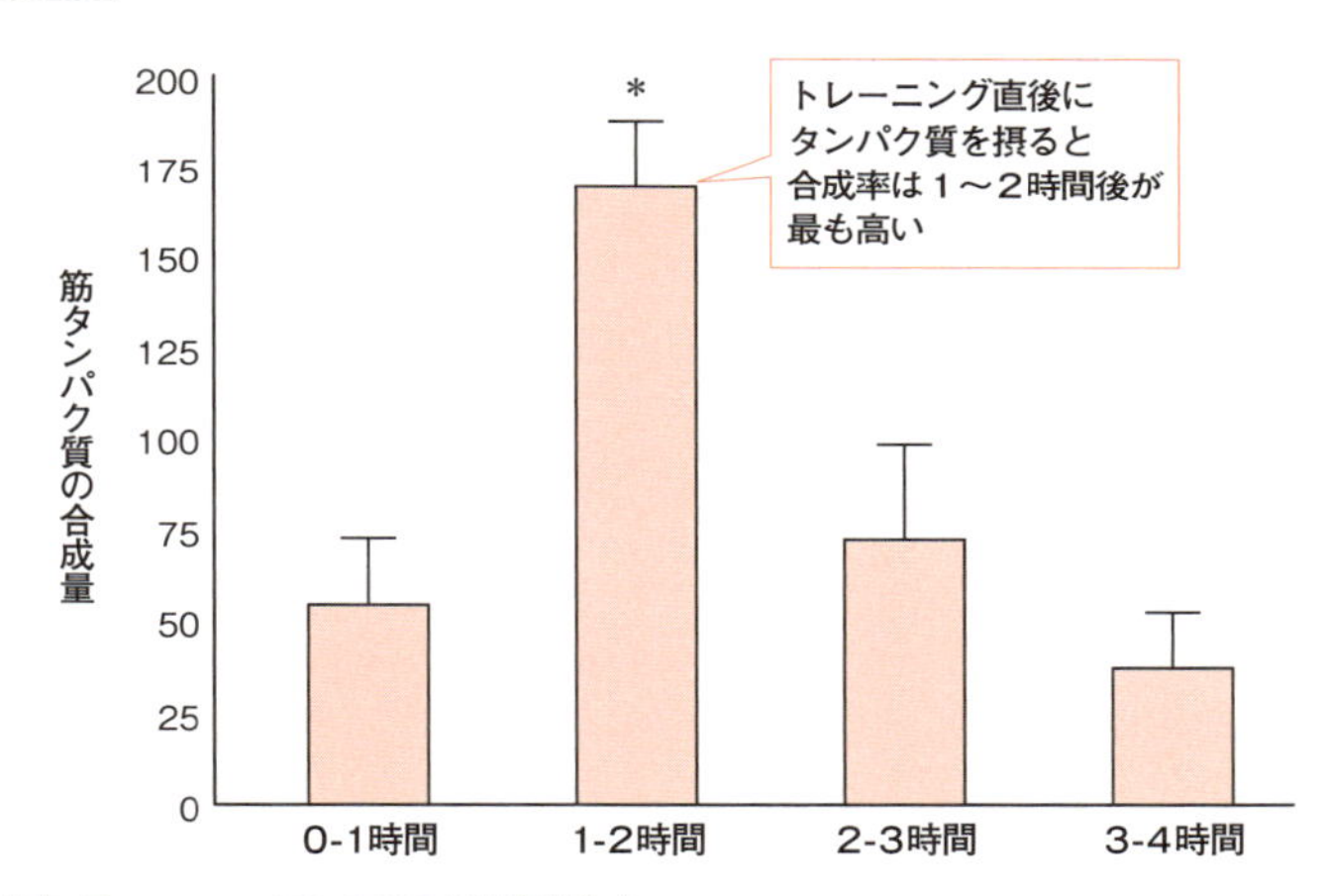

出典：Rasmussen BB, 2000より筆者作成

間ごとに減っていったのです（図59）。

この結果からラスムッセンらは、トレーニング直後にタンパク質を摂ることが、最も筋タンパク質の合成作用を高める摂取方法だと結論づけました。これがのちに「ゴールデンタイム」の名のもと、筋トレの〝常識〟として広まっていったのです。

しかし、現代のスポーツ科学やスポーツ栄養学では、筋トレ後のタンパク質摂取において、ゴールデンタイムよりも重要なことがあると指摘しています。それは**「筋トレ後の筋タンパク質摂取は『24時間』を意識しろ」**というものです。

筋タンパク質の合成感度は24時間継続する

そのエビデンスとなったのが次の研究報告です。

アメリカ・シュリナーズ病院のティプトンらは、トレーニング未経験の20代男女を被験者とし、トレーニング前後に必須アミノ酸を15g摂取させ、その前後24時間における筋タンパク質の合成感度の上昇時間を計測しました。

すると、筋タンパク質の合成感度は1時間どころか、24時間後まで高い状態が続いていることがわかったのです。

この結果は実に興味深いものですが、残念ながら対象がトレーニング未経験者に限定されているため、参考とすべき情報としては不完全です。

そこで登場するのが、マクマスター大学のバードらによる研究報告です。こちらは、トレーニング経験のある20代男性を被験者として集め、レッグエクステンションを行わせた後、24時間後にホエイプロテインを15g摂取させ、筋タンパク質の合成率を計測しています。その際、バードらはトレーニング強度と疲労度を基準に、被験者を3つのグループに分けて検証しています。

①１ＲＭの90％の高強度で疲労困憊まで行うグループ（高強度＋疲労困憊）
②１ＲＭの30％の低強度で疲労困憊まで行わないグループ（低強度＋疲労困憊なし）
③１ＲＭの30％の低強度で疲労困憊まで行うグループ（低強度＋疲労困憊）

その結果、高強度、低強度ともにトレーニングを疲労困憊まで行った①と③のグループは、24時間後の筋タンパク質の合成率が増加していました。一方、疲労困憊まで行わなかった②のグループは、筋タンパク質の合成率がそれほど増加していませんでした。

この結果から2つのことがわかります。1つは、**トレーニング強度に関係なく、疲労困憊になるまでトレーニングを行えば、合成感度の上昇は24時間後まで継続する**こと。もう1つは、**合成感度の上昇が24時間継続することは、トレーニング経験の有無に関係しない、**ということです。

バードらは同様の検証を複数回行い、2014年には一連の研究結果をまとめています。その後、マクマスター大学のフィリップスらも同テーマで報告していますが、いずれも「トレーニング後、1〜3時間ほどで筋タンパク質の合成感度は最も高まり、以後は増大率が減退するものの、少なくとも24時間後まで継続する」ことが確認されています（図60）。

図60

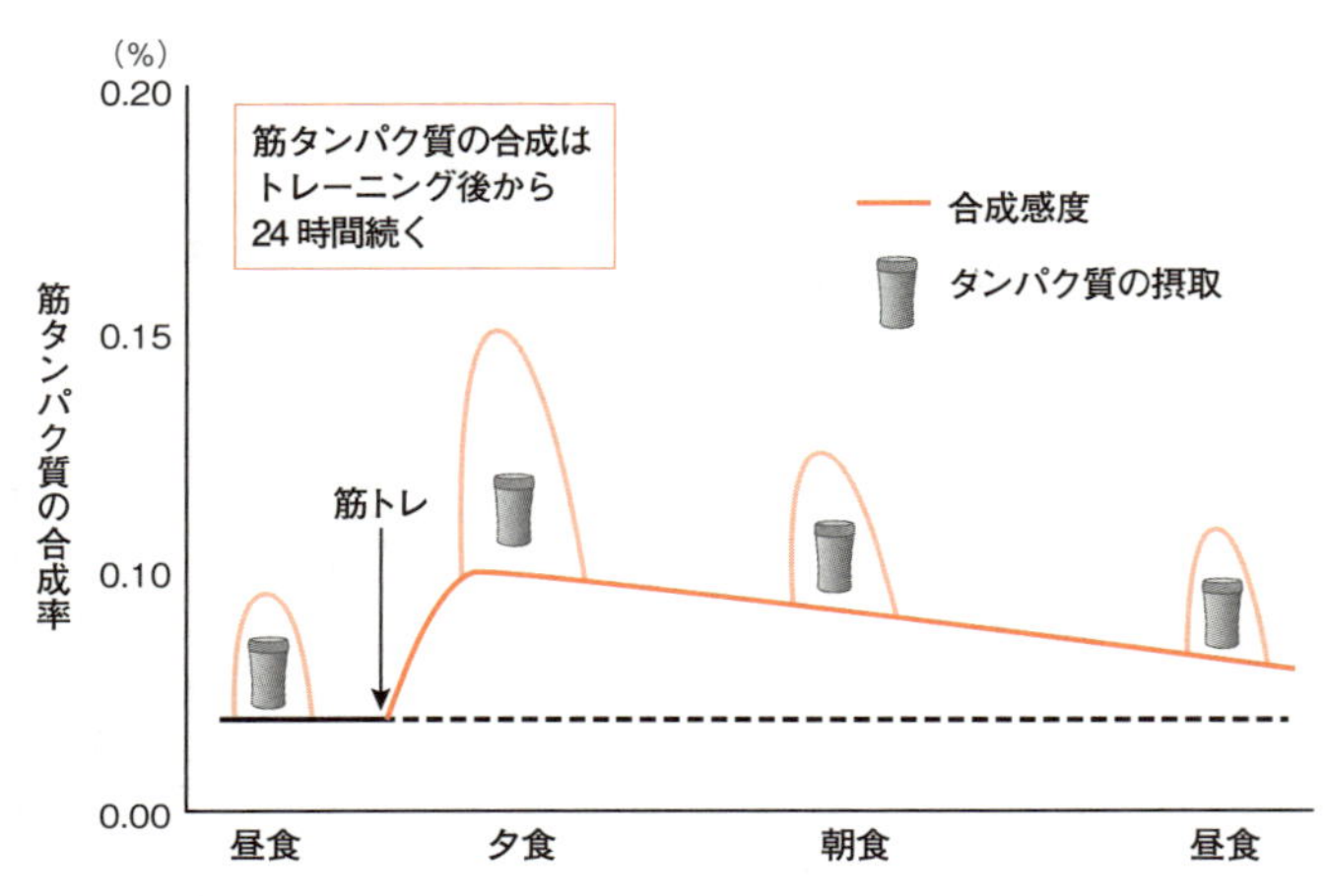

出典：Phillips SM, 2014より筆者作成

こうした研究報告を受けて、2017年には国際スポーツ栄養学会（ISSN）から「トレーニング後、少なくとも24時間は筋タンパク質の合成感度が高まる」との公式見解も発表されており、現在はスポーツ科学やスポーツ栄養学で広くコンセンサスが得られています。

従来は「筋トレ後の1～2時間＝ゴールデンタイム」にタンパク質を摂取することが〝常識〟でした。しかし、それはもはや過去のものとなり、最新のエビデンスは、「筋トレ後のタンパク質摂取は『24時間』を意識しろ」と指摘しています。

筋トレ直後にプロテインを飲むだけではダメ

「筋トレ後すぐ」はプロテインを飲むなど、タンパク質摂取に気をつけている人は多いでしょう。しかし、前述のとおり筋トレ後24時間は、筋タンパク質が合成されやすくなります。翌朝の朝食、昼食、夕食など、時間が経ってからの食事にも注意を払っているでしょうか。特に、朝食や昼食を食べない偏食が習慣化している場合は、筋トレ後の翌朝の朝食、昼食でしっかりと最適なタンパク質の摂取量を摂るようにしましょう。**筋トレ後の24時間の3食でバランス良くタンパク質を摂取することが、筋トレの効果の最大化に繋がる**のです。

3-3 最強のタンパク質は、肉、卵、牛乳、大豆

良質なタンパク質の指標「アミノ酸スコア」

筋トレの効果を高めていくうえで、タンパク質は必要不可欠です。しかし、質の悪いタンパク質を摂っても筋トレの効果は高まりません。必要なのは、筋タンパク質の合成を促進させる「良質なタンパク質」です。

タンパク質を構成する20種類のアミノ酸は、体内では合成できず食事から摂取しなければならない9種類の「必須アミノ酸」と、体内で合成できる11種類の「非必須アミノ酸」に分けられます。

筋タンパク質は必須アミノ酸でしか合成されず、かつ、9種類のどれかが欠けてもいけません。筋トレ後に摂取すべき**良質なタンパク質とは、「9種類すべての必須アミノ酸をバランスよく含む」**ことが絶対条件になるのです。

とはいえ、必須アミノ酸をバランスよく含むタンパク質はどのように見分ければいいのでしょうか？

そこで登場するのが、食品やプロテインに含まれる必須アミノ酸の含有率を数値化した「アミノ酸スコア」と呼ばれる指標です。これは、国際連合食糧農業機関（ＦＡＯ）や世界保健機構（ＷＨＯ）でも認められた指標です。

９種類すべての必須アミノ酸量がバランスよく含まれ、それぞれ基準値を満たしている場合、アミノ酸スコアは満点の「１００」となり、その食品やプロテインは「良質なタンパク質」とみなされます。１００に満たない場合は１つ、もしくは複数の必須アミノ酸が基準以下であることを示します。

代表的な食品とプロテインのアミノ酸スコアを見てみると（図61）、肉や牛乳といった動物性食品や大豆、プロテインのスコアは１００となっていますが、ホウレンソウなどの植物性食品や精白

図61

食品例	アミノ酸スコア
豚肉（ロース、脂身なし）	100
鶏卵（全）	100
牛乳	100
大豆	100
ホウレンソウ	94
精白米	64
小麦粉	39

プロテイン	アミノ酸スコア
ホエイ	100
カゼイン	100
ソイ	100

米は100に届いていません。肉や乳製品といった動物性食品やプロテインが「良質なタンパク質」であると言われるのは、このアミノ酸スコアによるのです。

アミノ酸スコアはしばしば「桶」にたとえられます。9枚の板で組まれた桶に水を溜めたとき、背の低い板があるとそこから水が漏れ、一番背の低い板の高さまでしか水は溜まりません。同様に、基準値に満たない必須アミノ酸があると、その食品のアミノ酸スコアは一番少ない必須アミノ酸に合わせて低くなってしまいます。つまり、一部の必須アミノ酸が豊富に含まれていても、全体としてバランスがとれていなければ、体内では100%の力を発揮してくれないのです。

BCAAよりも9つすべての必須アミノ酸を摂ろう

必須アミノ酸のなかでも、近年特に注目されているのが「分岐鎖(ぶんきさ)アミノ酸(BCAA/Branched Chain Amino Acids)」です。アスリートを中心に、運動に効果的な必須アミノ酸として認知されるようになり、様々なお店で「BCAA配合」と書かれたプロテインやサプリメントを目にすることも増えています。また、食品では、肉、卵、大豆、牛乳などに含まれています。

ＢＣＡＡとは3種類の必須アミノ酸、バリン、ロイシン、イソロイシンの総称です。アミノ酸はアミノ基、カルボシル基、水素、側鎖で構成されていますが、ＢＣＡＡは側鎖が枝分かれした特徴的な構造をもつことからこの名がつけられました。

他の必須アミノ酸との最たる違いは、ＢＣＡＡは肝臓ではなく、主に筋肉でしか代謝されないことです。この特徴から「必須アミノ酸9種類のうち、ＢＣＡＡだけが筋肉でしか使われないのなら、これをたくさん摂れば、筋タンパク質の合成を効率的に促進でるのではないか？」と考えられるようになったのです。

しかし、スポーツ科学やスポーツ栄養学における最新のエビデンスは、この考えを否定しています。

２０１７年、イギリス・エクセター大学のジャックマンらは、筋トレ後の筋タンパク質の合成率について、ＢＣＡＡを摂取した場合の効果について検証しています。実験ではトレーニング経験のある20代男性を集め、筋トレ後にＢＣＡＡを溶いた飲料を飲むグループと、前述の飲料にそっくり似せたプラセボ飲料（中身は無害の粉と水）を飲むグループに分けて行われました。筋トレを行った4時間後、筋タンパク質の合成率を測定すると、プラセボ飲料のグループに比べて、ＢＣＡＡのグループは筋タンパク質の合成率が22％も増加していました。

この結果だけを見ると、「やはりＢＣＡＡはすごい」と思ってしまいますが、注目すべきはジャックマンらが行った次の検証です。

先の検証を終えた後、ジャックマンらは必須アミノ酸をすべて含むホエイプロテインを使い、同様の実験を行っています。その結果、プラセボ飲料のグループに比べ、ホエイを飲んだグループは筋タンパク質の合成率が50％も増加していたのです。

この結果から、ジャックマンらは、**「ＢＣＡＡの摂取だけでも筋タンパク質の合成は高まるが、合成作用をより高めるためには、すべての必須アミノ酸を十分に含んだタンパク質の摂取が推奨される」**と述べています。この知見は２０１８年の国際スポーツ栄養学会（ＩＳＳＮ）の報告でも支持され、現在は様々な分野で広くコンセンサスを得ています。

筋タンパク質の合成を高めるためには、特定の必須アミノ酸だけでなく、９つすべての必須アミノ酸をバランスよく含んだ良質なタンパク質を摂ることが大切なのです。具体的には、ＢＣＡＡのサプリメントよりもホエイなどのプロテインを優先して摂取すること、ＢＣＡＡのサプリメントを飲むのであれば、一緒にアミノ酸スコアが１００である牛などの赤身肉、鶏の白身肉、卵、牛乳なども摂取することが筋トレの効果をより高めるでしょう。

「ロイシン」の知られざる機能

それではBCAAが優れていないのかと言えば、そうでもありません。例えば近年、BCAAの1つである「ロイシン」に注目が集まっています。実は、筋タンパク質の合成にロイシンが強く影響しているのではないか、と考えられているのです。

アミノ酸からタンパク質が合成される際は、DNAのなかにある設計図（アミノ酸配列の情報）が使われます。この仕組みをさらに詳しく見ると、DNAのなかにある設計図はまず、メッセンジャーであるmRNAにコピー（転写）されます。そしてmRNAの情報をもとにアミノ酸が結合され、タンパク質が合成されていきます。

筋タンパク質の合成も同様の仕組みですが、その合成にスイッチを入れるのが第1章で説明したmTORです。近年、様々な研究においてmTORを活性化させるカギとなるのがロイシンではないかと指摘されているのです。

2014年、マクマスター大学のチャーチワードらは、ホエイプロテインに対するロイシン量の影響について検証しています。

習慣的に運動している20代の若年者を被験者として、一般的な摂取量（25g）のホエイ

図62

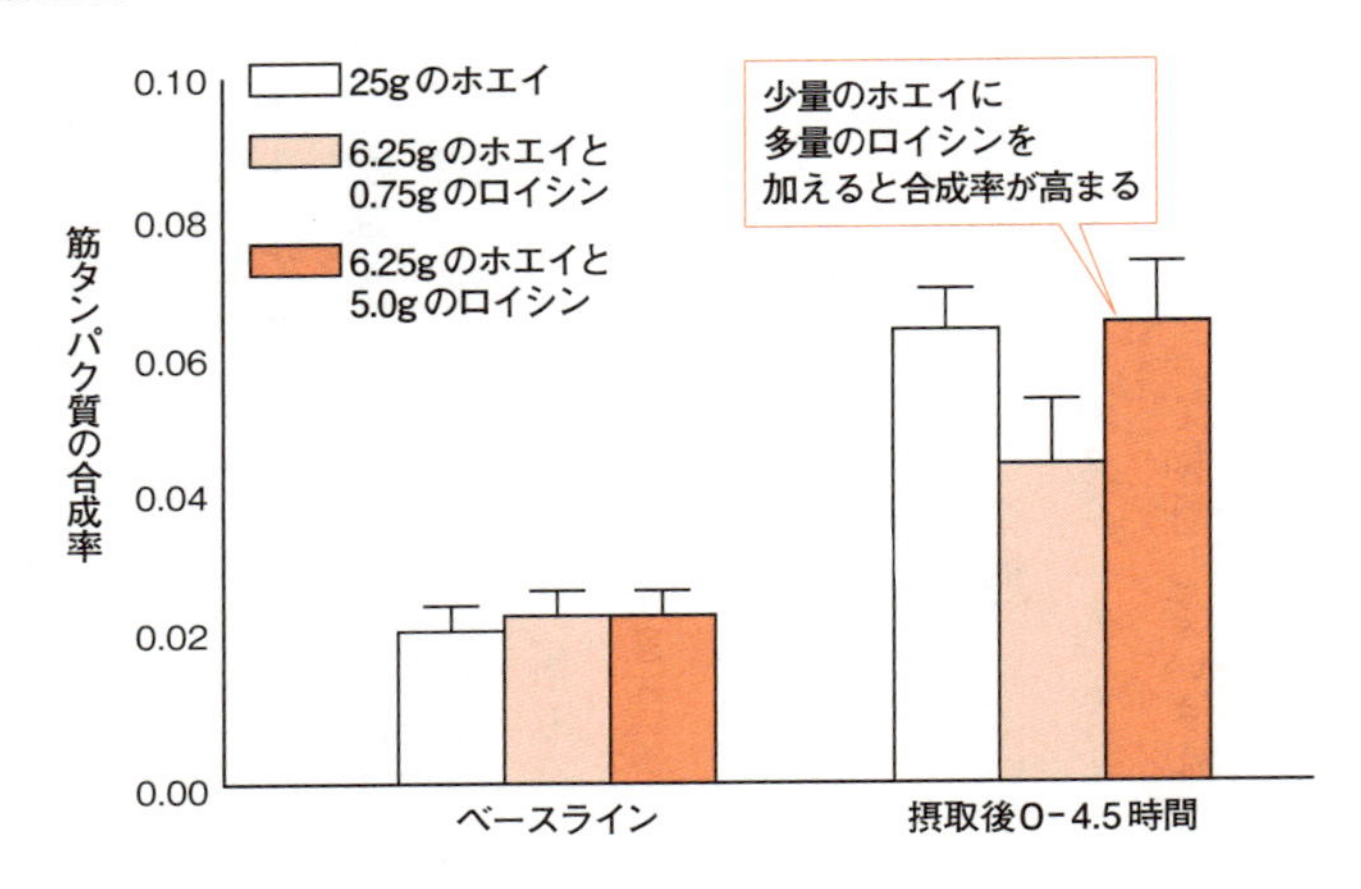

出典：Churchward-Venne TA, 2014より筆者作成

を飲むグループ、少量（6・25g）のホエイに少量（0・75g）のロイシンを加えたものを飲むグループ、少量（6・25g）のホエイに多量（5・0g）のロイシンを加えたものを飲むグループに分けました。被験者は、筋トレ後にそれぞれのプロテインを摂取し、摂取後4・5時間が経過したところで筋タンパク質の合成率が計測されました。その結果、一般的な摂取量のホエイと比べて、少量のホエイに少量のロイシンを加えても筋タンパク質の合成率は高まりませんが、少量のホエイに多量のロイシンを加えることにより、同等の筋タンパク質の合成率を得ることがわかったのです（図62）。

この結果は、**ロイシンの摂取量が筋タンパク質の合成に強く影響している**ことを示しています。

ロイシンの効果については他にも報告されており、現在は「2g以上のロイシン」を含む食品やプロテインを摂ることが推奨されています。また、２０１７年に出された国際スポーツ栄養学会の公式声明でも、「０・７〜３ｇのロイシン量」が推奨されています。

このように説明すると、「今日からロイシンを積極的に摂ろう！」と考えてしまう人もいるかもしれませんが、先に説明したＢＣＡＡと同様に、他の必須アミノ酸もしっかり摂取したうえで、ロイシンの量が十分に備わっていることが筋タンパク質の合成を高めるポイントになるのです。

ここまでの話をまとめると、**筋タンパク質の合成を高める良質なタンパク質とは、「アミノ酸スコア１００」であり、かつ「ロイシンを2g以上含む」食品やプロテイン**であると考えることができます。

ちなみに、良質なタンパク質を含む食品を選ぶ際は「日本食品標準成分表２０１５年版（七訂）アミノ酸成分表編」も参考になります。また、市販のプロテインには、アミノ酸スコアやロイシンの含有量が明確に表示されているものがあります。このような品質に関する表示も、良質なタンパク質を選ぶ基準となるでしょう。

3-4 タンパク質の正しい摂取量は「年齢・体重・トレーニング内容」で決まる

筋トレ効果を高める1食分のタンパク質摂取量

筋トレの効果を最大化するためには、「筋トレ後の24時間以内」に「必須アミノ酸をバランスよく含む良質なタンパク質」を摂取することが重要になりますが、「最適なタンパク質の摂取量」とはどのくらいなのでしょうか?

最近は「1食当たり20gを目安に」などと紹介する記事を見かけます。これは1つの目安にはなるものの、老若男女すべてに当てはまる最適な摂取量かと問われれば、疑問符がつきます。なぜなら、現代のスポーツ科学やスポーツ栄養学では、「筋トレ後の1食当たりの最適なタンパク質摂取量は、年齢、体重、トレーニング内容によって決まる」と考えられているからです。

２００９年、カナダ・トロント大学のムーアらは、体重の異なる20代の若者と70代の高

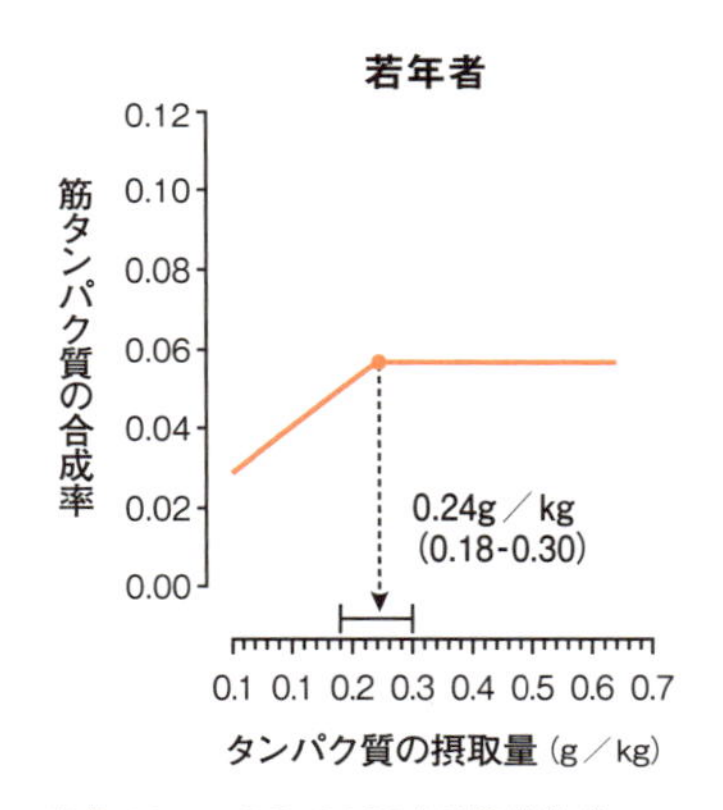

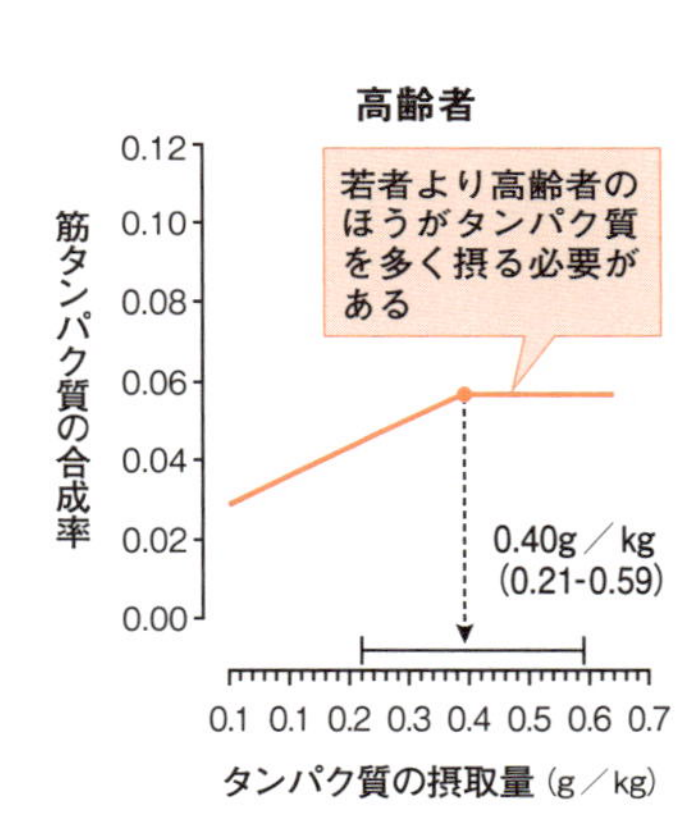

出典：Moore DR, 2009より筆者作成

齢者を集め、レッグエクステンションを行った後に0〜40gのタンパク質を摂取させ、筋タンパク質の合成率を計測しました。その結果、筋タンパク質の合成率が最も高まる摂取量、すなわちタンパク質の最適な摂取量は、「年齢」と「体重」によって違いが生じることがわかりました。

また、ムーアらはこのとき得られたデータを解析し、「1食当たりの最適なタンパク質の摂取量」を考える際に役立つ係数を導き出しています（図63）。

◎20代の若者は、体重1kg当たり
平均0・24g（0・18〜0・30g）
◎高齢者は、体重1kg当たり
平均0・40g（0・21〜0・59g）

図64

体重（kg）	若年者	高齢者
50	12.0(15.0)	20.0(29.5)
55	13.2(16.5)	22.0(32.5)
60	14.4(18.0)	24.0(35.4)
65	15.6(19.5)	26.0(38.4)
70	16.8(21.0)	28.0(41.3)
75	18.0(22.5)	30.0(44.3)
80	19.2(24.0)	32.0(47.2)
85	20.4(25.5)	—
90	21.6(27.0)	—

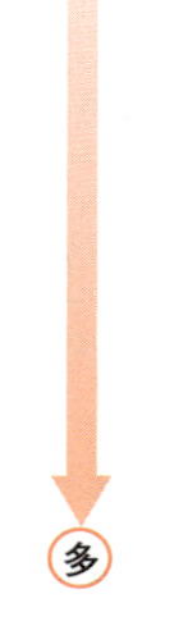

※数値は平均摂取量（カッコ内は最大値）

出典：Moore DR, 2009より筆者作成

（※係数は平均値を示しており、カッコ内は最小値～最大値を示しています）

例えば、この係数をもとに、体重60kgの20代の若者がトレーニング後に摂取すべき最適なタンパク質量を計算してみると、

「係数の平均値0・24g×体重60kg＝14・4g」

となります。

一方で、高齢者の係数は若者のそれと比べて数値が大きくなっています。これは、加齢に伴って筋タンパク質の合成能力が低下する「合成抵抗性（anabolic resistance）」が考慮されているからです。図64に示した表を見ると、同じ体重

60kgでも若者が平均で14・4gなのに対し、高齢者の場合は同24gのタンパク質が必要になります。高齢者が筋トレの効果を最大化するためには、若者よりも多くタンパク質を摂取しなければならず、そのために係数も若者より高くなっているわけです。

ムーアらの報告は被験者が20代と70代に限定されており、30〜60代は含まれていません。筋タンパク質の合成抵抗性を踏まえれば、30〜60代では20代の若者の摂取量に5〜10g程度プラスして計算する必要があると考えられます。

最適なタンパク質の摂取量は「トレーニング内容」で変わる

もう1点見逃せないのは、ムーアらの報告がレッグエクステンションという「単関節トレーニング」によって得られたデータである、ということです。

皆さんが筋トレを行うときは、単関節トレーニングに限らず、スクワットやベンチプレスといった「多関節トレーニング」と組み合わせて行うことが多いと思います。では、単関節トレーニングと多関節トレーニングでは、1食当たりのタンパク質摂取量は変わるのでしょうか？

この問いに答えたのが、スターリング大学のマコトンらの研究報告です。

20代のトレーニング経験者（平均体重70kg）を対象にして、スクワットやベンチプレスなどの多関節トレーニングを10回3セット、疲労困憊になるまで行わせました。トレーニング終了後、2グループに分け、一方はホエイプロテインを20g、もう一方は40g摂取し、3時間後と5時間後の筋タンパク質の合成率を計測しました。

その結果、40g摂取したグループのほうが筋タンパク質の合成率が増加していたのです。

ムーアらが示した係数を踏まえれば、体重70kgの20代の若者が必要とするタンパク質の摂取量は、平均値で16・8g、最大値でも21gとなります。しかし、マコトンらの報告では、同じ体重70kgの20代の若者でも、より激しい多関節トレーニングを行った場合は、40g摂取したほうが筋タンパク質の合成が高まっています。

同内容の複数の研究報告について解析したマクマスター大学のストークスらは、2018年に報告したレビューで、多関節トレーニングを行った場合は、単関節トレーニングを行った場合よりも、タンパク質の摂取量を増やすことにより、より筋タンパク質の合成を高められる可能性を示唆されていることから、**「タンパク質の摂取量は、トレーニング内**

容を考慮して検討すべきである」と指摘しています。これら一連の報告を受けて、現代のスポーツ科学やスポーツ栄養学では、タンパク質の摂取量はトレーニング内容の違いによって変わると考えられています。

それでは、こうしたエビデンスを実際のトレーニングで活かすためには、どうすればいいのでしょうか。詰まるところ、それは「いいとこどり」しかありません。

単関節トレーニングを行う場合は、ムーアらが示した係数を活用し、必要なタンパク質の摂取量（A）を割り出します。多関節トレーニングを行う場合は、トレーニング内容の違いを考慮した差分として、（A）に5〜10g程度プラスする、という形です。

例えば、体重70kgの20代の若者がベンチプレス、スクワットなどの多関節トレーニングを行った場合、必要となるタンパク質の摂取量は、ムーアらが示した係数が示す摂取量16・8gに10gプラスした合計26・8gが、最適なタンパク質摂取量の目安となります。

24時間における最適なタンパク質摂取量

ここまで、1食分の最適なタンパク質の摂取量について考えてきました。

しかし、前述したように、筋タンパク質の合成感度は24時間継続します。では、24時間

図65

若年者の体重別タンパク質の平均摂取量

体重（kg）	タンパク質の摂取量（g）
50	81.0(110.0)
55	89.1(121.0)
60	97.2(132.0)
65	105.3(143.0)
70	113.4(154.0)
75	121.5(165.0)
80	129.6(176.0)
85	137.7(187.0)
90	145.8(198.0)

※（カッコ内は最大値）

出典：出典：Morton RW, 2017より筆者作成

における最適なタンパク質の摂取量はどのくらいが適当なのでしょうか？

参考になるのが、2017年に報告された筋トレとプロテインに関するメタアナリシスです。マクマスター大学のモートンらは、筋トレとタンパク質摂取の長期的な効果について、49の研究報告（対象1863名）をもとにした最大規模のメタアナリシスを行っています。その結果、筋トレの効果を高める24時間の最適なタンパク質摂取量の係数が導き出されています。

それは**「24時間で体重1kg当たりの平均値1・62g（最小値1・03〜最大値2・20）」**というもの。例えば、体重70kgの若者であれば、24時間で平均値113・

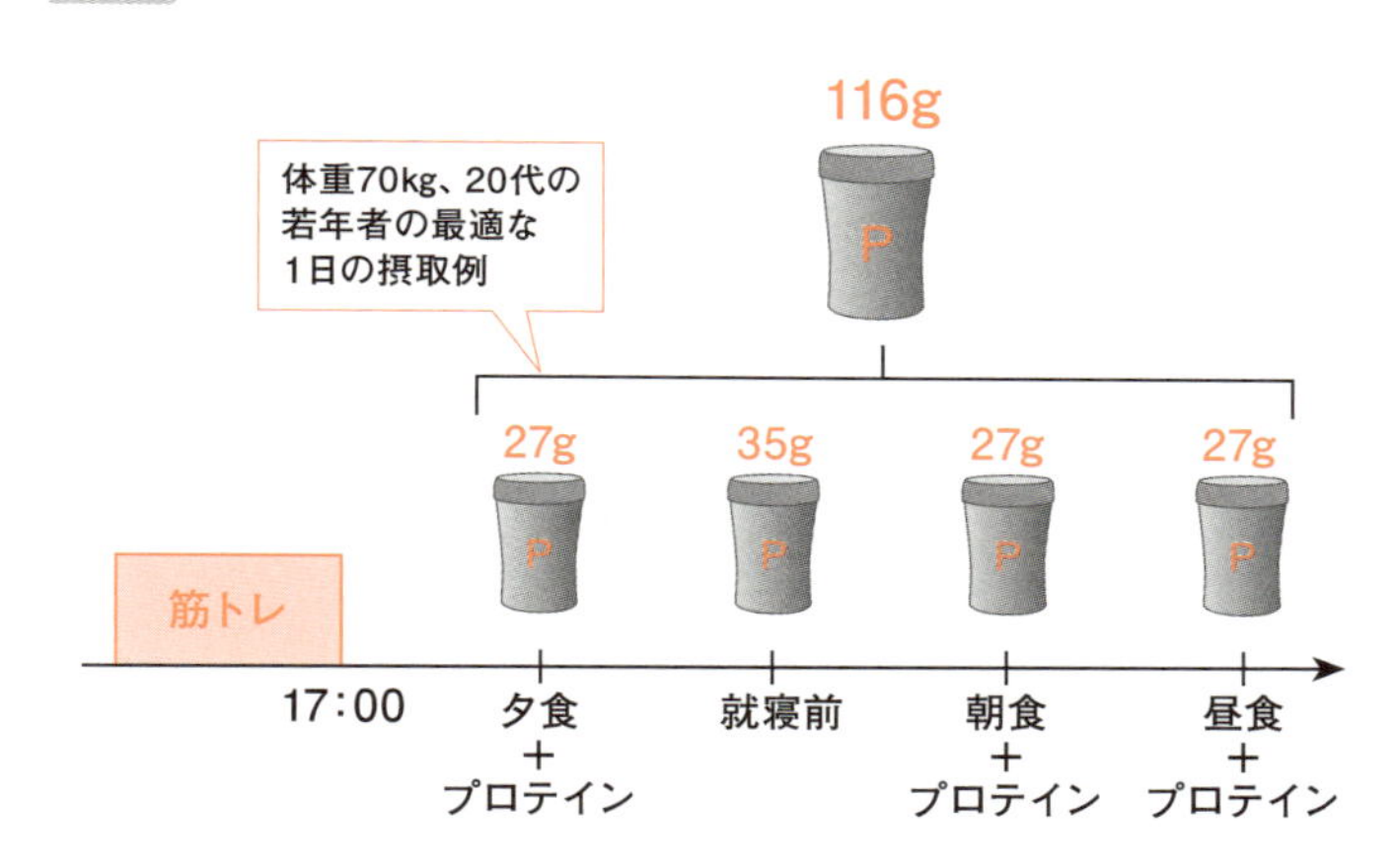

4g（最大値154・0g）が最適な摂取量になります（図65）。

ここまでの話をまとめるべく、「体重70kgの20代の若者」を例に筋トレ後の24時間におけるタンパク質の摂取パターンをシミュレーションしてみましょう。

まず、モートンらが示した係数で計算すると、24時間における最適なタンパク質摂取量は113・4gとなります。

一方、ムーアらが示した係数で計算すると、1食当たりの最適なタンパク質摂取量は16・8gとなります。さらに、一般的な筋トレは多関節トレーニングが中心となるため、ムーアらの単関節トレーニング由来の数値に10gをプラスし、1食当たりの摂取量は約27gとなります。

3回の食事とプロテインで毎回約27ｇを摂取し、さらに後述（242ページ）するように就寝前に適切とされる35ｇのプロテインを摂取すると、筋トレ後の24時間における最適なタンパク質摂取量は116ｇとなります（図66）。

モートンらが示す係数、ムーアらが示す係数で多少の差異はありますが、こうした現代のスポーツ科学とスポーツ栄養学が示すエビデンスを活用すれば、1食当たり、さらに24時間の最適なタンパク質摂取量を導き出すことができます。年齢、体重、トレーニング内容を基準に、自分に合ったタンパク質の摂取量を見極めていきましょう。

3-5 プロテインが「筋力と筋肥大」を増強させるエビデンス

人間の栄養補給の基本は、「バランスのとれた食事」です。しかし、忙しい現代において、毎日のように栄養バランスのとれたメニューを考え、それを摂り続けるのはなかなかハードルの高いミッションです。また、筋トレ効果を高めるほどの量のタンパク質を食事だけで補おうとすれば、肉や魚、卵や大豆、乳製品などを大量に食べなければならず、必要のない脂質やカロリーまで一緒に摂ることになってしまいます。

こうしたときに役立つのが、プロテインです。近年は加工・製造技術が向上したことで安価になり、飲みやすさも以前に比べて格段によくなり、味の種類も増えています。最近は必要な栄養素を効率的に摂りたいと考える人が増え、プロテイン市場も拡大の一途をたどっています。そこで、まずはプロテインの基礎知識について見ていきましょう。

代表的な3つのプロテイン・サプリメント

代表的な**プロテイン・サプリメント**としては、牛乳に含まれる乳タンパク質を加工した**「ホエイ」「カゼイン」**、大豆を加工した**「ソイ」**があります。それぞれに異なる特徴があり、目的や用途に応じて使い分けがなされています。

①ホエイ

牛乳から脂肪分や固形成分を取り除いたもので、チーズを作る際に捨てられる乳清や、ヨーグルトの上澄み液としても知られています。**他のプロテインに比べて必須アミノ酸が豊富に含まれており、水溶性タンパク質であるため、摂取すると素早く小腸で吸収されます。**筋トレ後、スピーディに栄養補給できることから**「ファスト・タンパク質」**とも呼ばれています。

ホエイは加工法の違いから「コンセントレーション」「アイソレーション」「加水分解」の3つに分類されます。

コンセントレーションは乳清をフィルターで濾過(ろか)し、残った液体を濃縮したもので、ビタミンやミネラルなど他の栄養素を含む分、タンパク質含有率は75~85%と低くなっています。また、乳糖が残存しているため、乳糖不耐症の人はお腹がゴロゴロする可能性があります。とはいえ、比較的加工が容易であることから価格が安く、最も人気の高いプロテインとなっています。

アイソレーションは、コンセントレーションをさらに濾過し、他の栄養素を取り除いてタンパク質の純度を高めたもので、タンパク質含有率は90％以上となっています。低脂質かつ低糖質ですが、製造にひと手間かかるため、コンセントレーションよりも価格は高くなります。

加水分解は、酵素を使ってタンパク質をペプチドまで細かく分解したものです。本来は胃などで行うペプチドへの分解がなされている状態（アミノ酸に近い状態）なので、吸収速度は最も速いのが特徴ですが、製造に手間がかかり、価格も高めです。

②カゼイン

ホエイと同じく牛乳に含まれる固形タンパク質から作られます。**水に溶けにくく、消化・吸収に時間がかかりますが、その分、体内のアミノ酸濃度を長時間支えてくれるため、「スロー・タンパク質」と呼ばれています。**

③ソイ
大豆に含まれる植物性タンパク質から作られるプロテインで、消化・吸収速度はホエイとカゼインの中間ぐらい。**他のプロテインにはない抗酸化・抗炎症化作用が特徴**です。

プロテインは筋トレの「短期的な効果」を高める

プロテインは、食事だけでは足りない良質なタンパク質を補充するアイテムとして、筋トレに励む人にはおなじみの存在です。多くのトレーナーも、筋トレ時にプロテインの摂取を勧めています。

しかし、そうした人のなかにはこんな疑問を抱いた人もいるはずです。
「プロテインの摂取は、本当に筋トレの効果を高めるのだろうか？」

たしかに、筋肥大や筋力増強における短期的な効果に限れば、プロテイン摂取が筋トレ後の筋タンパク質の合成を高めることを示唆する研究報告は多数あります。

２００９年、マクマスター大学のタンらは、プロテイン摂取の短期的な効果について検証しています。この実験ではトレーニング経験のある若者を集め、まずはトレーニング（レッグプレス、ニーエクステンション）を1セット10回×4セット行わせました。終了後、

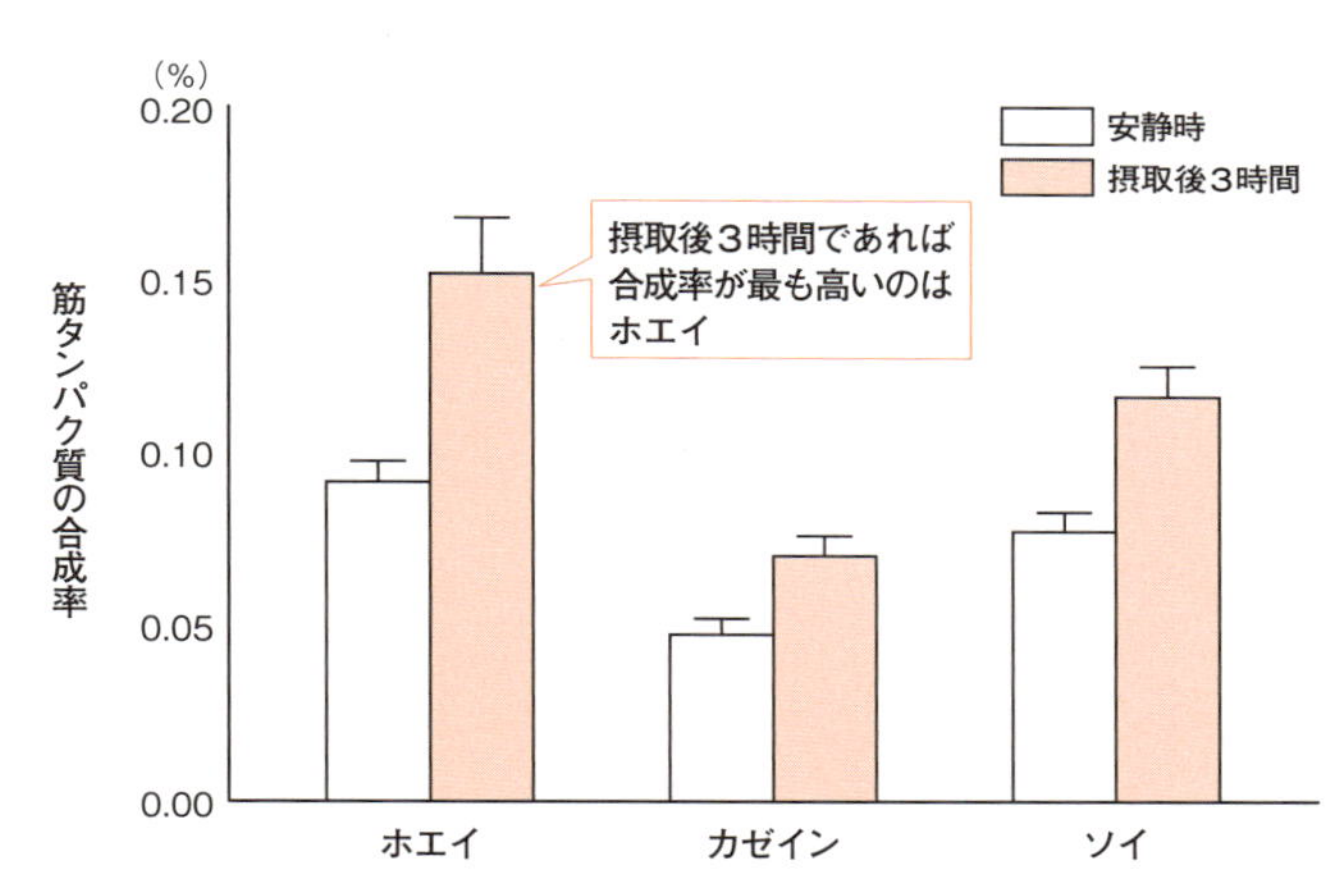

出典：Tang JE, 2009より筆者作成

ホエイ、カゼイン、ソイを摂取する3グループに分け、3時間後の筋タンパク質の合成率を計測しました。

その結果、プロテイン摂取後の筋タンパク質の合成率は、3つのグループすべてが安静時よりも増加していました。さらに、カゼインやソイに比べて、ホエイは最も筋タンパク質の合成率が高くなっていたのです（図67）。

この検証結果から、**トレーニング後3時間の筋タンパク質の合成を高めるには、ホエイが最も効果的**であることがわかりました。筋トレにおけるホエイの急性効果が示されたことで、その後は「筋トレ後にはホエイを摂ろう」という認識が広まっていったのです。

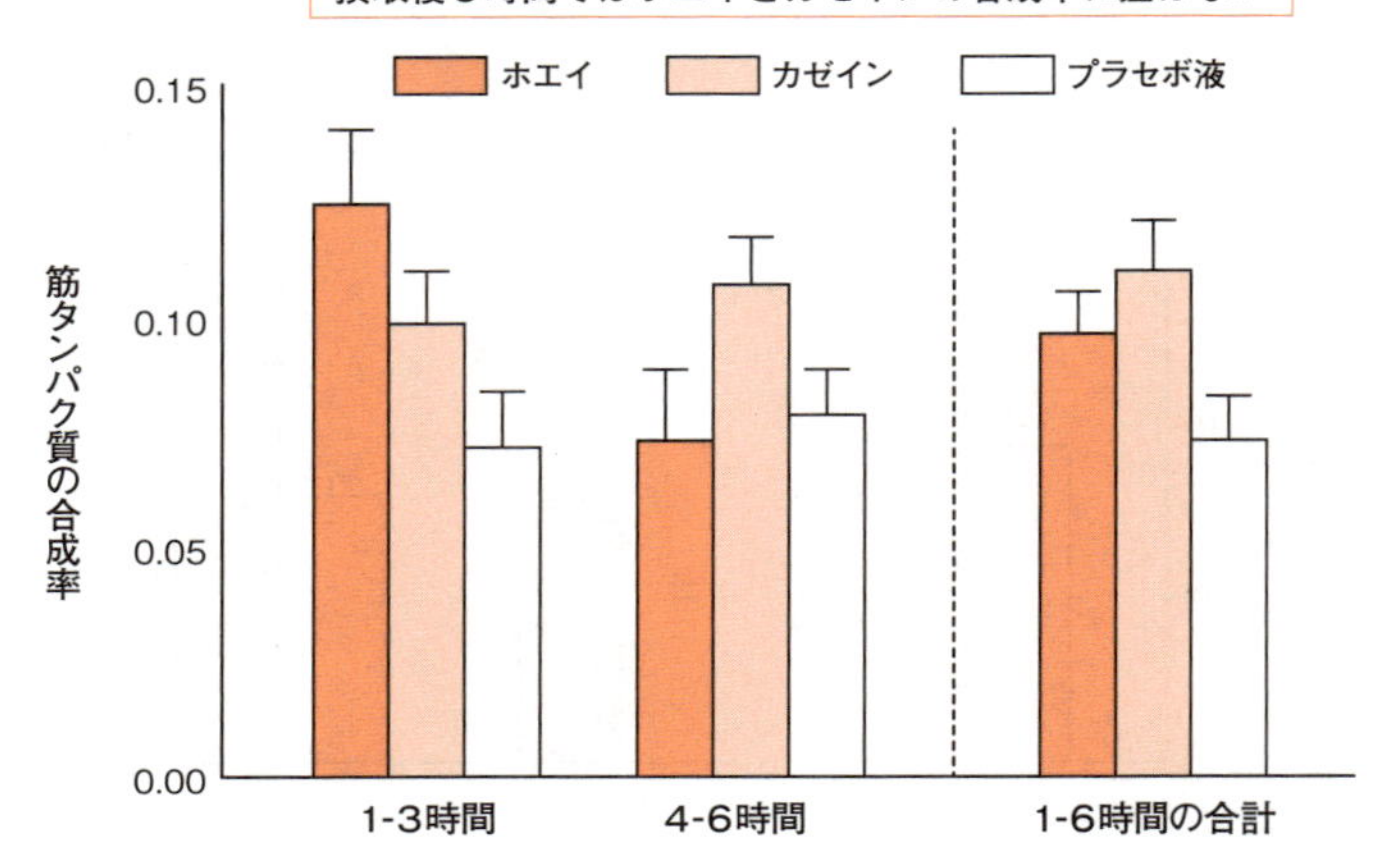

出典：Reitelseder S, 2011より筆者作成

ならば、6時間後に計測した場合はどうなるのでしょうか？

コペンハーゲン大学のレイテルセダーらは、日常的に運動をしている若者を被験者として集め、ホエイ、カゼイン、プラセボ液（炭水化物液）を摂取する3グループに分けました。そして、1RMの80％で8回×10セットのトレーニングを行った後、直後にそれぞれプロテインを摂取し、6時間後の筋タンパク質の合成率を計測しました。

結果はタンらの報告と同様に、プロテイン摂取後3時間までの筋タンパク質の合成率はホエイが最も高くなりました。しかし、6時間後にはカゼインの合成率が上昇し、最終的にはホエイとカゼインに有意な差は認められませんでした（図68）。つまり、**3時間ではホエイが最も筋タンパク質の合成率を高めるものの、6時間になるとホエイとカゼインの筋タンパク質の合成効果は同等になる**ことが示されたわけです。

２０１６年、テキサス大学医学部のライディらは一連の研究報告を解析したレビューのなかで、「ホエイやカゼイン、ソイなどのプロテインは、その種類にかかわらず、短期的には筋タンパク質の合成を高める効果がある」と指摘しています。

ホエイはより短時間に筋タンパク質の合成を促進する急性効果を示しており、筋トレ直後などのタンパク質補充に適しています。カゼインは、６時間後にタンパク質の合成率が上昇していることから、就寝前など数時間かけて緩やかに筋タンパク質の合成を高めたいときなどに適しています。

ライディらは、それぞれのプロテインの特徴を知り、タンパク質を補充する場面や生活パターンに応じてプロテインを使い分けることで、筋トレの短期的な効果を高めることができるだろうと述べています。

そのうえで、こんな疑問を投げかけています。

「はたして、プロテインは『長期的』な筋力増強や筋肥大の効果にも寄与しているのだろうか？」

たしかに、プロテインによるタンパク質補充が短期的な効果に限定されるとすれば、本質的な意味で筋力増強や筋肥大に役立つとは言えません。それでは、長期的な効果を示唆するエビデンスはあるのでしょうか？

プロテインは筋トレの「長期的な効果」にも役立つ

プロテインの「長期的な効果」を検証したメタアナリシスは、これまでにも複数報告されています。しかし、スポーツ科学やスポーツ栄養学では、最近になるまで見解の一致が得られていませんでした。それは、メタアナリシスで対象となったすべての研究報告が、トレーニング経験の有無や年齢、トレーニング期間、プロテインの摂取条件などにおいてまったくバラバラの条件下で行われていたからです。

そこで２０１７年、マクマスター大学のモートンらは、プロテインと筋トレの効果について検証した17カ国、49の研究報告（対象者１８６３名）をもとに、被験者や検証条件の基準を包括的に揃えたうえで、過去最大規模となるメタアナリシスを実施しています。

対象者にはトレーニング経験者や未経験者、若者（45歳未満）や高齢者（45歳以上）が含まれており、検証条件では筋トレは平均週３日×13±８週間という条件が設けられました。また、プロテインはホエイ、カゼイン、ソイなどの種類にかかわらず、トレーニングをした日に平均20±18g（若者は平均36±30g、高齢者は42±32g）が補充されました。
これらの条件で解析したところ、**「プロテインは、筋トレによる筋肥大、筋力増強の効果を長期的に高める」**ことを示唆する結果が得られたのです。

さらに、このメタアナリシスでは、筋トレとプロテインの関係において重要な示唆も得られています。それは、筋力増強、筋肥大におけるプロテインの効果には「条件による異なりがある」ということです。
「筋力増強」では、プロテインの補充によって1RMが増加することが明らかになった一方、その効果量はトレーニング経験の有無によって異なっていました。経験者はプロテインの補充によって筋力増強の効果が認められたものの、未経験者では有意な効果は認められなかったのです。

なお、若者と高齢者では、プロテイン補充による筋力増強効果に有意な差が認められなかったことから、年齢はプロテインによる筋力増強の効果に影響を与えないこともわかりました。

一方、「筋肥大」については、いずれの対象者も全身の筋肉量、大腿部の筋断面積が明らかに増加していました。しかし、その効果には年齢による影響が認められ、若者はプロテインの補充により筋肥大が促進し、高齢者ではその効果が低いことが示されています。これは、高齢者の場合、加齢による「タンパク質の合成抵抗性」が生じることがその理由だと考えられます。

さらに、筋肥大の効果についても、筋力増強と同様、トレーニング経験の有無による差が認められました。経験者はプロテイン補充によって筋肥大の効果が高まり、未経験者では有意な効果が示されなかったのです。

過去最大規模のメタアナリシスとはいえ、高齢者に限定した研究報告のサンプル数が少ないため、さらなる検証の必要はあると思われますが、少なくとも**プロテイン補充が長期的な筋力増強、筋肥大の効果に寄与する**ことはわかりました。また、筋力増強の効果はトレーニング経験の有無によって差が生じること、筋肥大では加齢の影響があることなども示されています。

とにもかくにも、一連のエビデンスは筋力増強、筋肥大においてプロテインの補充が短期的・長期的な効果に寄与することを示唆しており、「プロテインの摂取は本当に筋トレの効果を高めるのか？」という疑問に1つの答えを示しています。

3-6 タンパク質は、「ドカ食い」しても意味がない

タンパク質摂取のタイミングが筋トレ効果を左右する

最近はあちこちで「筋トレ後のタンパク質摂取が大切だ」と言われているため、それを実践されている人は多いでしょう。しかし、摂取するタイミングまで気にしている人はどのくらいいるでしょうか？

スポーツ科学やスポーツ栄養学の専門家は、タンパク質の無計画な摂取は筋トレの効果を台無しにしてしまう可能性があると指摘しています。本項では、筋トレの効果を最大化するうえで最適なタンパク質摂取のタイミングについて考えてみます。

オーストラリア・RMIT大学のアレタらが行った興味深い検証実験があります。

アレタらは週2回以上トレーニングを行う20代の被験者を集め、7日間にわたりトレーニング後12時間における筋タンパク質の合成率を調べています。その際、アレタらは被験

者を3つのグループに分け、同量（80g）のタンパク質を異なる時間帯・量で摂取させています（図69）。

・グループA：タンパク質40gを6時間おきに摂取する
・グループB：タンパク質20gを3時間おきに摂取する
・グループC：タンパク質10gを1・5時間おきに摂取する

7日間の実験後、筋タンパク質の合成率を比べたところ、グループBが最も高い合成率を示しました。一方、グループAやグループCは、筋タンパク質の合成率があまり増えていませんでした。（図70）。

この結果から、**「3時間おき」がタンパク質摂取の最適なタイミング**であることはわかりました。しかし、現実的に考えれば、3時間おきの摂取はなかなか難しい作業です。特に忙しいビジネスパーソンであればなおさらでしょう。

そこで、テキサス大学医学部のマメロウらは、より現実的な2つの摂取パターンを想定し、筋タンパク質の合成率を検証しています。

まず、トレーニング経験のない被験者を2つのグループに分け、一方のグループは朝食・

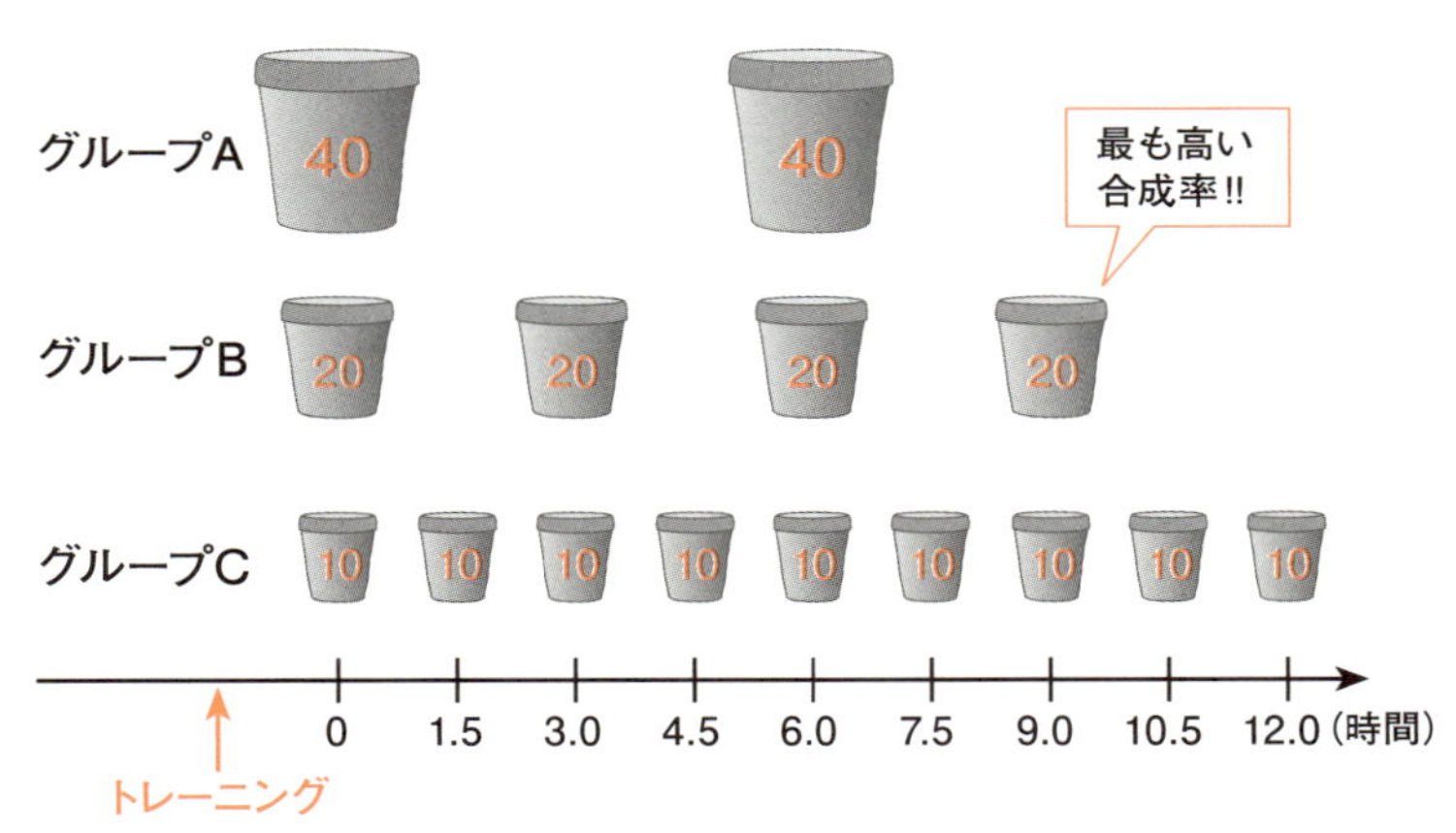

出典：Areta JL, 2013より筆者作成

図70

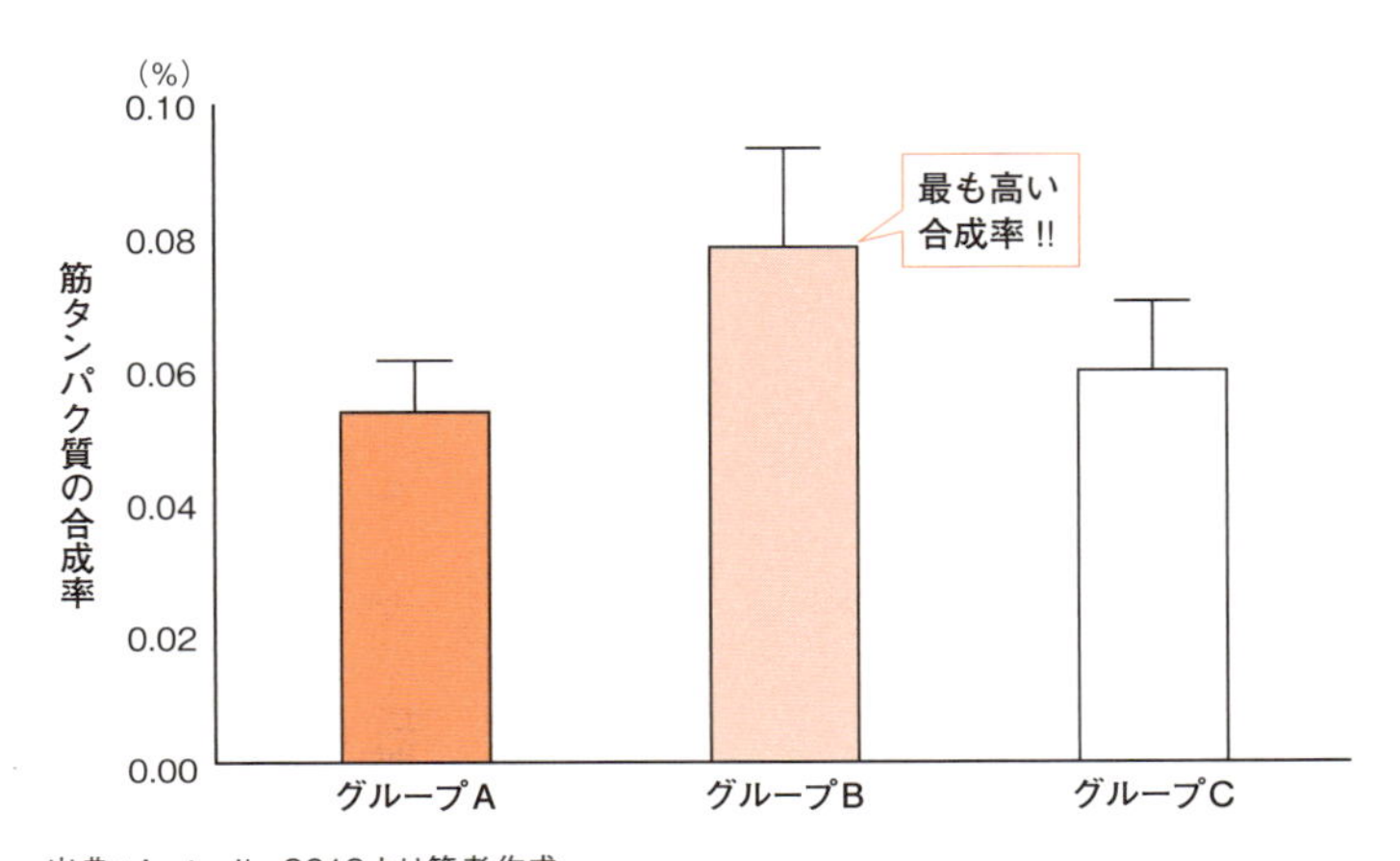

出典：Areta JL, 2013より筆者作成

図71

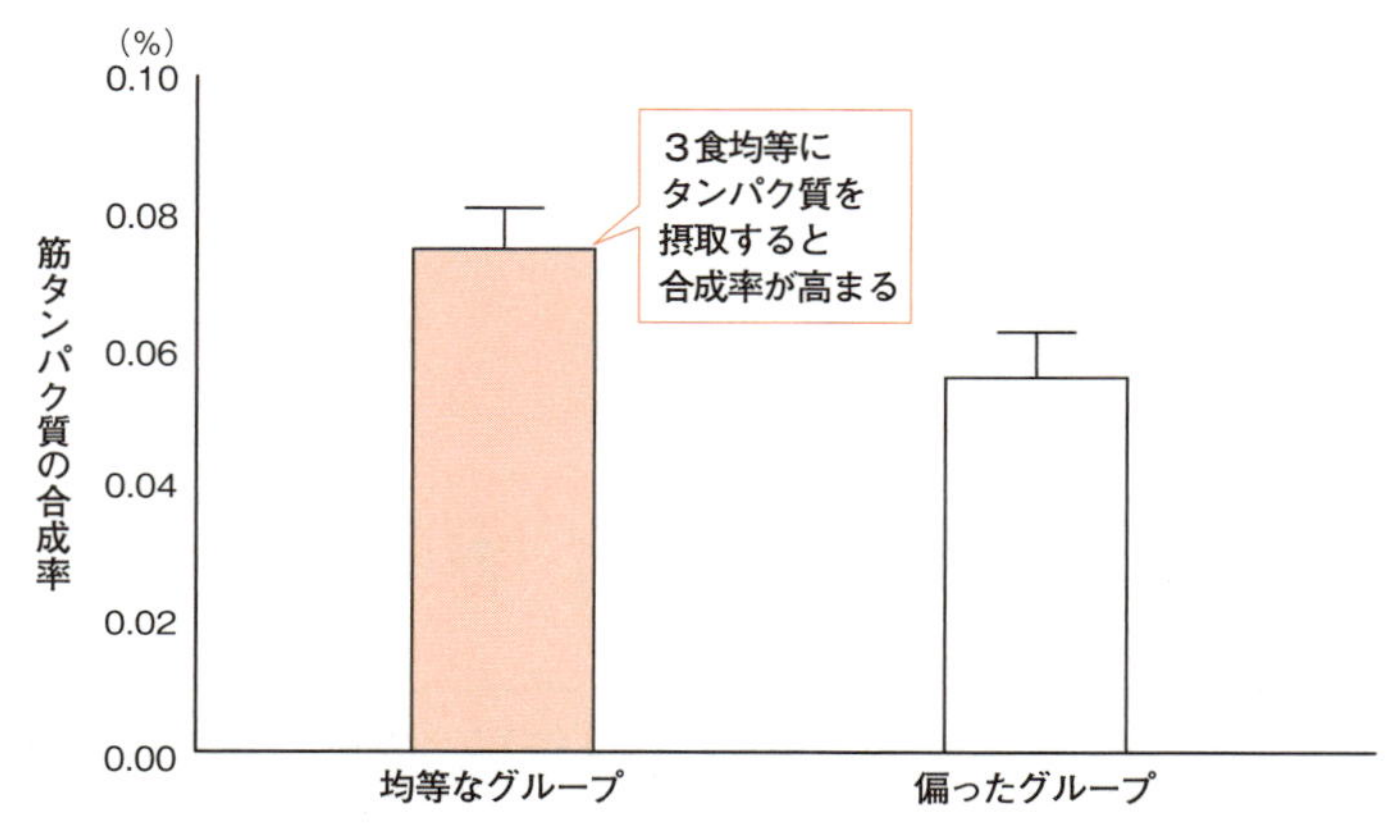

出典：Mamerow MM, 2014より筆者作成

昼食・夕食で同量のタンパク質を摂取する「バランス食パターン」、もう一方のグループは朝・昼食が少なく夕食に多くのタンパク質を摂取する「偏食パターン」としました。両グループとも、1日3食で摂取するタンパク質は同じ量とし、これをトレーニングと合わせて7日間継続しました。

その結果、筋タンパク質の合成率は1日後、7日後ともに「バランス食パターン」が優位な増加を示しました。つまり、3時間おきでなくとも、**1日3食でバランスよくタンパク質を摂取すれば、トレーニング効果を高められる**ことが示唆されたわけです（図71）。

プロテインは食事と一緒に摂るか？　食間に摂るか？

筋トレによる筋タンパク質の合成感度の上昇は24時間継続するため、先の検証結果を踏まえれば、筋タンパク質の合成を高めるためには「トレーニング後24時間の3食でタンパク質をバランスよく摂取する」ことが重要になると考えられます。

しかし、実際には筋トレ効果を高めるほどのタンパク質を食事だけで摂るのは難しく、プロテインで不足するタンパク質を補っているという方が多いのではないでしょうか。

そうなると気になるのが、「食事と一緒にプロテインを摂取する」のと「毎食の間にプロテインを摂取する」のとでは、どちらのパターンが筋トレ効果を最大化させるのかということです。この問いに答えてくれるのが、２０１８年、パデュー大学のハドソンらが報告したシステマティックレビューです。

ハドソンらは、筋トレ後の食事とプロテインの摂取パターンに関する34件の研究報告を分析し、２つの摂取パターン（食事とプロテインを一緒に摂取／毎食の間にプロテインを摂取）について筋肉量、脂肪量への影響を検証しました。その結果、実に興味深い事実が明らかになったのです。

まず、「筋肉量」では2つの摂取パターンの間に有意な差は認められず、同等の筋肥大

図72

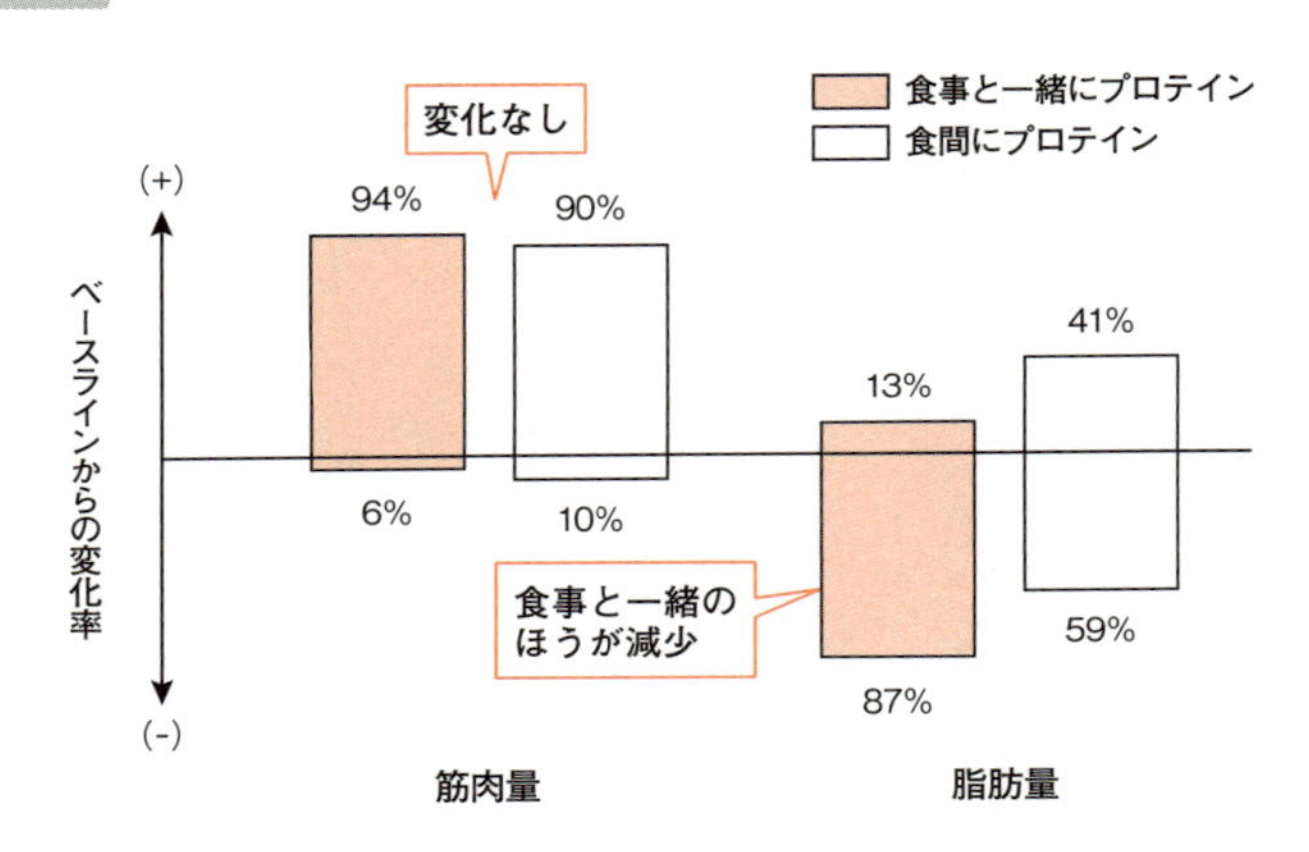

出典：Hudson JL, 2018より筆者作成

効果が示されました。一方の「脂肪量」では、2つのパターンでいずれも減少傾向が認められましたが、特に食事とプロテインを一緒に摂取するパターンでは、脂肪量がより減少しやすいことが示されたのです（図72）。

この理由についてハドソンらは「食事のカロリーコントロールによるもの」としています。食事とプロテインを一緒に摂取する場合、プロテインのカロリー量を考慮して食事のカロリー量を減らすことができます。しかし、毎食の間にプロテインを摂取した場合は、カロリー総量のコントロールが難しく、カロリーオーバーになりがちです。そのため、脂肪量の減少効果が少ないのだろうと推察しているわけです。

これらの結果から2つの重要な示唆が得られています。

1つは、**「食事とプロテインの摂取パターンにかかわらず、筋肉量はトレーニングの効果に応答して肥大する」**こと。もう1つは**「食事とプロテインは一緒に摂取したほうが脂肪量が減少しやすい」**ことです。

なお、ハドソンらのシステマティックレビューは、対象年齢が10代〜70代と幅広く、プロテインの種類もホエイ、カゼイン、ソイと様々です。また、食事の内容や摂取カロリーも限定されていません。そのため、ハドソンら自身も「今後はより具体的な条件のもとでレビューが行われるべきである」と述べています。

いずれにせよ、筋トレの効果を最大化させるためには、まず3食それぞれで偏りなく、最適な量の良質なタンパク質を摂取することが重要です。しかし、食事だけでは難しい場合、食事と「一緒」にプロテインを摂取すると、筋肉量の増大だけでなく、ダイエット効果も合わせて得られる可能性があります。

3-7 筋肉を増やす裏技は「寝る前のプロテイン」

就寝中は筋タンパク質の合成が低下する

筋トレ後のタンパク質の摂取については、「1日3回の食事で、最適なタンパク質量を摂取する」ことが基本です。もし不足するようであれば、プロテインで補充することで筋トレの効果を最大化していくことができます。

筋トレによる筋タンパク質の合成感度の上昇は24時間継続するため、例えば、夕方に筋トレをした場合、その日の夕食、翌日の朝食、昼食まで考慮し、良質なタンパク質の摂取を心がけることが筋トレ効果の最大化に繋がります。そして、就寝中の時間を組み入れたものが図73です。通常、筋タンパク質は合成・分解のサイクルを繰り返していますが、**就寝中は筋タンパク質の合成が刺激されず、分解に大きく傾いてしまう**のです。

図73

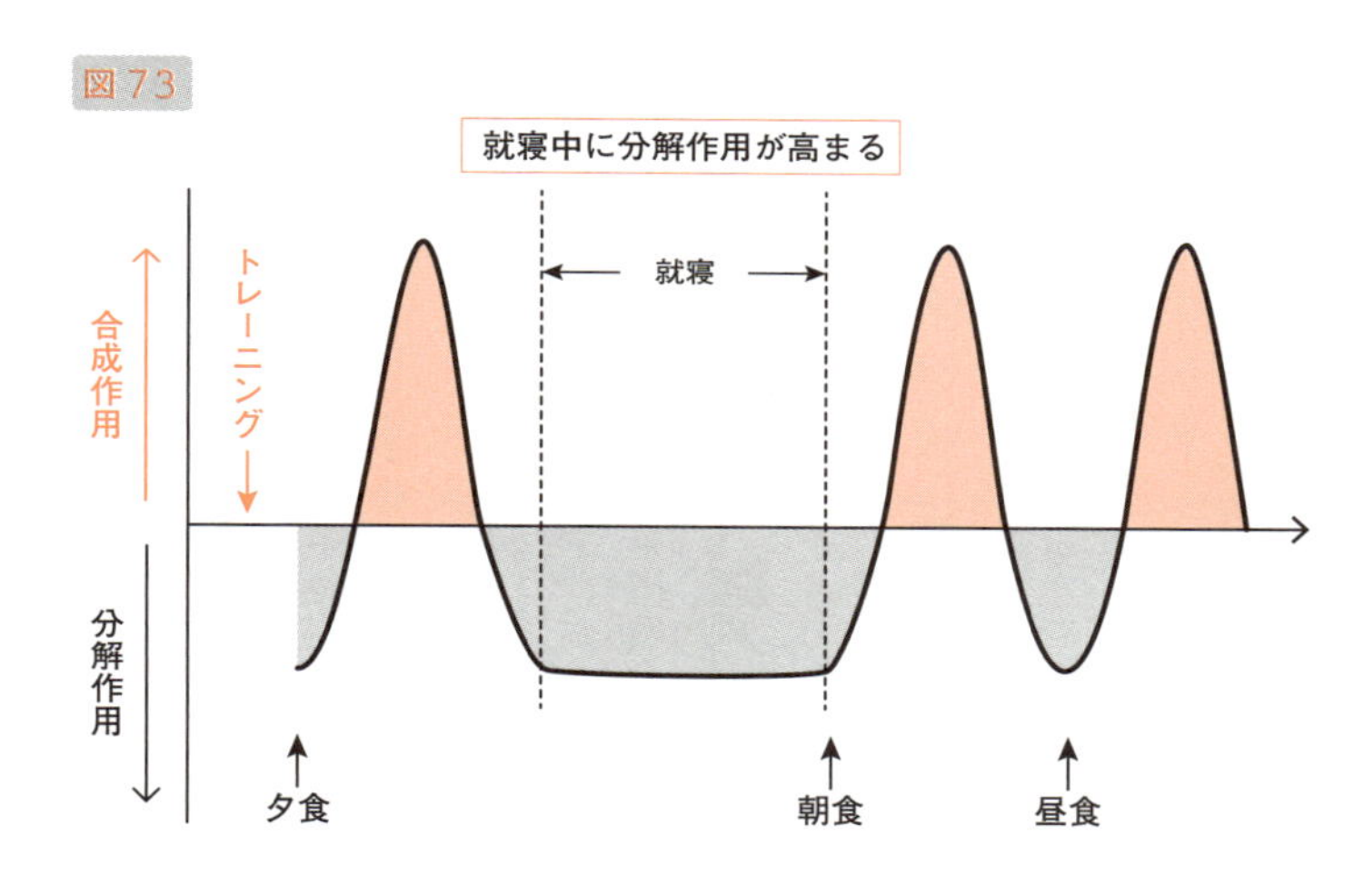

ならば、筋トレで筋タンパク質の合成感度を高めた後、就寝前にタンパク質を摂取しておけば、合成作用は高まるのでしょうか？

２００８年、マーストリヒト大学のビーレンらは、就寝前のプロテイン摂取の影響について調べています。トレーニング経験のある男性にトレーニングを行ってもらい、就寝前に20～25gのプロテインを摂取するグループと、水を摂取するグループに分け、就寝から9時間後、筋タンパク質の合成作用を計測しました。その結果、両グループに有意な差は見られませんでした。

通常、タンパク質を摂取すれば筋タンパク質の合成作用は増加しますが、就寝前の摂取では増加しなかったのです。ビーレンらと同じ研究グループに属するグルーンらは、その理由を「サーカディアンリズム（概日リズム）」によるものだと推測しています。

サーカディアンリズムとは、睡眠や覚醒、血圧、体温、ホルモン分泌といった生命活動の調整がおよそ24時間周期で行われるメカニズムを指します。いわゆる「体内時計」と呼ばれるもので、ほぼすべての生物がサーカディアンリズムのもとで生きています。人間の場合、このリズムが乱れると睡眠時間や体調も乱れ、病気になりやすくなります。

タンパク質（アミノ酸）を吸収する腸の運動も、サーカディアンリズムの影響を受けます。通常、多くの栄養を摂取する日中は腸内運動が活発になり、夜になるほど腸内運動は低下するため、就寝中は腸内のタンパク質の吸収機能も低下します。

就寝中でも筋タンパク質の合成は高められる！

サーカディアンリズムを考慮すれば、就寝中に筋タンパク質の合成を高めるのは難しいのかもしれません。ところが、グルーンらは「20〜25ｇの摂取量では筋タンパク質の合成を促進するには少なかったのでは」との仮説を立て、さらなる検証を進めました。

グルーンらは就寝中の被験者に経鼻胃管（鼻から胃までチューブを通す方法）でタンパ

ク質を直接摂取させ、筋タンパク質の合成反応を調べました。被験者にとってはつらい実験だったと思いますが、段階的に摂取量を増やした結果、40gまで増やしたところで筋タンパク質の合成作用が促進されることがわかったのです。

グルーンらの研究報告を受け、同じくマーストリヒト大学のレスらは次のような検証を行っています。20代男性の被験者は、夕方に筋トレを行った後、就寝前に40gのカゼインを摂取するグループと、水を摂取するグループに分けられました。そして、就寝から約7時間後、筋タンパク質の合成作用を計測した結果、水を摂取したグループに比べ、カゼインを摂取したグループは約22％も多い筋タンパク質の合成作用が認められました。

この結果を踏まえれば、筋トレ後、就寝前に40gのタンパク質を摂取すれば、腸内運動が低下する就寝中も筋タンパク質の合成を促すことができると考えられます。

さらに、就寝前のタンパク質の摂取が「長期的に筋肉量に与える影響」についても検証がなされています。

マーストリヒト大学のカッターらは、トレーニング経験のある若者を集めてトレーニングを行わせ、就寝前、片方のグループにはカゼイン30gを、もう片方のグループには水を摂取させました。これを12週間継続した結果、カゼインを摂取したグループは水を摂取し

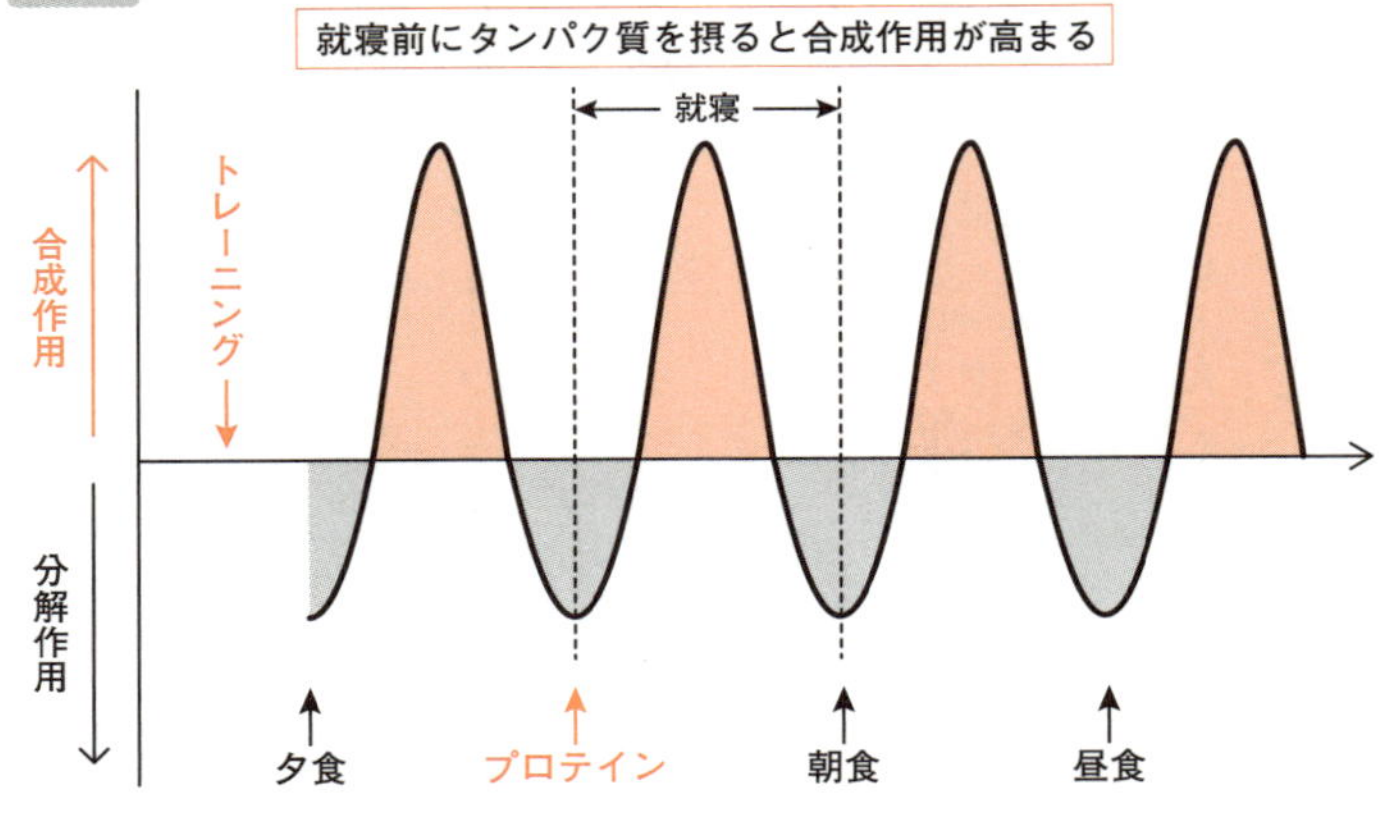

出典：Lew QJ, 2017より筆者作成

たグループよりも大腿四頭筋の筋肥大、筋力増強が認められました。

つまり、**筋トレを行った後、就寝前にタンパク質を摂取することは、即時的に筋タンパク質の合成作用を高めるだけでなく、その効果は長期的に継続し、さらに筋肉を増大させる可能性がある**ことが示唆されたわけです。

ここまでの話をまとめると、筋トレ後の24時間で、1日3回の食事（＋プロテイン）による最適なタンパク質摂取量が摂れていない場合、「就寝前にもタンパク質を摂取する」ことで、筋トレ効果を最大化することができるということになります（図74）。

筋トレは「夕方」が効果的

ひとくちに「筋トレ後」と言っても、午前中に行う人もいれば、会社帰りに実行する人もいるでしょう。それでは1日のうち、どの時間帯にトレーニングを行えば、就寝前のタンパク質摂取の効果が最も高まるのでしょうか？

２０１６年、マーストリヒト大学のトロンメレンらは20代の被験者を複数のグループに分け、それぞれ異なる時間帯に分けてトレーニングを行わせたうえで、就寝前に同量のタンパク質を摂取させました。そして、筋タンパク質の合成率を比較した結果、夕方にトレーニングを行ったグループは、他の時間帯に行ったグループよりも30％以上、筋タンパク質の合成率が増加していました。

この研究報告については、オランダ食品栄養学先端研究所のホルベルダらによって追試が行われ、同様の結果が示されています。すなわち、先の問いの答えは**「夕方のトレーニングが最も効果的である」**ということになります。

なお、現代のスポーツ栄養学は、就寝前に摂取するプロテインは「カゼインプロテインが最適である」としています。カゼインは消化・吸収の速度が緩やかなのが特徴で、摂取後、約6時間は血液中のアミノ酸濃度を高めることができるためです。

筋トレによる筋タンパク質の合成感度の上昇は、少なくとも24時間継続します。にもかかわらず、これまで1日のうちでも大きな割合を占める「就寝時」の影響は見過ごされてきました。

就寝前のタンパク質摂取による効果については、エビデンスレベルの高いメタアナリシスなどの検証が待たれます。しかしながら、少なくとも、1日3食の食事やプロテイン補充でも最適なタンパク質摂取量に足りないときは、「裏技」として就寝前にタンパク質を摂取することで筋トレの効果を高められる可能性が示唆されています。

3-8 プロテインの飲みすぎは「腎臓」に悪い？

70年にわたり議論されてきた「タンパク質の過剰摂取」問題

１９４８年、ミネソタ大学のトーマス・アディダスらは「タンパク質を多く摂取すると腎臓を悪くするのではないか？」との疑問を提起しました。

以来70年以上にわたり、世界中でタンパク質と腎臓の関係について議論がなされてきましたが、現在に至っても明確な答えは得られていません。明確な答えがない健康問題ほどメディアの格好のネタとなるため、最近は「タンパク質の過剰摂取は腎臓に悪い」と過度にあおるような記事も目につきます。

なぜ、答えを出すことができないのか？　それは、答えを見いだすための実験を行うことが倫理的に難しいからです。

本書の冒頭で述べたとおり、人を対象として行われる臨床研究は、実験的な治療など対象への積極的な介入が伴う「介入研究」と、介入せずに対象に起こる事象を観察する「観察研究」に分けられますが、科学的に強力な根拠（エビデンス）を示すためには、介入研究を行う必要があります。

タンパク質の過剰摂取が腎臓にダメージを与えることを検証するためには、無作為に被験者を選んだうえで、大量のタンパク質を摂取するグループと通常量を摂取するグループに分け、長期的な摂取によって効果を計測しなければなりません。そうなれば当然、大量のタンパク質を摂取する被験者の腎臓にダメージを与えてしまう可能性が生じます。

臨床研究は被験者の健康を守ることが大前提であり、健康を害する可能性のある研究は許されません。そのため、タンパク質と腎臓の関係をめぐる介入研究も倫理的に認められていないのです。

しかし、研究者たちもこの状況に甘んじているわけではありません。多くの研究者は、介入研究ができなければ、それを補うような大規模な観察研究によって指針となりうる傾向を見いだそうと奮闘しています。

身体にとってきわめて重要な腎臓の仕組み

腎臓は、ホルモン産出や血圧の調整など様々な機能をもっていますが、最も重要なのが血液を濾過して尿に変え、老廃物や塩分、余計な水分を体外に排出する機能です。

体中から集められた血液は、腎臓に入るとネフロンで濾過されます。ネフロンは、毛細血管が毛玉のように絡まった「糸球体（しきゅうたい）」と、濾過された尿（原尿）が流れる「尿細管」で構成されています。糸球体で濾過された原尿には、老廃物以外にもアミノ酸や糖分、塩分やカリウム、リン、マグネシウムなどの電解質も含まれています。そのため、尿細管を通る際、原尿の99％は身体のなかに再吸収され、老廃物や余計な水分だけが尿になります。

必要以上にタンパク質を摂取しても、使われなかったものは通常、老廃物として腎臓で濾過されて体外に排出されます。しかし、過剰な摂取が続いてしまうと、次第に腎臓に大きな負担がかかってしまいます。動物実験では、過剰な量のタンパク質を摂取すると、糸球体の濾過機能に負担が生じて腎臓にダメージを与えることがわかっています。

糸球体の濾過機能が低下し、老廃物などが十分に排出できない状態を「腎不全」と言います。そのまま多量のタンパク質を摂取し続ければ、さらに病状が悪化してしまうため、腎不全の治療ではタンパク質の摂取を制限する食事療法が重視されています。

多くの識者やメディアは、こうした動物実験や腎不全の食事療法を根拠として「タンパク質の大量摂取は腎臓に悪い」としています。

しかし、問題の本質は**「健康な人でも、タンパク質の過剰摂取は腎臓にダメージを与えるのか」**ということです。

70年続いた議論に一石を投じた研究報告

2003年、ハーバード大学のナイトらは、腎機能が正常、もしくは軽度の低下と診断された1624名を対象に、タンパク質の摂取状況と腎機能に関する11年間の追跡調査を行いました。その結果、「腎機能が正常な場合は、タンパク質の摂取量と腎臓病に関連はない」「腎機能が低下している場合は、タンパク質の過剰摂取が腎臓病の進行を加速させる」ことが示されました。

ところがその後、この調査結果を否定するような研究報告が発表されます。

2010年、ブリガム・アンド・ウィメンズ病院のリンらは、腎機能が正常な女性3348名を対象に、タンパク質の摂取状況と腎機能に関する11年間の追跡調査を行いました。その結果、「高タンパク質の食事を定期的に続けていると、腎機能が低下する可能性がある」ことが示されたのです。この研究報告により、タンパク質の大量摂取が腎臓にダメージを与えるかどうかの議論は、ますます激化していくことになったのです。

図75

西洋食	赤身肉（牛肉、豚肉、羊肉など）、加工肉、お菓子
健康食	果物、野菜、豆類、魚、白身肉（鶏肉など）
高血圧食	野菜、果物中心

そして２０１１年、先の報告を行ったリンらの研究グループから、再び議論に一石を投じる研究報告が発表されます。腎機能が正常な女性３１２１名を、よく摂取するタンパク質の食物源ごとに３つのグループ（西洋食／健康食／高血圧食）に分け、11年にわたる追跡調査を行った結果、腎臓病のリスクに最も関連していたのは「西洋食」であることがわかったのです（図75）。

赤身肉の過剰摂取による腎臓への影響

２０１７年、タンパク質の摂取状況と腎機能について、これまでにない大規模な調査結果が報告されました。

シンガポールの医療機関・シンヘルスのルーらは、男女６万３２５７名を対象に、タンパク質の食物源による腎臓病の発症、末期腎臓病への悪化の影響について15・5年にわたる追跡調査を行いました。その結果、**「赤身肉を摂取すればするほど、腎臓病の発症、末期腎臓病への悪化のリスクが高まる」**ことがわかったの

図76

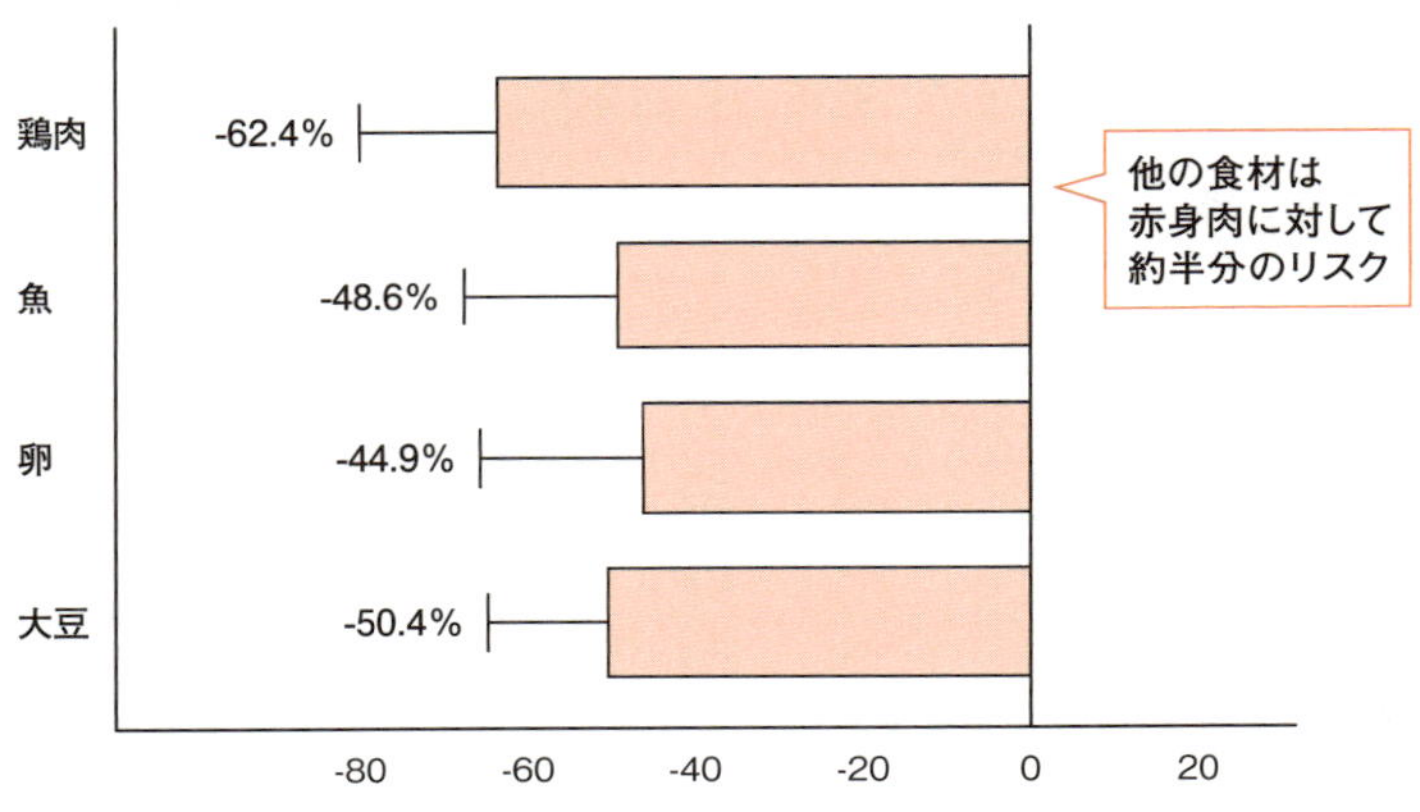

出典：Lew QJ, 2017より筆者作成

です。また、1日に1食分の赤身肉の摂取を、白身肉や魚などに代替した場合、腎臓病の増悪リスクが最大62・4％減少することも示されました（図76）。

同じ頃、ドイツ・ヴュルツブルク大学のヘリングらは、健康な男女1万1952名を対象に、タンパク質の食物源と腎臓病の発症リスクに関する23年間の追跡調査を行った結果を報告しています。そのなかでは、従来の研究結果を裏付けるように「腎臓病の発症リスクは、赤身肉の摂取量に関連して増加する」ことが示されました。同時に、「白身肉やナッツ、大豆、乳製品の摂取量の増加は、腎臓病の発症リスクを軽減させる」ことも示されたのです。

これら一連の研究結果を分析し、２０１７年にレビューを報告したコペンハーゲン大学のケンパーらは、「赤身肉の過剰な摂取が腎臓にダメージを与える可能性がある」「白身肉や乳製品のタンパク質は腎臓にダメージを与えない」という結論を導き出しています。なお、赤身肉は消化の過程で酸を生成し、この酸が腎臓に対して毒性を引き起こすと考えられており、それによって腎臓にダメージを与える可能性が指摘されています。

タンパク質摂取と腎臓をめぐる介入研究は倫理的に実現が難しく、そのため、科学的にも信頼性の高いエビデンスはいまだ示されていません。しかし、現代のスポーツ科学やスポーツ栄養学は最新のＩＴなどを活用しつつ、従来なかったほどの大規模な観察研究を重ねることで、タンパク質摂取における指針を示してくれています。

- **赤身肉（牛肉、豚肉、羊肉など）は、腎臓にダメージを与える傾向がある**
- **乳タンパク質は鶏肉などの白身肉や魚と同様に腎臓へのダメージはほとんどない**
- **（過剰な赤身肉の摂取を控えれば）１日当たり１・62ｇ／kg程度のタンパク質の摂取量では腎臓にダメージを与える可能性は低い**

こうしたことを参考に、日々のタンパク質摂取を見直してみることは大切でしょう。

3-9 「プロテイン＋糖質」は意味がない？

筋トレ後の「タンパク質＋糖質」は本当に効果的か？

近年、筋トレ効果を高めるとして注目されているのが、「炭水化物」です。あるテレビ番組では、筋トレ後、タンパク質と炭水化物を一緒に摂取したところ、筋トレ効果が2倍になったと説明していました。その他のメディアでも、「筋トレの前後にタンパク質と炭水化物を摂取しよう」などとさかんに紹介されています。

筋トレの前後に炭水化物を摂取することは本当に効果的なのでしょうか？　それを考えるために、まずはこれらの根拠となった身体のメカニズムを見ていきましょう。

人間のエネルギーを生み出す3大栄養素は、タンパク質、炭水化物、脂質です。タンパク質は臓器や皮膚、髪の毛、血液、酵素などの原料となり、炭水化物と脂質は、身体を動かすためのエネルギー源となります。

炭水化物の成分は大きく「糖質」と「食物繊維」に分けられます。糖質は体内で消化・吸収されますが、食物繊維は消化されず、そのまま体外に排出されるため、消化・吸収の視点では、「炭水化物＝糖質」になります。糖質制限ダイエットで「米などの炭水化物の摂取を控えましょう」と言われるのは、こうした理由があるからです。

炭水化物に含まれる糖質は、タンパク質と同様に胃や十二指腸を通りながら消化酵素によって分解され、小腸で単糖類（グルコース）にまで分解されたのち、吸収されます。その後、グルコースは血液に溶け込み、門脈を通って肝臓に運ばれると、エネルギーとしてすぐに使う分は血液中に放出され、それ以外は「グリコーゲン」として貯蔵されます。

血液中のグルコースが消費されて血糖値（血液中の糖の濃度）が下がると、貯蔵されていたグリコーゲンが分解され、血液中に放出されます。反対に、血糖値が上昇すると膵臓からインスリンが分泌され、その働きによってグルコースは筋肉の細胞内に取り込まれ、グリコーゲンとして貯蔵されます（図77）。

筋肉が収縮するためには、筋線維に含まれるＡＴＰ（アデノシン三リン酸）の分解が必要になります。運動を長く続けるためには体内で絶え間なくＡＴＰを分解し、エネルギーを作り出す必要がありますが、私たちの身体はＡＴＰを少量しか蓄積できず、使い果たしてしまえば補充しなければなりません。

図77

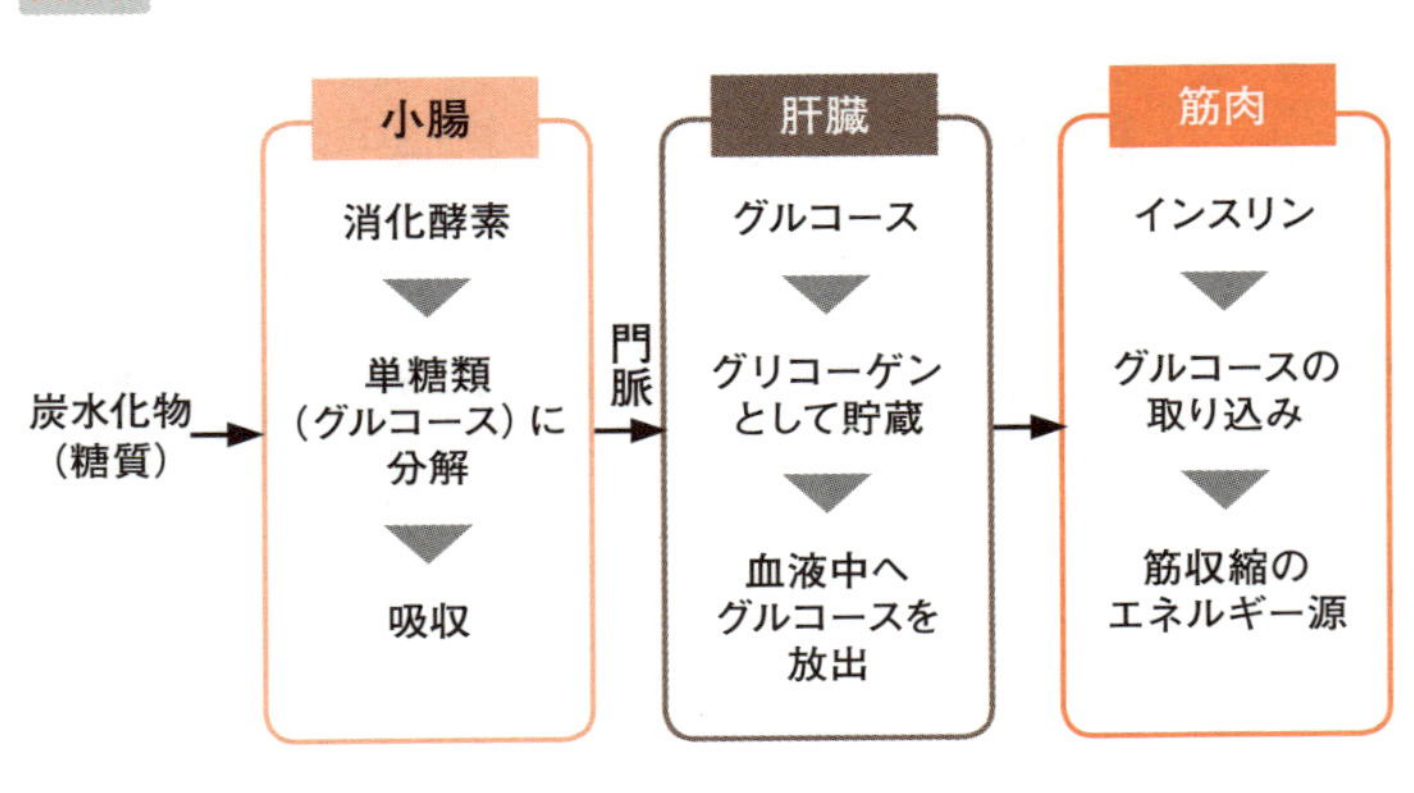

筋肉がATPを補充する仕組みは、①クレアチンリン酸系、②解糖系、③有酸素系という3つの方法があります。

重量挙げなど、ごく短時間×高強度の運動を行う場合、筋肉に含まれるクレアチンリン酸を分解してATPを作り出します。筋トレのような1分程度×高～中強度の運動では、筋肉に含まれる糖を分解してATPを補充します。クレアチンリン酸系や解糖系は、酸素を使わずにATPを補充することができます。一方、ジョギングなどの長時間×低強度の有酸素運動では、筋肉に含まれるミトコンドリアが酸素を原料としてATPを作り出します。

高～中強度の運動となる筋トレでは、短時間に多くのエネルギーが必要になります。そのため、「エネルギー源が枯渇しないよう、筋トレの前に炭水化物（糖質）を摂取することが大切だ」と言われているのです。

インスリンが筋タンパク質に及ぼす効果

インスリンは、グルコースを筋肉の細胞内に取り込むのを助けるだけでなく、もう1つ重要な役割をもっています。

筋タンパク質は24時間、合成と分解を繰り返しており、このバランスが釣り合うことで現状の筋肉量が維持されています。今以上に筋肉を大きくする（筋肥大）ためには、筋タンパク質の合成が分解を上回らなければなりません。そのためには、筋トレによって筋タンパク質の合成感度を上昇させ、タンパク質を摂取することで筋タンパク質の合成を促進する必要があります。この筋タンパク質の「合成の促進」とともに「分解の抑制」を助けてくれるのが、インスリンなのです。

近年の研究においてインスリンは、筋タンパク質の合成を促進させ、分解作用を抑制する働きをもつmTORを活性化させることがわかってきています。

筋トレ後、タンパク質に加えて炭水化物（糖質）を摂取すると、血糖値が上昇してインスリンが分泌されます。それによってmTORが活性化し、筋タンパク質の分解は抑制され、合成は促進されます。その結果、筋肥大の効果を最大化するというわけです。これが「筋トレ後にタンパク質と炭水化物（糖質）を摂取しよう」という説の根拠となっています。

しかし、この説に対して異を唱えた研究者がいます。２０１６年、アメリカ・ニューメキシコ大学のエスコバールらは筋トレと炭水化物（糖質）に関する複数の研究報告を分析し、その結果をまとめたレビューのなかでこう述べています。

「十分なタンパク質を摂取すれば、インスリンによる筋タンパク質への効果は代替可能である。筋トレ後のタンパク質摂取に炭水化物を合わせる必要性はないだろう」

従来の考え方を否定するこの意見には、最新のエビデンスによる後押しもあります。実は近年、様々な分野で最新技術を活用した研究が進み、従来考えられていたインスリンによる筋タンパク質への効果が大きく見直されているのです。

その１つ、２０１６年にイギリス・ノッティンガム大学から報告されたメタアナリシスでは、インスリンによる筋タンパク質の合成作用の促進効果は、それほど高くないことが示されています。その結果、現在は、インスリンは筋タンパク質の合成にはあまり影響せず、主に分解作用を抑制する役割のみを担っているとの解釈が広がっています。

エスコバールらの意見を踏まえれば、炭水化物でインスリンの分泌を促さなくても、十分なタンパク質を摂取すれば大丈夫、ということになります。

筋トレに「糖質」は必要ないとするエビデンス

また、先のメタアナリシスを支持する研究結果も報告されています。

2011年、マクマスター大学で行われた検証実験では、被験者はニーエクステンションのトレーニング（8〜12RM×4セット）を行った後、「ホエイ（25g）のみを摂取」するグループと、「ホエイ＋糖質（マルトデキストリン50g）を摂取」するグループに分かれ、筋タンパク質の合成率と分解率が計測されました。その結果、合成率も分解率も両グループに有意な差は認められませんでした。

さらに、フィンランドのユヴァスキュラ大学からは、タンパク質＋炭水化物の摂取による長期的な効果を調べた研究結果が報告されています。

被験者は4週間の予備的なトレーニングを行った後、「ホエイ（30g）のみを摂取」「糖質（マルトデキストリン50g）のみを摂取」「ホエイ＋糖質を一緒に摂取」という3グループに分けられました。それぞれ週2〜3回の全身性トレーニングを行いつつ、プロテインや糖質などを摂取するプログラムを12週間継続し、トレーニング前後で全身の筋肉量と大腿四頭筋の筋肉量が計測されました。

その結果、各グループとも全身の筋肉量と大腿四頭筋の筋肥大は明らかに増加していました。しかし、「ホエイのみを摂取」したグループと「ホエイ+糖質を一緒に摂取」したグループの筋肉量の増加率には、有意な差は認められなかったのです。

これらの知見を踏まえ、エスコバールらは「タンパク質に炭水化物（糖質）を合わせて摂取する効果は、タンパク質の摂取量に依存する」「筋タンパク質の合成に十分な量のタンパク質を摂取すれば、インスリンによるさらなる効果は低いだろう」と推察するに至ったわけです。ちなみに、国際スポーツ栄養学会（ISSN）が2017年に報告した公式見解も、エスコバールらの意見を支持しています。

一連の研究報告は極めて信頼性の高いエビデンスとまでは言えませんが、**「タンパク質を十分に摂取していれば、インスリンの効果は代替できる」**ことを示唆しています。


しかしながら、たとえ筋タンパク質合成への効果が低いとしても、糖質の摂取には筋グリコーゲンの回復や筋損傷の回復効果も示されています。このような効果はトレーニング量の多いトレーニーにおいては特に重要です。筋タンパク質への効果だけでなく、糖質の総合的な利点を考慮して摂取を決めると良いでしょう。

3-10 牛乳は、無脂肪乳より「全乳」を選ぼう

プロテイン摂取よりも、まずは毎日の食事を見直そう

「人生100年時代」と言われるようになり、近年は健康を意識して新たに運動を始める人が増えています。そのためか、健康な体づくりの一環としてプロテインを摂取する人も増えているようです。以前に比べて飲みやすさが向上し、味の種類も増えていることから、プロテイン市場は拡大の一途をたどっており、成長率は年6・3％（2017年調べ）とも試算されています。

たしかにプロテインを飲めば、必要な栄養素を効率的に摂ることができます。しかし、あくまでもそれは不足する栄養を補助するものであり、栄養補給の原点は毎日の食事にあります。これをないがしろにしていては、筋トレの効果も高まらないのです。

「食品から摂取するタンパク質」の重要性にあらためて光を当てたのが、アメリカ・ワシ

ントン大学のヴリエットらです。2018年2月、ヴリエットらは筋トレ効果を高める食品に関する複数の研究を分析し、その結果を示したレビューのなかでこう述べています。

「現代は単離されたタンパク質であるプロテインに注目が集まっているが、一般的に、私たちは食品からタンパク質を摂取している。そうであれば、トレーニングの効果を高める『食品の摂取方法』について研究することには大きな価値があるだろう」

そのうえでヴリエットらは、**食べ物が筋トレの効果を高める「食物相乗作用」**に着目し、そのひとつとして「牛乳」の効果を調査しています。

見逃されている「牛乳」の実力

牛乳にはタンパク質をはじめ、脂質、炭水化物、ビタミン、ミネラル（カルシウム、リン、カリウムなど）がバランスよく含まれています。特にリジンをはじめ、筋タンパク質の合成に欠かせない必須アミノ酸が豊富に含まれています。（図78）。

また、牛乳を飲むとインスリンの分泌が促進されます。インスリンは筋タンパク質の分解を抑制する効果があり、筋トレ後に牛乳を飲むことを推奨する研究者もいます。しかし、最近は牛乳に含まれる脂質が敬遠され、低脂肪や無脂肪乳が好まれる傾向にあります。普

図78

通の牛乳（全乳）と低脂肪・無脂肪の牛乳では、筋トレ後の筋タンパク質の合成に差はあるのでしょうか？

この疑問について検証したのが、テキサス大学医学部のエリオットらです。実験ではまず、トレーニング経験のない被験者がレッグエクステンションを1RMの80％で8回×10セット行いました。その後は全乳を摂取するグループ、無脂肪牛乳を摂取するグループ、低脂肪牛乳を摂取するグループに分かれ、トレーニングから1時間後、それぞれ8オンス（約237㎖）を摂取し、6時間後までの筋タンパク質の合成量を計測しました。

その結果、全乳のグループは無脂肪牛乳のグループに比べ、必須アミノ酸であるフェニルアラニンとスレオニンの摂取率が増加しました。

つまり、**筋トレ後は全乳を摂取したほうが筋タ**

ンパク質の合成が高まりやすいことが示唆されたわけです（図79）。

全乳には筋肉痛の回復効果もある

全乳が筋トレ後の筋タンパク質の合成を高める理由として、全乳に含まれる飽和脂肪酸パルミテートの存在が挙げられます。

ある研究では、パルミテートは筋タンパク質の合成促進のスイッチとされるmTORを活性化させる作用が報告されており、その影響から、全乳の摂取によって筋トレ後の筋タンパク質の合成が高まったと推察することができます。

図79

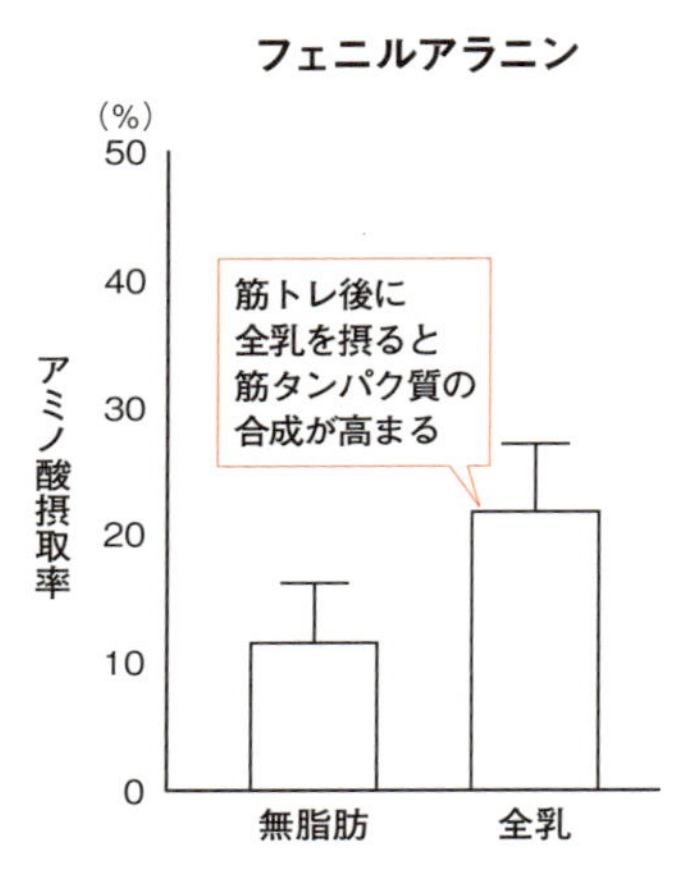

出典：Elliot TA, 2006より筆者作成

また、近年は全乳による筋トレ後の「遅発性筋肉痛」の回復効果も報告されています。アイルランド・カーロウ工科大学のランキンらは、男女のアスリートを被験者に、トレーニング後の全乳500㎖摂取による筋力の回復度を検証しています。その結果、男女ともにプラセボ（偽薬）に比べて、**全乳を飲んだ場合は早期の筋力回復、筋肉痛の軽減、痛みの減少が認められました。**

ワシントン大学のヴィレットは、これら一連の研究報告を分析し、発表したレビューのなかでこう述べています。

「プロテインは、トレーニング後に必要とされるタンパク質を摂取する場合には、最適な補充戦略である。ただし、金銭的なコストや味の好みなど、個人の嗜好性が反映されるという側面もある。一般的な栄養が普段の食事から摂取されていることからも、今後は卵や牛乳などがもたらす食物相乗作用について、さらに検証が進められるべきである」

現状、食品から摂取するタンパク質と筋トレの効果に関する研究は、プロテインの研究に比べ、数においても質においても圧倒的に不足しています。牛乳に関する研究報告も強力なエビデンスにはなりきれておらず、信頼性を高めるためには長期的な効果の調査やランダム比較試験による介入研究など、検証の幅を広げていく必要があるでしょう。

その意味でも、プロテイン重視の風潮に一石を投じたヴィレットらのレビューは、非常に重要かつ興味深いものであり、牛乳をはじめ、日々口にする食べ物の重要性を再考するきっかけになるものです。

3-11 卵は、「黄身まで丸ごと」食べなさい

卵は「完全栄養食品」

1976年に公開されたシルヴェスター・スタローンの代表作映画「ロッキー」。才能はありながらも自堕落な生活に明け暮れていたボクサー、ロッキー・バルボアは、思いがけず世界チャンピオンと対戦するビッグチャンスを得ます。最初は尻込みしたものの、愛する人のためにと立ち上がり、徹底的に身体を鍛え直します。やがて様々な苦労や逆境を乗り越え、世界チャンピオンと互角に戦い抜く……。

この映画を代表するシーンに、生卵を次々とコップに投げ入れ、一気に飲み干す場面がありあます。ロッキーは激しいトレーニングを乗り切るため、卵からタンパク質を摂取していたのかもしれません。

そもそも、**卵は「完全栄養食品」**と言われています。

図80

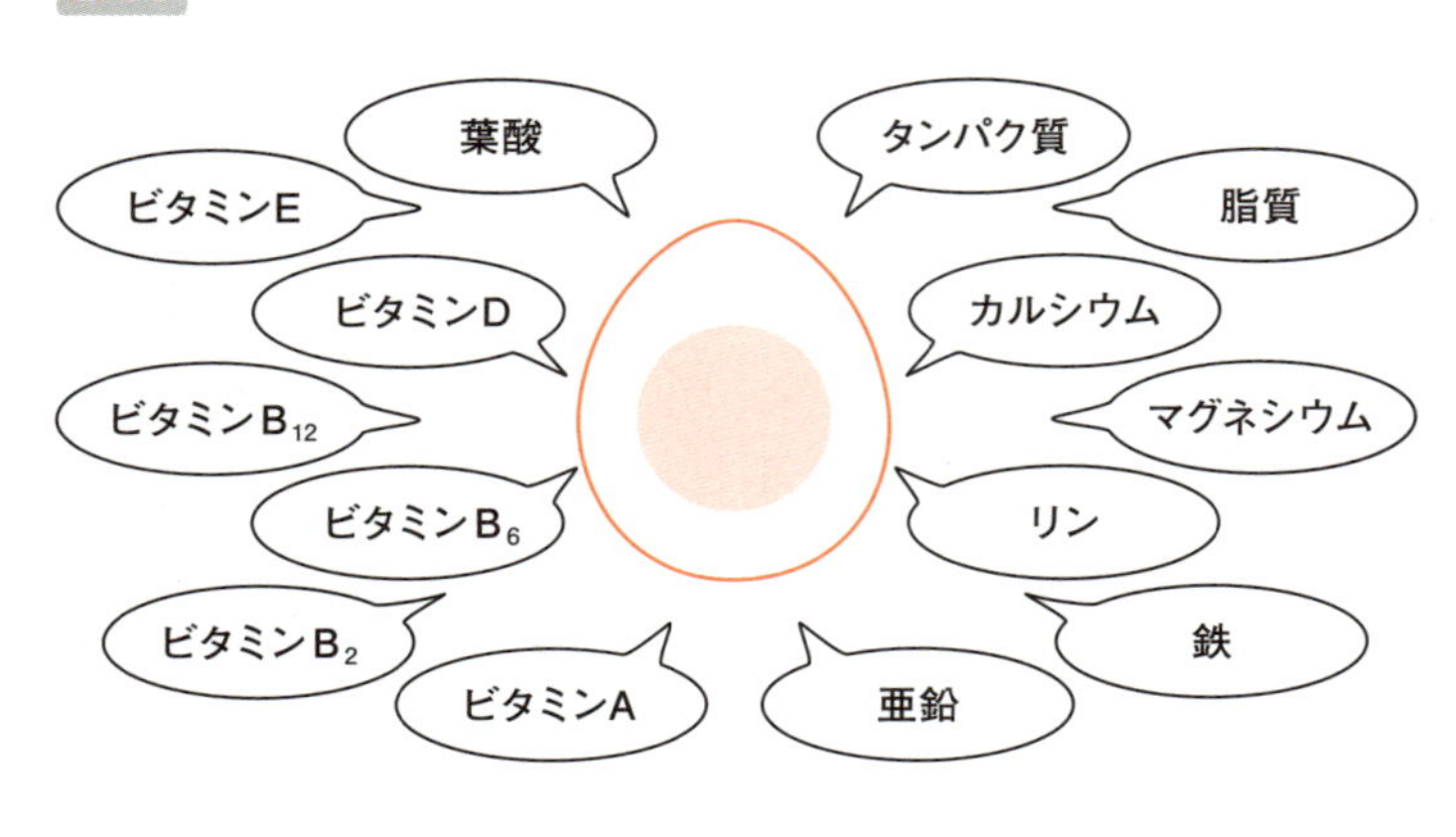

卵黄は、食物繊維とビタミンCを除き、タンパク質やビタミン、ミネラルといった栄養素を万遍なく含んでおり、特に**9つの必須アミノ酸はすべて含まれています**（図80）。とはいえ、カロリーが少々高めで、コレステロール、脂質なども多く含んでいます。卵白はタンパク質以外の栄養素はほとんど含まれず、低カロリーであることが特徴です。

栄養面では卵黄が圧倒的に勝るものの、健康志向が高まるなかでカロリー面だけが注目を集めたせいか、最近は卵黄を敬遠する人も増えています。それでは、全卵を摂取した場合と卵白のみを摂取した場合では、筋タンパク質の合成に差は生じるのでしょうか？

2017年、トロント大学で行われた検証実験では、トレーニング経験のある被験者をトレーニング後に「卵白のみを摂取する」グループと、「全卵（卵白＋卵黄）を摂取する」グループに分け、摂取から5時間後の筋タンパク質の合成率が計測されました。

その結果、全卵を摂取したグループは、卵白のみを摂取したグループよりも筋タンパク質の合成率が高くなりました。つまり、**卵白だけでなく、卵黄も一緒に摂取したほうがトレーニング効果は高まる**ことが示されたわけです。

この研究報告を受け、ワシントン大学のヴィレットらは「卵黄と卵白では、ロイシンやアミノ酸輸送体の量に違いがあるのではないか」と推測しました。

mTORは筋タンパク質の合成を促進させる物質ですが、必須アミノ酸のひとつであるロイシンはmTORの働きを活性化させるスイッチの役割を担っています。

他方で、筋タンパク質の合成に欠かせないアミノ酸は、細胞膜に取り込まれる際、輸送体が必要になります。その橋渡しをするのが「アミノ酸輸送体」というタンパク質の集合体です。つまり、ロイシンやアミノ酸輸送体が多いほど、筋タンパク質の合成が促進されるわけです。

ヴィレットらは、卵黄にはロイシン、アミノ酸輸送体が多く含まれていると仮定し、卵黄・卵白に含まれるそれらの量を計測しましたが、明らかな差は認められませんでした。

この結果を受けてヴィレットらは、卵黄に含まれる「別の栄養素」が筋タンパク質の合成を促進したのではないかと推測しました。

卵黄には、ビタミンAの代謝物質である「レチノイン酸」が含まれており、筋細胞の分化を促進することが明らかになっています。また、卵の脂質成分である「ホスファチジン酸」は、筋タンパク質の合成を促進するmTORを活性化させます。レチノイン酸やホスファチジン酸の働きは、筋トレ後の筋肥大に寄与します。さらに、脂質を構成する脂肪酸のうち、「オメガ3脂肪酸」は筋タンパク質の合成を促進する作用があることが示唆されています。

ヴィレットらは、**卵黄に含まれるこれらの栄養素が、筋タンパク質の合成率を引き上げた要因**だと指摘しています。

卵黄は「悪者」ではない！

卵黄は、必要な栄養素を豊富に含む反面、カロリーが少々高めで、コレステロールや脂質なども多く含んでいます。そのため、かつては「卵黄に含まれるコレステロールや脂肪が心臓病の原因になる」という説が流布されてしまい、「卵は1日1個まで」などと言われていました。

しかし、近年の研究では、卵黄の摂取によるコレステロール量の増加は、心血管疾患の発症リスクを増加させないことが報告されています。その理由は主に2つあります。

1つは、卵には心臓病の予防に繋がる栄養素が豊富に含まれていること。卵に含まれる抗酸化物質のルテインやゼアキサンチンは、心臓病を誘発する脂質酸化を防ぐ働きがあるとされています。

もう1つは、卵とLDLコレステロール（悪玉コレステロール）の関係が明らかになってきたこと。従来は、卵を食べるとLDLコレステロールが増え、心臓病のリスクが高まるとされていましたが、近年は卵を食べることでLDLコレステロールだけでなく、HDLコレステロール（善玉コレステロール）も増加し、結局、両者の割合は変わらないことがわかってきました。

ヴィレットらは、「卵は卵白だけでなく、卵黄も一緒に摂取したほうが筋トレの効果は高まる」と指摘しています。現代の栄養学でも、過剰に摂取しなければ、卵は心臓病の原因にはならないと考えられています。むしろ、筋トレをする人にとっては欠かせない栄養素を含んだ食品であり、忘れずに摂取したい食品とも言えるでしょう。

なお、すでに心臓病や高血圧といった心血管疾患や糖尿病を抱えている方は、それらの悪化に繋がるため、卵の摂取には十分な注意が必要です。

3-12 筋トレに効くサプリ、効かないサプリの「最新エビデンス」

いま、注目を集める「エルゴジェニックエイド」とは？

近年、筋トレの効果をさらに高めるものとして注目されているのが、運動能力に影響する可能性のある栄養素や成分を含んだ「エルゴジェニックエイド」と呼ばれるサプリメントです。

ポパイはホウレンソウを食べるとパワーアップし、マリオはきのこを食べるとパワーアップします。同じように、何らかの栄養素や成分を摂ることで普段以上に筋トレのパフォーマンスが向上できれば、筋タンパク質の合成感度がさらに上昇し、筋肥大の効果をいっそう高めることができます。

一般的にサプリメントと言えば、不足する栄養を「補完」するものを指します。一方のエルゴジェニックエイドは、100のものを120に上げるといったように、普段以上のパフォーマンスを発揮するために使われるサプリメントです。

最近はメディアや個人ブログなどで「筋トレの効果を高めたいのなら、エルゴジェニックエイドを！」といった謳い文句で、様々なサプリメントが紹介されています。しかし、そのなかには科学的なエビデンスがないものも多分に含まれています。

以前、「ベータカロテンのサプリメントががんを予防する」として一世を風靡しましたが、その後の研究により、予防するどころか、むしろがんのリスクを高めることがわかりました。また、ビタミンDのサプリメントもがんや心血管疾患の発症リスクを下げるとされていましたが、最近報告された大規模なランダム化比較試験（RCT）によってその効果は否定されています。

このような事例から学ぶべきことは、**サプリメントの効果と安全性は、科学的なエビデンスにもとづいてしっかり確認すべきである**、ということです。

信頼できるサプリメントを選ぶ際の基準

それではサプリメントを選ぶ際、どのような視点で効果や安全性を見極めればいいのでしょうか？　参考となるのが、２０１８年に国際スポーツ栄養学会（ＩＳＳＮ）が報告した、筋トレとサプリメントの効果に関するレビューです。

国際スポーツ栄養学会はこのなかで、「筋肥大」「トレーニングパフォーマンス」という2つの視点から様々な研究報告を分析し、サプリメントの効果を示すエビデンスレベルを3つに分類しています（図81、図82）。

・エビデンスA：明らかに安全で効果のある強力なエビデンスを示すもの
・エビデンスB：限定された効果のあるエビデンスを示すもの
・エビデンスC：効果や安全性を裏付けるエビデンスがほとんどないもの

ざっと見た限り、筋肥大の効果を高めるサプリメントでは、エビデンスCに分類されたものが多くあります。パフォーマンスの効果を高めるサプリメントでも、エビデンスAに分類されたものはそう多くはありません。

ここからは国際スポーツ栄養学会の分類表にもとづき、筋トレに効くサプリメント、効かないサプリメントの最新エビデンスについて紹介していきます。

図81

筋肥大の効果を高めるサプリメント

エビデンス・カテゴリー	サプリメント
【エビデンスA】 明らかに安全で、効果のある強力なエビデンスを示すもの	・HMB（トレーニング初心者） ・クレアチン ・必須アミノ酸（EAA） ・プロテイン
【エビデンスB】 限定された効果のあるエビデンスを示すもの	・アデノシン三リン酸（ATP） ・分岐鎖アミノ酸（BCAA） ・ホスファチジン酸
【エビデンスC】 効果や安全性を裏付けるエビデンスがほとんどない	・硫酸アグマチン ・アルファ-ケトグルタレート ・アルギニン ・ボロン ・クロム ・共役リノール酸（CLA） ・D-アスパラギン酸 ・エクジステロン ・フェヌグリーク抽出物 ・ガンマオリザノール（フェルラ酸） ・グルタミン ・成長ホルモン放出ペプチド ・イソフラボン ・オルニチンα-ケトグルタレート ・プロホルモン ・スルホ多糖類 ・トリビュラステレストリス ・硫酸バナジル ・亜鉛アスパラギン酸マグネシウム

出典：Kerksick CM, 2018より筆者作成

図82

パフォーマンスを高めるサプリメント

エビデンス・カテゴリー	サプリメント
【エビデンスA】 明らかに安全で、効果のある強力なエビデンスを示すもの	・ベータアラニン ・カフェイン ・炭水化物 ・クレアチン ・重炭酸ナトリウム ・リン酸ナトリウム ・水とスポーツドリンク
【エビデンスB】 限定された効果のあるエビデンスを示すもの	・L-アラニル-L-グルタミン ・アラキドン酸 ・分岐鎖アミノ酸(BCAA) ・シトルリン ・必須アミノ酸(EAA) ・グリセロール ・HMB ・硝酸塩 ・運動後の炭水化物とタンパク質 ・ケルセチン ・タウリン
【エビデンスC】 効果や安全性を裏付けるエビデンスがほとんどない	・アレニン ・カルニチン ・グルタミン ・イノシン ・中鎖トリグリセリド(MCT) ・リボース

出典:Kerksick CM, 2018より筆者作成

筋トレのパフォーマンスを高める「クレアチン」

筋トレを通じて筋肉を収縮させるためには、筋線維に含まれるATP（アデノシン三リン酸）を分解し、エネルギーを作る必要があります。筋トレを行うときは体内で絶え間なくATPを分解し、エネルギーを作り出す必要がありますが、筋線維はATPを少量しか蓄積できず、1秒ほど筋肉を収縮させただけでなくなってしまいます。こうなると、私たちの身体は何らかの方法でATPを補充しようとします。

筋線維がATPを補充する仕組みには、①クレアチンリン酸系、②解糖系、③有酸素系という3つの方法があると先述しました。これらは運動強度やエネルギーが必要な時間量によって使い分けられていますが、筋トレで使われるのは主にクレアチンリン酸系と解糖系です。

クレアチンリン酸系は、筋線維に含まれるクレアチンリン酸を分解することでATPを作り出しますが、実は筋線維に含まれるクレアチンリン酸も蓄積量が少なく、7～8秒程度の筋収縮でなくなってしまいます。

そこで登場するのが「クレアチン」のサプリメントです。クレアチンは3つのアミノ酸

（アルギニン・グリシン・メチオニン）から作られるもので、普段はクレアチンリン酸に姿を変えて筋線維に存在しています。筋収縮が必要になると、クレアチンが体内で合成されますが、前述したとおりすぐになくなってしまいます。そこで、サプリメントで**クレアチンを補充すれば、体内のクレアチンリン酸量が増え、ＡＴＰを作り出す能力が高まり、筋トレのパフォーマンスも向上する**というわけです。

クレアチンの効果と安全性を示すエビデンスには、次のようなものがあります。

２０１５年、フランスのクレルモン・フェラン大学のランチャーらは、筋トレとクレアチン摂取に関する複数の研究報告をまとめたメタアナリシスを報告しています。このなかでランチャーらは、クレアチンが筋トレの効果やパフォーマンスにポジティブな影響を与えることを示し、「クレアチンはトレーニング効果、パフォーマンスを向上させる」と結論づけています。

また、アメリカ・テキサスA&M大学のクライダーらのレビューでは、クレアチン摂取に関する1000件もの研究結果を分析した結果、副作用に関する報告はなく、「安全性はまったく問題ない」と結論づけています。

さらに、クレアチンの効果を高める摂取方法としては、最初の5～7日間は1日に体重1kgあたり0・3gを摂取して筋線維の総クレアチン量を増やし、その後は総クレアチン量を維持するために1日3～5gを摂取することが推奨されています。

これらの報告に対し、国際スポーツ栄養学会は「明らかに安全で効果のある強力なエビデンスを示すもの」とし、クレアチンをエビデンスAに分類しています。

筋持久力と最大筋力を増強する「カフェイン」

カフェインについては、1907年にロンドン大学のリバースらが行った研究をはじめとして、筋疲労を軽減して筋持久力を高め、運動のパフォーマンスを向上させるという研究結果が世界中で報告されています。

カフェインが筋持久力を高める仕組みについては、従来はカフェインの摂取によって筋線維に含まれる糖（グリコーゲン）の分解が促進され、筋持久力が向上するからだと考えられていました。しかし、その後、カフェインが作用するのは筋肉ではなく、実は「脳」であることが明らかになりました。

筋トレにおいて疲労困憊まで回数（レップ数）を高めていくと、脳にある痛みや疲労などの信号を受け取るアデノシン受容体が神経細胞に働きかけ、細胞の活動を抑制します。通常はこの働きによってパフォーマンスが低下していくわけですが、**カフェインはアデノ**

シン受容体に作用し、その感受性を低下させます。その結果、疲労を感じるまでの時間が遅くなり、パフォーマンスを維持・向上させることができるのです。

また、カフェインは脳の神経活動を高めるドーパミンなどの神経伝達物質の放出を促進させることで、筋力増強を促す可能性があることも示唆されています。

ヴィクトリア大学のGrgicらは、カフェインの筋力増強効果に関する10の研究報告を分析したメタアナリシスのなかで、「カフェインは最大筋力（1RM）を増強させる」と結論づけています。現在では、このメタアナリシスがカフェインによる筋力増強効果を説明する際のエビデンスとなっています。

なお、このときに行われたサブグループ解析によって、カフェインによる筋力増強効果には特徴的な3つの傾向があることもわかりました。

・脚、腕ともに効果的だが、腕への効果が高い
・男女ともに効果的だが、男性のほうが効果は高い
・トレーニング経験にかかわらず効果的だが、トレーニング未経験者のほうが効果は高い

カフェインの効果的な摂取量は、1日で体重1kgあたり3mg以上が推奨されています。

特に近年は、コーヒーでカフェインを摂取すると、より吸収が高まることも報告されています。

なお、カフェインの注意点としては「血圧の上昇」と「不眠」があります。Grgicらは高血圧の傾向がある場合、カフェイン摂取による血圧の上昇に注意が必要だと指摘しています。また、カフェインを体重1kgあたり9mg以上の高用量で摂取すると、不眠の副作用が顕著になることが報告されています。これらの副作用以外の報告はなく、過度な量を摂取しなければ、安全性に問題はないとされています。

これらの研究報告に対し、国際スポーツ栄養学会は「明らかに安全で効果のある強力なエビデンスを示すもの」とし、カフェインをエビデンスAに分類しています。

トレーニング未経験者や初心者に効果的な「HMB」

筋トレの効果は良質なタンパク質を摂取することで高まりますが、特に重視されているのが「ロイシンの量」です。

必須アミノ酸であるロイシンは、運動に効果的とされる分岐鎖アミノ酸（BCAA）のひとつです。ロイシンは筋肉で代謝されるとHMB（beta-hydroxy-beta-methylbutyrate）

に変化します。**ＨＭＢは、筋タンパク質の合成を促すmTORを活性化し、同時に筋タンパク質の分解も抑制**します。そのため、ＨＭＢだけを効率的に摂取できるサプリメントが人気を集めるようになったのです。

ＨＭＢの効果が認知されるきっかけとなったのが、２００３年にアイオワ州立大学のニッセンらが行ったメタアナリシスです。ニッセンらは、２００１年までに報告されたサプリメントとトレーニング効果に関する複数の研究を解析し、最も筋肥大と筋力増強の効果を高めるサプリメントはクレアチンとＨＭＢである、と結論づけました。

ところが２００９年になり、「ＨＭＢはトレーニング未経験者には効果的だが、経験者に対してはわずかな効果しか期待できない」とするメタアナリシスが報告されました。

ニュージーランド・マッセー大学のローランズらは、２００７年までに報告されたトレーニング効果とＨＭＢに関する９つの研究をもとに、それらの対象となったトレーニング未経験者１３５名、経験者２５９名、計３９４名（平均年齢23歳）に対するＨＭＢの効果を分析しました。その結果、トレーニング経験の有無に関係なく、ＨＭＢ摂取による筋肥大の効果はわずかな増加にとどまり、かつ、筋力増強効果は未経験者のみに認められ、経験者では認められなかったのです。

「ＨＭＢはトレーニング経験者には効果がない」とするこの結論に対しては、真っ向から否定する識者も多く、ここから激しい論争が繰り広げられていきました。

そして、この論争に終止符を打ったのが、カトリック大学のサンチェス・マルティネスらのメタアナリシスです。

２０１８年に報告されたこのメタアナリシスは、２０１７年までに報告されたトレーニング効果とＨＭＢに関する複数の研究を分析したもので、トレーニング経験者（トレーニーやスポーツ選手）１９３名の検証結果を６つのランダム比較試験を通じて解析しています。その結果、ＨＭＢを摂取してもベンチプレスやレッグプレスの１ＲＭ、筋肉量の増加には有意な効果が認められなかったのです。

このエビデンスを受けて、現在は**「ＨＭＢはトレーニング未経験者や初心者のトレーニング効果を高める一方、トレーニング経験者やスポーツ選手への効果は期待できない」**という認識が世界的に定着しています。

ＨＭＢの効果的な摂取量は、１日に体重１kgあたり38mgとされており、一般的には１回３gを目安に、数回に分けて摂取することが推奨されています。また、ＨＭＢの摂取効果を最大化するためには、２週間以上の継続的な摂取が推奨されています。

安全性については、推奨量の２倍である３gを１カ月間摂取した場合でも、コレステロール、ヘモグロビン、白血球、血糖、肝臓または腎臓機能に影響はなかったことが報告されています。

これらの報告に対し、国際スポーツ栄養学会はトレーニング初心者に限り「明らかに安全で効果のある強力なエビデンスを示すもの」とし、HMBをエビデンスAに分類しています。

筋疲労を軽減する「ベータアラニン」

バーベルを持ち上げようとすると、脳から「筋肉を収縮させろ」という指令が出ます。この指令が神経を通じて筋肉に届くと、筋原線維を包む筋膜にある筋小胞体からカルシウムイオンが放出され、筋線維が収縮します（図83）。

筋トレを行うと、解糖系によってATPが作られるのと同時に、水素も生成されます。疲労困憊まで続けていると次第に水素が溜まり、筋肉を酸性（アシドーシス）にします。この酸性化によって筋疲労を感じると、カルシウムイオンの放出が抑制され、筋収縮も抑えられてしまいます。「カルノシン」と呼ばれるペプチドは、これに対して筋収縮時のカルシウムイオン放出を促し、水素の発生を妨げる作用があります。

図83

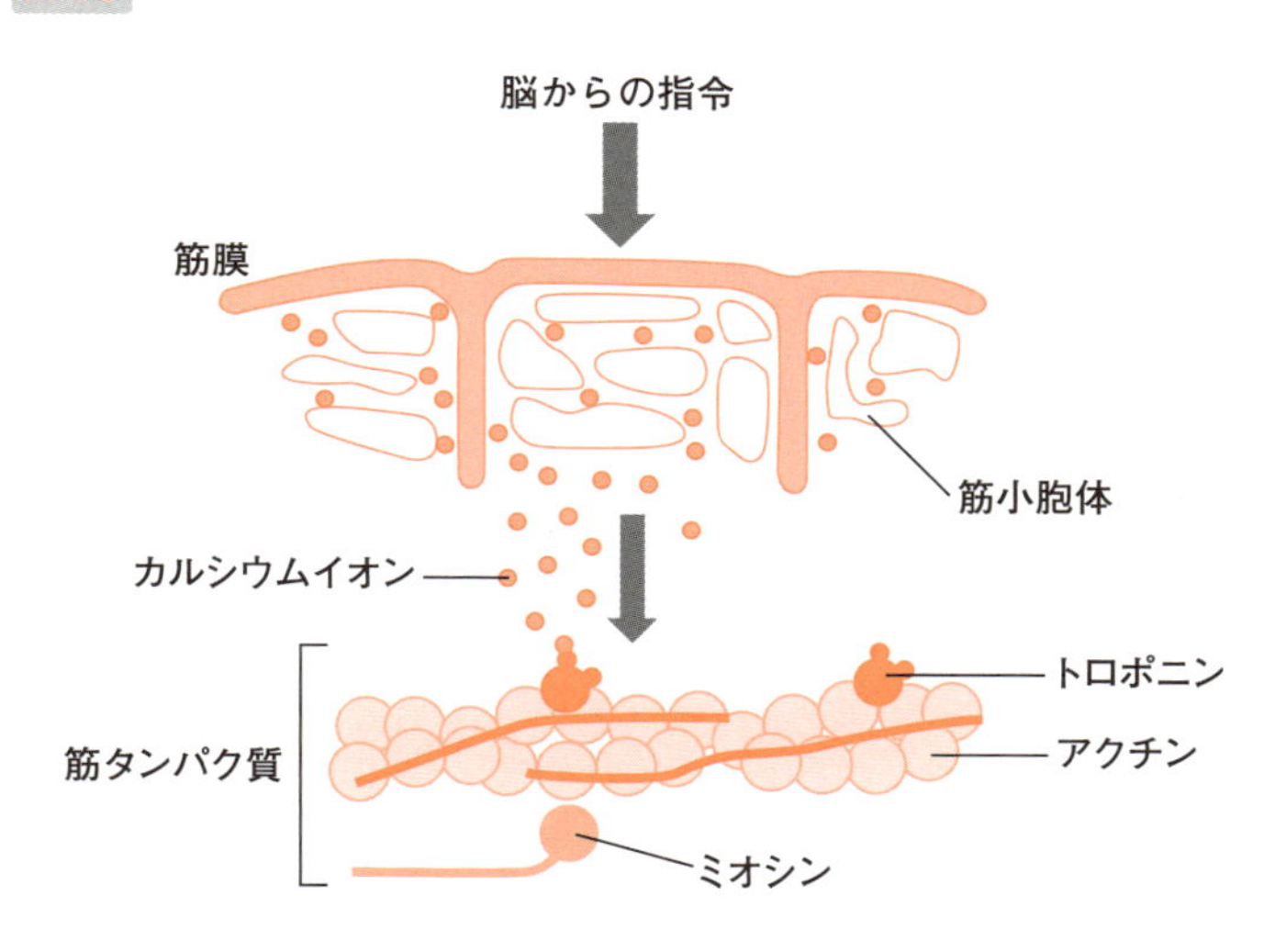

そして、アミノ酸の一種である**「ベータアラニン」を摂取すると、カルノシンの濃度が高まり、筋小胞体からのカルシウムイオン放出が促され、水素の発生が抑えられます。**その結果、筋疲労が軽減し、筋トレのパフォーマンスも高まっていくことになります。

2009年、オクラホマ大学のスミスらは、被験者に6週間の継続的なトレーニングを行わせ、その間にベータアラニンを摂取させた結果、プラセボの摂取に比べて有意な筋肉量の増加を認めたと報告しています。また、アダムス州立大学のカーンらも同様の結果を報告しており、ベータアラニンが筋トレによる筋肥大の効果を促進することが示唆されました。

国際スポーツ栄養学会によるレビューでは、これらの研究報告は長期的（縦断的）な検証が欠けていると指摘しつつも、ベータアラニンの摂取はトレーニングの疲労を軽減し、回数（レップ数）を増加させることによって総負荷量を高め、有意な筋肥大が生じる可能性があると指摘しています。

ベータアラニンの効果的な摂取量は、1日あたり4～6gとされており、1回当たり2g以下を目安として2～3回に分けて摂取することが推奨されています。また、ベータアラニンの摂取効果を最大化するためには、2週間以上の継続的な摂取が推奨されています。

注意点としては、ベータアラニンを摂取した当初は、顔や首、手などが一時的にピリピリ、チクチクした感じになることがありますが、この副作用は摂取の継続とともに緩解されます。また、ベータアラニンは体内で生産されているアミノ酸であることから、国際スポーツ栄養学会では「外部から摂取しても有害性はない」としています。

これらの報告に対し、国際スポーツ栄養学会は「明らかに安全で効果のある強力なエビデンスを示すもの」とし、ベータアラニンをエビデンスAに分類しています。

実はエビデンスレベルが低い「グルタミン」と「アルギニン」

一般的に効果があるとされていても、実はエビデンスレベルが低いサプリメントもたくさんあります。そのひとつが「グルタミン」です。

手術や重度のけがなどによって身体に大きなストレスがかかると、筋タンパク質の合成・分解のバランスが崩れて分解の量が増加し、筋肉量も減ってしまいます。こうした場合、従来は「グルタミンの摂取が筋タンパク質の分解を抑制する」とされ、その摂取が推奨されてきました。また、グルタミンの摂取は解糖系を支える筋グリコーゲンの蓄積を促進することも報告されています。このような働きをもつことから、グルタミンは筋トレのパフォーマンスを高めるものとして捉えられてきました。

しかし、2000年以降に報告されたトレーニング効果とグルタミン摂取に関する研究では、プラセボと比較しても明らかな効果は認められませんでした。

また、グルタミンには免疫機能を高める効果があるとも言われています。筋肉は組織の破壊と再生を繰り返すことで強く、大きくなっていきます。そのため、強度の高い筋トレを行った後は、「オープン・ウインドウ」と呼ばれる一時的な免疫機能の低下が生じ、病気になりやすいと考えられています。従来はこのオープン・ウインドウに対して、グルタミンの摂取が効果的であるとする研究結果が多数報告されていました。

ところが2018年、イラン・アドヴァーズ大学のラメザニ・アフマディらが報告したメタアナリシスでは、グルタミンの摂取はトレーニング後の免疫機能に影響を与えないことが示唆されたのです。

このメタアナリシスでは免疫機能の指標として、白血球、リンパ球、好中球について解析していますが、その**すべてでグルタミン摂取が免疫機能を高めたとする結果は示されなかった**のです。

なお、好中球については、グルタミンを1日に体重1kg当たり0・2g以上の高用量で摂取すると、免疫機能が高められる可能性が示唆されており、トレーニング後の免疫機能低下を予防する場合、前述の量を摂取することが推奨されています。

これらの報告に対し、国際スポーツ栄養学会は「効果や安全性を裏付けるエビデンスがほとんどない」とし、グルタミンをエビデンスCに分類しています。

もう1つの「アルギニン」も、実は世間で言われているほどの高い効果はないことが示されています。

アルギニンは、筋タンパク質の合成に関与しない非必須アミノ酸ですが、間接的な効果によって筋タンパク質の合成を促進すると考えられています。その効果が「血管の拡張による血流量の増加」です。

アルギニンは、一酸化窒素（NO）を生成することで血管を拡張します。血管が拡張されれば、血流量も増加するため、筋トレ後にタンパク質とアルギニンを摂取すると、血流にのって多くのアミノ酸を素早く筋肉に届けられ、筋タンパク質の合成が高められると考えられてきました。

また、アルギニンには成長ホルモンの分泌を促す作用も示唆されており、その分泌によって脂肪の代謝が高まり、筋肥大の効果も高めるだろうと考えられてきました。

しかし、**現時点ではアルギニン摂取により筋タンパク質の合成が高まったとする信頼に足るエビデンスは示されていません**。成長ホルモンの分泌を促進する効果についても、それを示すエビデンスは見当たりません。

これらの報告に対し、国際スポーツ栄養学会は「効果や安全性を裏付けるエビデンスがほとんどない」とし、アルギニンをエビデンスCに分類しています。

毎日口にする食品やサプリメントを選ぶ際は、世間の評価を鵜呑みにせず、科学的なエビデンスにもとづいた基準を参考に、それらの効果をしっかり見極めることが大切です。

第4章

これが、科学的に正しい「筋トレの続け方」だ！

4-1 【筋トレを続けるべき理由①】筋トレは「病気にならない身体」を与えてくれる

公衆衛生学では、健康の増進に効果的なのは長らく、ジョギングなどの有酸素運動であると言われてきました。医学が個人の健康を扱うのに対し、公衆衛生学は社会水準で健康を取り扱う分野です。

２０１７年４月、イギリス・サウサンプトン大学のスティールらは現代の公衆衛生学に大きなパラダイム・シフトが起きているという内容のレビューを報告しました。

そのトピックスとなっているのが「筋トレ」です。

ご存じのとおり、筋トレは筋力を高めたり、筋肉量を増やす効果があります。今回これらの効果に加えて、新たに注目されているのが、「健康への効果」なのです。そして近年では、筋トレが病気による死亡率を減少させることもわかってきたのです。
時は少し遡りますが、2013年、筋トレに励む人々にとって幸福な真実が公表されました。それは、

「筋トレは、がんによる死亡率を33％減少させる」

というものです。

筋トレは、がんによる死亡率を減らす

アメリカ・スローンケタリング記念がん研究所のレマンヌらは、世界で初めて筋トレとがんの死亡率の関係を明らかにしたのです。これまでに、ウォーキングやジョギングなどの身体活動量が多い場合、乳がんや大腸がん、前立腺がんの死亡率を低下させることが明らかになっていました。

そして今回、レマンヌらは「筋トレによっても、がんの死亡率は減少するのではないか」と推測し、疫学的調査に乗り出したのです。

そして2013年、がんと診断された18歳から81歳の男女2863名を対象に、筋トレによる死亡率への影響を調査した結果が報告されました。

図84

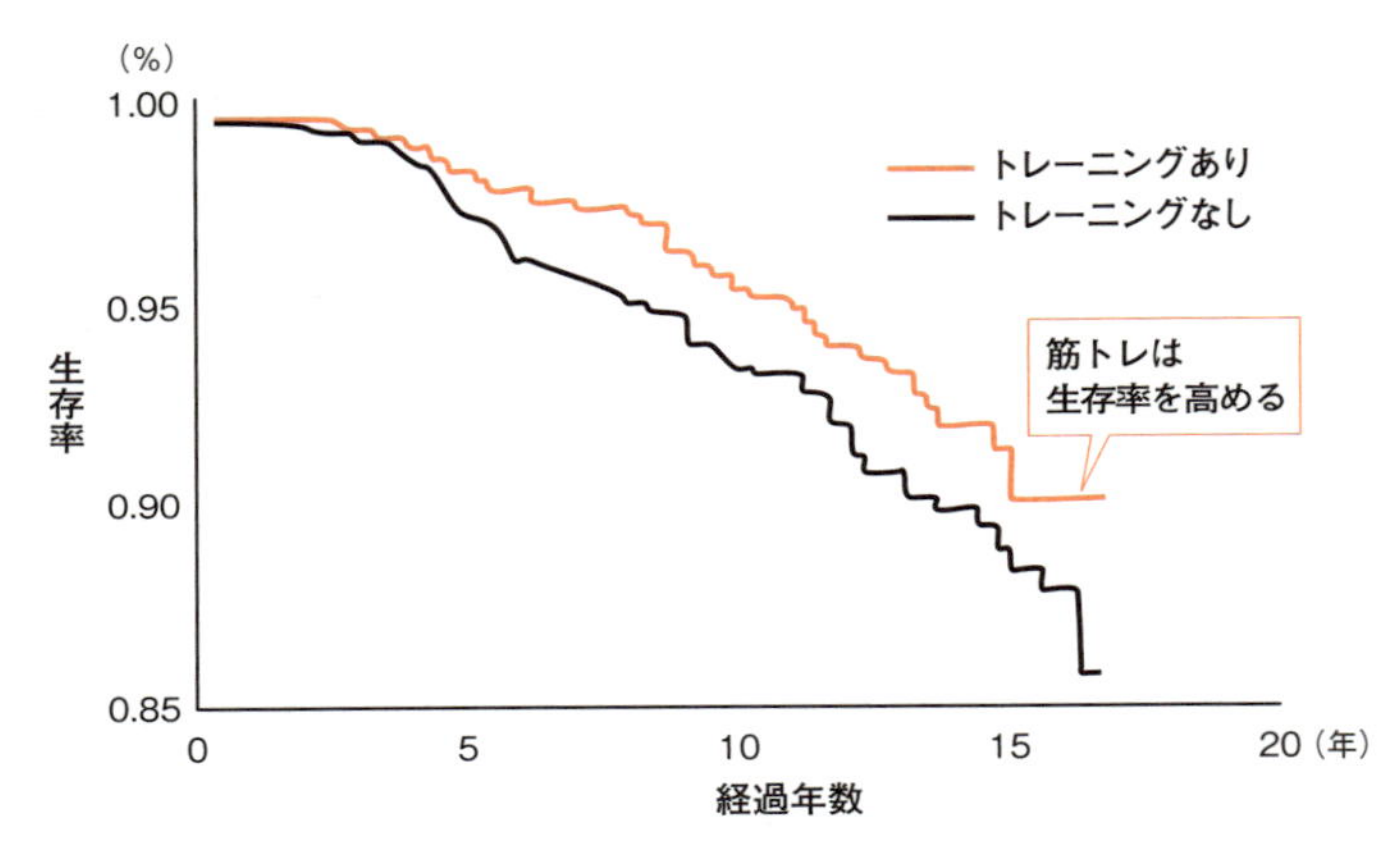

出典：Lemanne D, 2013より筆者作成

それによって**トレーニングを1週間に1回以上行っている場合、トレーニングをしていない場合と比べて、死亡率が33％減少する**ことが明らかになったのです（図84）。

この結果からレマンヌらは、ジョギングなどの有酸素運動だけでなく、フィットネスにおける筋トレへの参加を促すべきであると述べています。

また、筋トレは、がんによる死亡率の減少への期待だけにとどまらないこともわかりました。

週2～3回のトレーニングは、あらゆる病気の死亡率を減らす

これまで、筋肉量を増やすことが、病気による死亡率を減少させる最適戦略であることは、示唆されていました。しかし、「トレーニングを行うこと」と「病気による死亡率の関係」は明らかになっていなかったのです。

そこで、アメリカ・ミシシッピ大学のダンケルらは、筋トレが病気による死亡率に与える影響についての疫学的調査を実施したのです。ダンケルらは、20歳以上の男女8772名を対象にして、平均6・7年の追跡調査を行いました。また、週単位のトレーニングの頻度もあわせて調査しました。その結果、トレーニングを継続的に行っている場合、トレーニングをしていない場合に比べて**「すべての病気の死亡率が23％減少する」**ことが示されたのです。

また、この死亡率の減少は、1週間に2～3回の頻度で継続的にトレーニングを行っている場合に有意であり、それ以上（例えば週5回）では死亡率の減少効果が低いことが明らかになりました。

なぜ、「週2～3回」が最適なのか？　この理由のひとつに「トレーニングの継続性」が挙げられています。

例えば、週5～7回のトレーニングを行うとします。その場合、ほぼ毎日トレーニングを行うことになり、心的飽和や疲労で継続することが難しくなるのです。そのため、トレーニングが継続できる最適な頻度として「週2～3回」と推測しています。

このように筋トレを続けることで、がんによる死亡率を33％減少させ、すべての病気の死亡率を23％減少させるということが明らかになりました。

一方でこれらの疫学的調査には、いくつかの疑義も投げかけられています。そのひとつがサンプル数（被験者数）の不足です。

２０１７年、シドニー大学のスタマタキスらによって、筋トレとジョギングなどの大規模調査が行われました。30歳以上の男女8万３０６名を対象に、週2回以上のトレーニングと週１５０分以上の有酸素運動が与える「がん」と「すべての病気」による死亡率への影響が調査されたのです。その結果、**がんによる死亡率は31％減少し、すべての病気による死亡率は23％減少する**ことが明らかになりました。

また、「ジムでのトレーニング」と「家での自重トレーニング」による、がんの死亡率、

図85

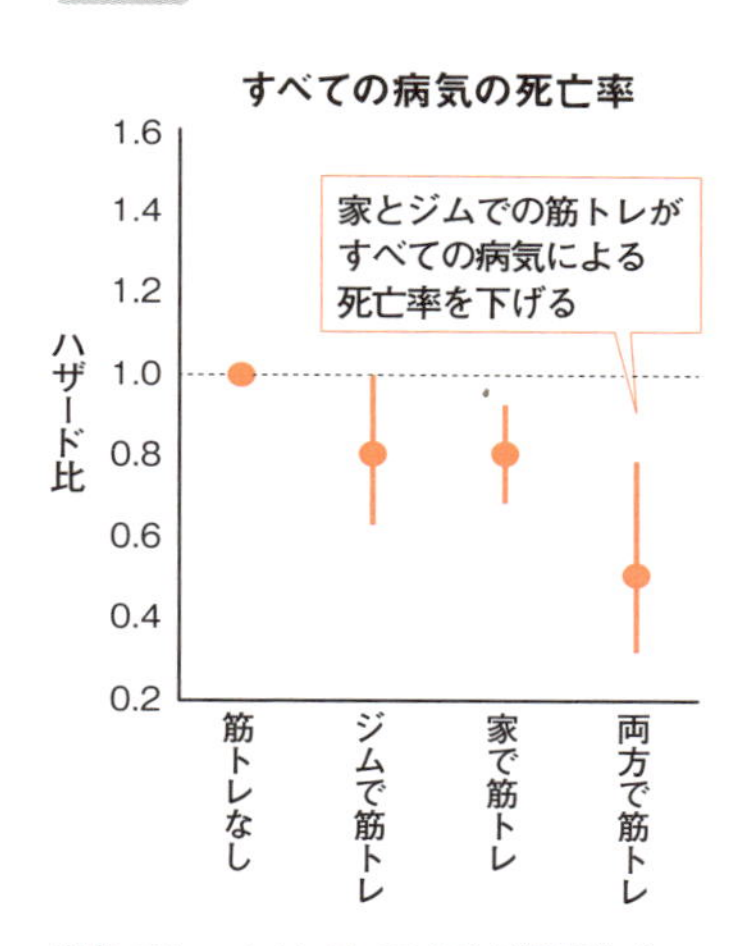

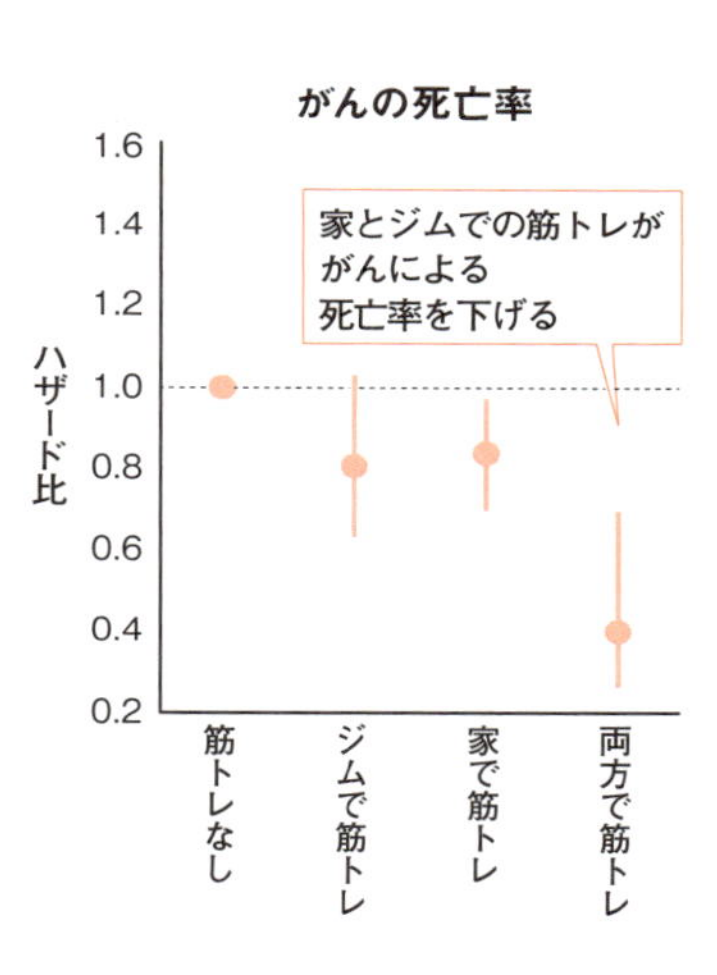

出典：Stamatakis E, 2017より筆者作成

すべての病気の死亡率への影響をも調査しました。その結果、**ジムでも家でも同等の死亡率の減少を示し、両方の環境で行った場合は、さらなる死亡率の減少が示されました**（図85）。

この結果は、「トレーニングが続けられない人」にとっても朗報です。

続けられないと悩む人の理由のひとつに、「ジムに行かなければならない」という心理的な障壁を感じている人は少なくありません。今回の結果では、ジムへ行かなくても、**自宅で腕立て伏せやスクワットなどの自重トレーニングを行うことで、ジムと同等の結果が得られる**と示されました。この知見は、トレーニング人口を増やす後押しとしても期待が寄せられています。
トレーニングが死亡率を減少させるメカニズムには、次のことが挙げられます。

・トレーニングによる血圧低下
・糖尿病のリスク低下
・グルコース代謝の改善
・全身性炎症の減少
・抑うつ症状の軽減
・認知機能の改善
・筋肉量の維持・増加

これらの効果が包括的に作用し、死亡率の軽減に寄与していると推測されています。

スタマタキスらの報告は、筋トレが病気による死亡率を減少させることを世界で初めて示した大規模な疫学研究です。その結果はこれまでの報告を肯定するものであり、習慣的（週2回以上）な筋トレはがんの死亡率を3割減らし、すべての病気による死亡率を2割減らすことが改めて裏付けられたのです。

4-2 【筋トレを続けるべき理由②】筋トレは「睡眠の質」を上げる

「筋トレは、睡眠の質を向上させる」

ビジネスパーソンにとって、睡眠をいかにとるかは非常に重要な課題です。多忙な仕事による不規則な生活は、肉体だけでなく精神にも不調をきたします。

精神科医のオークランダー氏も、自身の仕事の忙しさで心身に大きな疲労を感じているひとりでした。

そこで、かねてから自分が受け持つ患者に提案していた「運動の重要性」を、自らも本格的に実践することにしました。トレーナーをつけ、筋トレを開始したのです。

そして、１カ月が過ぎた頃、自身の身体に起こった明らかな変化について次のように述べています。

「睡眠時間は少ないにもかかわらず、ぐっすりと眠れるようになりました。そして、エネルギーに満ちあふれている自分に気づきました」

オークランダー氏のコメントを裏付けるかのように、2017年7月、世界で初めて「筋トレ」と「睡眠」についてのシステマティックレビューが報告されたのです。

睡眠のメカニズムを3分で学ぶ

「筋トレ」と「睡眠」の関係を紹介する前に、まず睡眠そのもののメカニズムについて解説します。

睡眠は、時間帯によって大きく2つの種類に分けられます。

・レム睡眠
・ノンレム睡眠

眠りが浅いとき、私たちは夢を見ます。これは、自身の脳が覚醒時よりも強く活動しているためです。しかし、身体の筋肉は緩んで運動機能が停止しているため、外見的には寝ているように見えます。この時間帯を「レム睡眠」と呼びます。

一方、深い眠りになると脳の活動も収まり〝ぐっすり〟眠っている状態になります。この時間帯を「ノンレム睡眠」と呼びます。

ノンレム睡眠時に突然起こされると、頭がボーッとし、寝ぼけた状態で目覚めが悪くなります。

通常の睡眠では、就寝から間もなくノンレム睡眠に入り、90分ほどでレム睡眠に移行します。これを1セットとして、繰り返しています。また、睡眠をさらに詳しく見ると、5段階の睡眠構造に分類することができます（図86）。

ノンレム睡眠は、浅いノンレム睡眠である「ステージ1」と「ステージ2」、深い

図86

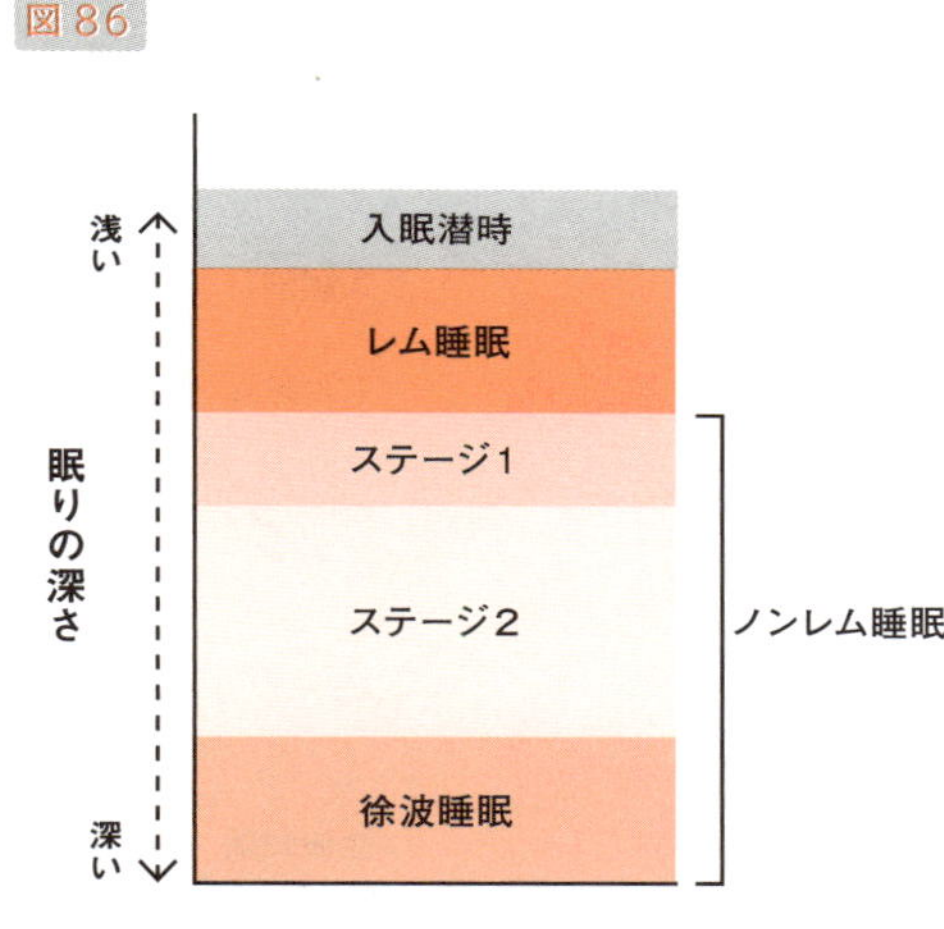

出典：Ohayon MM, 2004より筆者作成

図87

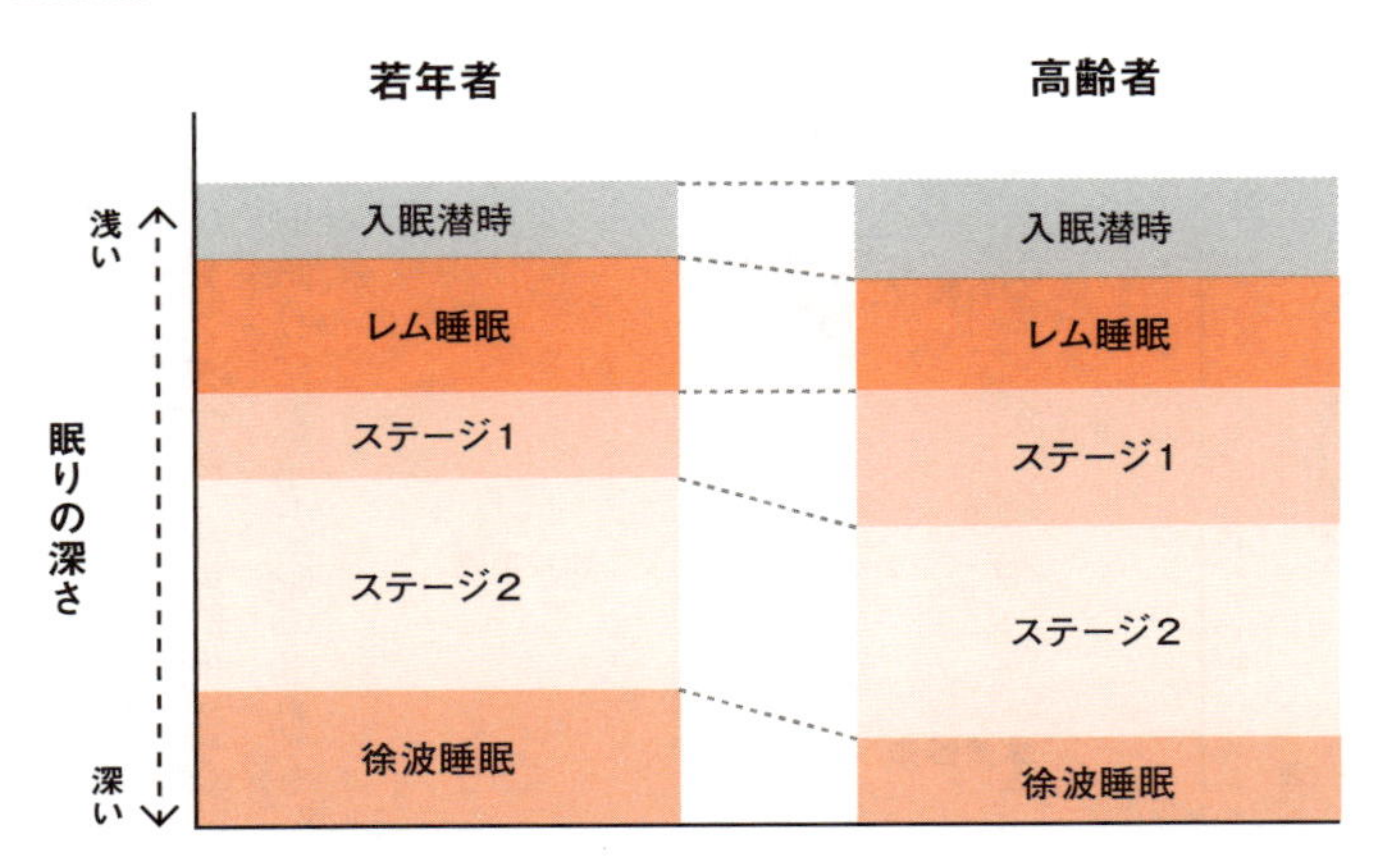

出典：Ohayon MM, 2004より筆者作成

ノンレム睡眠である「徐波睡眠」に分けられます。睡眠の質は、この睡眠構造の度合いで判断することができるのです。特に深いノンレム睡眠である徐波睡眠が多くなることは「深く眠れている」ことを意味し、睡眠の質が高いと言えます。

いくつか例を紹介しましょう。

一般的に、睡眠の質は加齢によって低下します。これは、入眠潜時と浅いノンレム睡眠（ステージ1と2）の増加、徐波睡眠の減少が原因です（図87）。

また、男女の性差も睡眠構造の特徴が異なります。

女性は男性に比べて全体の睡眠時間は少ない傾向にありますが、ステージ1が少なく、徐波睡眠が多いことがわかっています。つまり、女性は男性よりも深く眠ることができるということです。

筋トレが睡眠の質にどう関係するか

では、筋トレは睡眠の質にどのような影響を与えているのでしょうか。

運動が睡眠に良い影響を与えるとするエビデンスの多くは、ジョギングなどの有酸素運動に限られており、筋トレについては示されていなかったのです。そんななか、マクマスター大学のコワセヴィッチらは、筋トレと睡眠に関する13もの研究報告を発表したのです。その結論は次のようなものです。

「筋トレは、睡眠の時間（量）は増やさないが、睡眠の質を高める」

習慣的に筋トレを行っている人の場合、睡眠時間は増えないものの、ステージ1を減少させ、徐波睡眠を増加させることが示されました（図88）。つまり、ステージ1の減少と徐波睡眠の増加という相乗効果によって「深い睡眠」を獲得し、睡眠の質が高まっている

図88

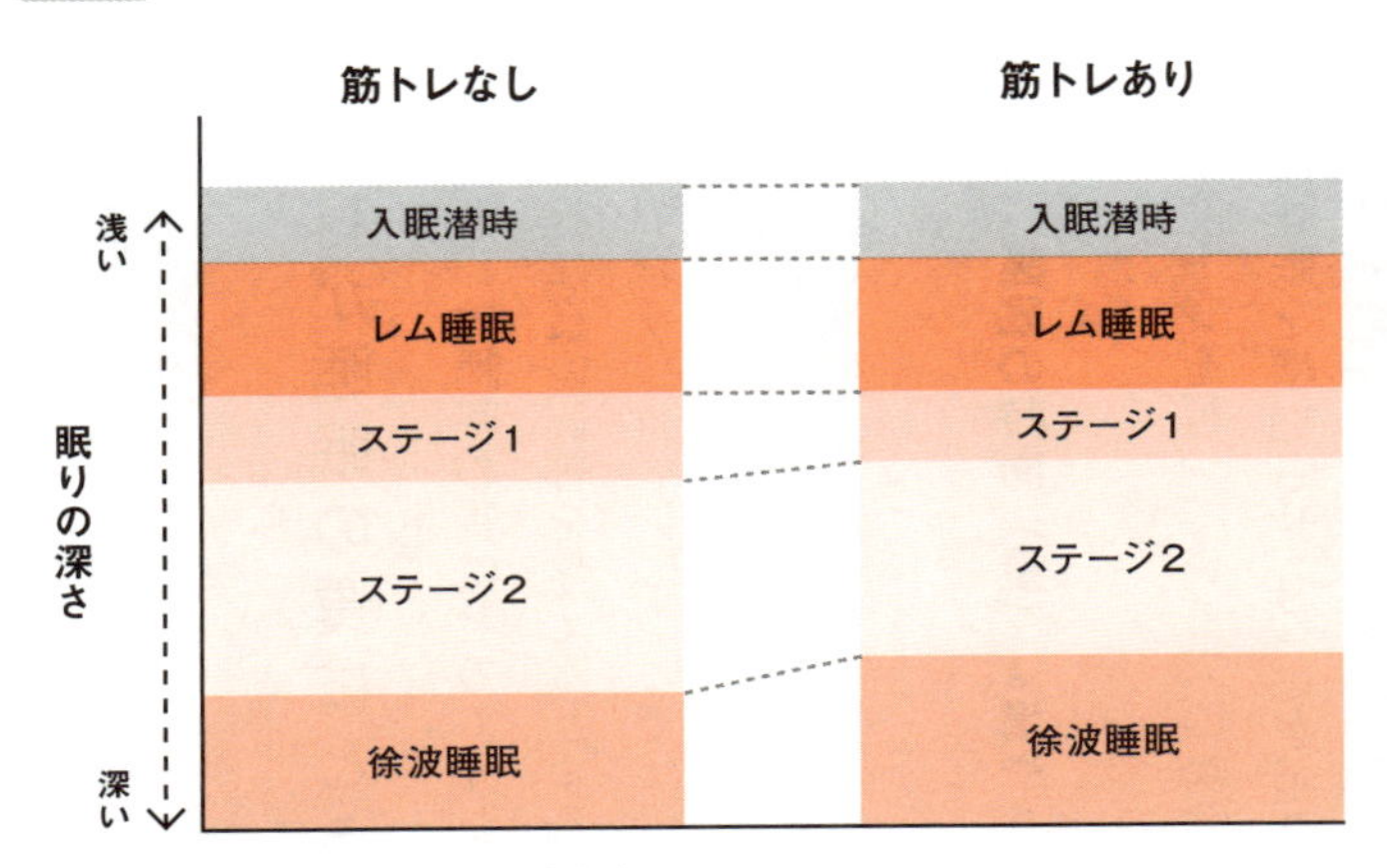

出典：Kovacevich A, 2017より筆者作成

のです。

またこの事実に加え、筋トレの「総負荷量」「週の頻度」が睡眠に与える影響についても統計的な解析を行いました。

その結果、「総負荷量」と「週の頻度」は、睡眠の質の改善に寄与することがわかったのです。

「総負荷量」は、運動強度に対し、運動回数やセット数を乗じたものです。**睡眠の質は、少ない総負荷量よりも高い総負荷量で改善し、少ない頻度（週1〜2回）よりも多い頻度（週3回）で改善する**ことが示されました。

図89

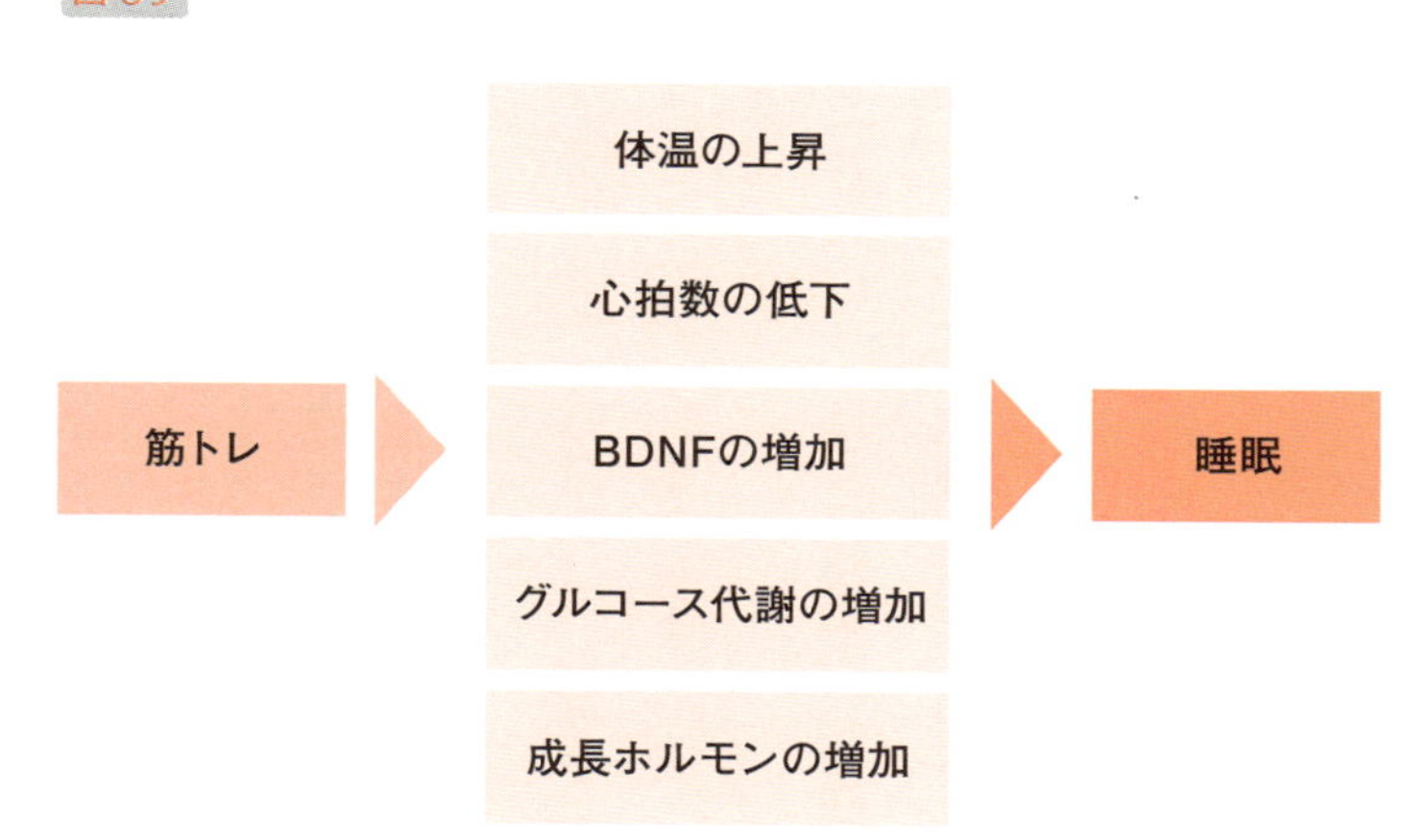

出典：Uchida S, 2012より筆者作成

筋トレと睡眠のメカニズム

筋トレは、睡眠の質をどのようなメカニズムで改善するのでしょうか。主な効果は次のとおりです（図89）。

・筋トレ後の、睡眠中の体温が上昇する。これによって徐波睡眠を誘発させる
・筋トレによる心拍数の増加が迷走神経※を活発にする。これによって睡眠時は心拍数が下がり、睡眠の質が改善される

※延髄から出ている末梢神経。大部分が副交感神経からなる。

・筋トレは不安を解消する。これによって脳由来の神経栄養因子（BDNF）を増

加させ、睡眠の質を改善する

そのほかにも、グルコースの代謝、成長ホルモンの増加などが睡眠の質を改善すると推察されています。コワセヴィッチらは、これらの実証にはさらなる検証が必要であるとも述べています。

コワセヴィッチらの発表は、世界で初めて「筋トレが睡眠の質を高める」というエビデンスを示しました。習慣的にトレーニングを行うことによって、睡眠の質を高めることが示唆されたのです。

旧石器時代、ヒトは身体を動かし、筋肉を使うことで狩りを行い、生き延びてきました。その筋肉をしっかりと回復させるためには、夜間の睡眠が重要だったのです。そう考えると、習慣的に筋トレを行うことが睡眠を促す「スイッチ」として機能すると考えても、間違いではないでしょう。ヒトは、筋肉を使うことで睡眠の質を高める仕組みを、進化の過程で獲得してきたのかもしれません。

4-3 【筋トレを続けるべき理由③】筋トレは「メンタル」を改善する

日本人は欧米人に比べて、不安障害やうつ病が多いことが知られています。精神医学や脳科学では、この原因をセロトニンの発現量の違いであることを明らかにしています。日本人の97％は脳内のセロトニン発現量が少なく、ネガティブなことに対して強い不安をもちます。これによって、日本人の特性である「まじめ」「几帳面」「責任感が強い」「人間関係のトラブルを過剰に嫌う」などのメランコリー親和型の性格を形成するのです。これが、不安障害やうつ病を発病させる基盤となります。

ヒトは約400万年前に二足歩行を獲得し、森林からサバンナへ生活の拠点を移しました。しかし、そこにはライオンなどの肉食獣も棲み、捕食されるリスクとも隣り合わせだったのです。そこで、ヒトがサバンナで生き延びることができた要因こそが「不安」です。

日々、不安と向き合い過ごしてきた個体が子孫を残すことができました。そして数百万年という進化の過程で、私たち現代人の心にも「不安」という感情が生得的に受け継がれてきたのです。現代でも、サバンナの状況に似た場面はいくらでもあります。会社や学校、家庭といった複雑化した人間関係は、現代人にとって大きな「不安」をもたらします。このように「不安」とは、人間にとって不可欠な感情なのですが、過度な状態が続くと最終的には不安障害やうつ病という、心の病気へと繋がります。

そこで、精神医学やスポーツ科学では、投薬や認知行動療法の補助的手段として、有酸素運動に注目していました。

有酸素運動が不安を改善させるメカニズムとして、幸福感を高めるセロトニンやエンドルフィンといった神経伝達物質、神経成長因子の関与が示されています。

有酸素運動は、安静時の心拍数を減少させます。そのため、不安を感じた時などの心拍数の増加も相対的に抑える効果があるのです。

そして近年、「筋トレ」も不安を解消する運動として注目を集め始めています。

筋トレは「不安」と「うつ病」を改善する

２０１７年に世界で初めて、筋トレと、不安やストレスとの関係を調査した16の研究報告をまとめて解析したメタアナリシスが報告されました。**筋トレは、健常者の不安を大幅に改善させるとともに、不安障害などの患者の不安も改善することが示された**のです。

また、これらの改善効果は、性別、年齢の影響も受けません。つまり、いくつになっても筋トレを行うことで、不安を和らげることができるのです。

また筋トレは、うつ病への効果もあります。

運動をしない人に比べ、運動をする人は、心身の健康が悪化した日が過去1カ月で1・49日少なかったのです。なお、過剰な運動はメンタルへの悪化に繋がることもわかりました（1回3時間、週5回以上）。

筋トレを行っていた被験者では、週3～5回、1回45分以上のトレーニングで20・1％にメンタル改善の効果が認められたのです。

先に述べたとおり、日本人は特にセロトニンの発現量が少なく、不安障害やうつ病を発症させやすい性質をもっています。そのため、欧米人に比べてメンタルヘルスに問題を抱えているケースが多いとされています。現代の精神医学やスポーツ科学は、不安になったりうつ病になる前に、メンタルをマネジメントすべきであると提案しています。

もし、心に違和感を覚えることがあれば、ぜひ次の言葉を思い出してください。

「不安、落ち込み、ストレスを感じたときは、筋トレをしよう！」

4-4 それでも筋トレが「続かない」ワケ

これまで、「筋トレを続けるべき理由」として、筋トレがもたらす様々な効果を紹介しました。私たちは筋トレを続けることにより身体的、精神的健康が高まり、人としての魅力も高めることができるのです。これほどのリターンのある投資は、ほかにはありません。このことからも私がお伝えしたいのは、「筋トレは、一生涯続けたほうがよい」ということです。

しかしながら、ジムなどで筋トレを始めた人のなかで1年間続けられる人は、わずか4％に満たないのが現実なのです（図90）。

人々にこれほどの恩恵をもたらすにもかかわらず、なぜ多くの人が筋トレを続けることができないのでしょうか。

図 90

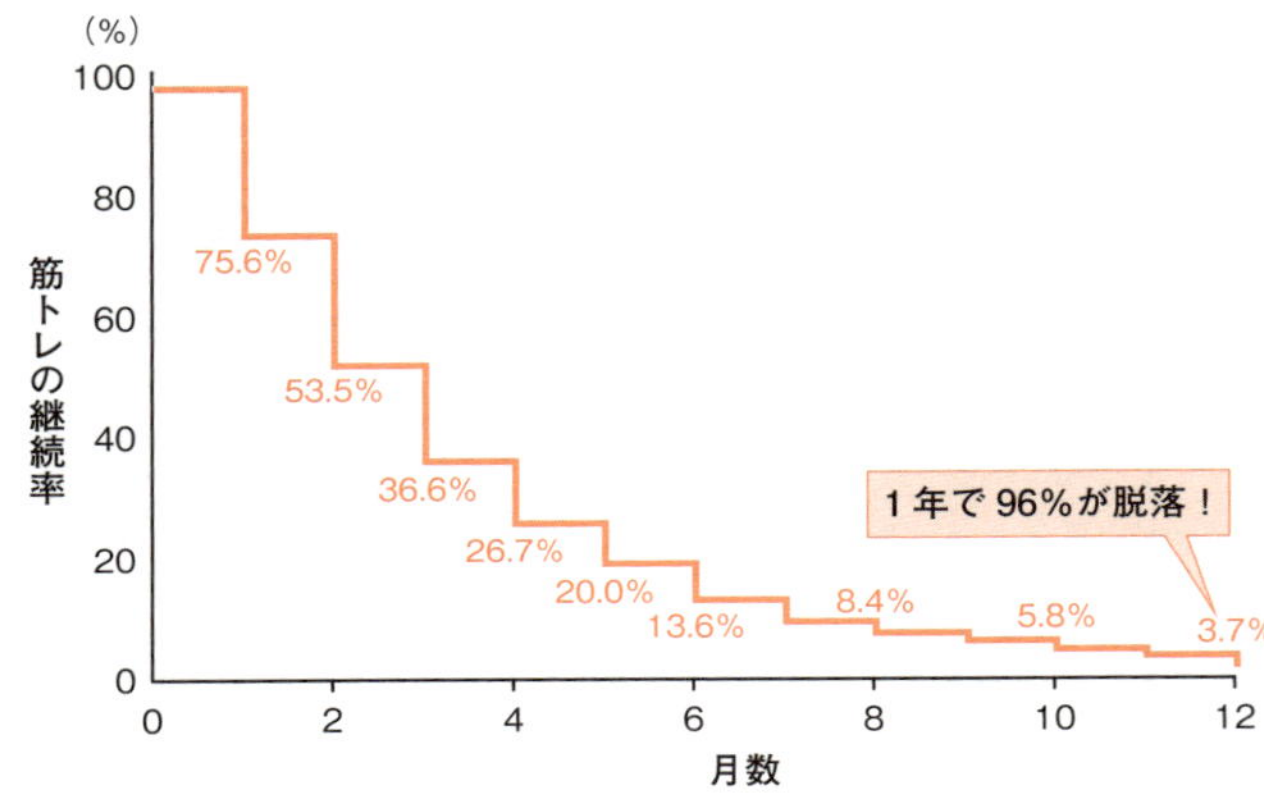

出典：Sperandei S, 2012より筆者作成

筋トレが続かないのは、あたりまえ

実は、行動科学や心理学などの分野では、このような人間の矛盾した性質を「運動のパラドックス」と呼んでいます。

人は、健康でいたいと思いながらも、家でゴロゴロしてテレビを見るような不健康な行動が大好きで、筋トレのような健康に良い行動が苦手なのです。

この矛盾を解明しようと、これまでに多くの研究者が議論を重ねてきました。そして、その答えを見いだしたのが現代の進化論です。

ハーバード大学の進化生物学者であるダニエル・リーバーマンは、筋トレが続けられない理由を次のように述べています。

「そもそも、ヒトは筋トレをするようにはデザインされていない」

約180万年前、ヒトは二足歩行などの現代人のような身体的特徴を獲得しました。長い脚、長いアキレス腱、大きな大臀筋、熱を十分に放出できる発汗機能など、これらは長い距離を走るために進化したものです。これに対してヒト以外の哺乳類は、瞬発性に富んだ白筋（はっきん）が多く、発汗機能が乏しいため、長距離を走るとどうしても休息が必要になります。そのため、ヒトが行う狩猟では「おにごっこ戦略」がとられました。ひたすら獲物を追いかけまわし、獲物が疲れ切ったところを狩るという作戦です。

このように、ヒトは、長い歳月をかけて自身の身体を狩猟活動に最適化させるよう進化させてきました。つまり、私たちの身体は進化論的合理性によって形づくられているのです。

そしてこの進化論的合理性の観点から、現代人の「筋トレが続かない理由」も見えてきます。

休息こそ、生存のカギ

ヒトは狩猟のために1日に平均15㎞の距離を移動していました。時間はおおよそ4～6時間が費やされていたと推定されています。この活動量は、現代人の約2倍に相当し、当時の環境で生き延びるには、相当量のエネルギーが必要だったことがわかります。

ところが、これほどの活動量にもかかわらず、1日の食事によるエネルギーの補給は男性で2600～3000㎉と見られています。また、女性においても妊娠や育児のために多くのエネルギー補給が必要です。そのため、旧石器時代は、常に食糧不足による貧困に陥っていることがうかがえます。

このような背景からダニエル・リーバーマンは、1つの仮説を提唱しました。

「休息が、生存と再生のカギであった」

食糧難の環境では、限られたエネルギーを効率的に使用しなければなりません。子孫を繁栄させるための優先事項は、食べ物を得るための狩猟、肉食獣からの逃避、そして生殖活動でした。エネルギーが不足してしまうと、これらすべてを成立させることができなくなります。

つまり休息には、これらの優先的な活動を成しえるための進化論的合理性があったのです。**ヒトは生き延びるために、少ない摂取エネルギーを狩猟や生殖活動へ優先的に使用し、それ以外の余暇の時間は極力、エネルギーを使用しないように最適化され、進化した**のです。

ヒトは約200万年というとてつもなく長い旧石器時代に身体と心を適応させ、進化してきました。そして約1万年前から農耕が始まり、現在は狩猟をしなくても食料に困ることはありません。しかし、身体と心は長い石器時代に形成されたままなのです。足もとがしっかりと舗装されたアスファルトの上で暮らす私たちは、毎日15kmも走ることはありません。デスクワークを終えると、カロリーの高い食事をして、家ではテレビを見ながらゴロゴロしています。そして、一念発起した筋トレを続けるためにジムへ向かおうとしますが、石器時代のままの心は私たちにこう語りかけてくるのです。

「無駄なエネルギーを使わないように、ゴロゴロしていいいんだよ」

これが、現代の進化論が明らかにしたパラドックスの答えであり、筋トレが続かない理由なのです。つまり筋トレが続かないのは、私たちの意志が弱いわけではなく、エネルギーを無駄遣いさせないための自然で生理的な反応なのです。また、ダニエル・リーバーマンは、

「残念ながら、心を変える特効薬はない」

としています。

しかしそれでも私は、身体的、精神的健康の観点から「筋トレは一生続けたほうがよい」と考えます。その1つの突破口として、同じくダニエル・リーバーマンは、次の言葉を提案しています。

「しかし、心が変えられないのであれば、環境（仕組み）を変えれば良いのだ」

4-5 【筋トレを続ける技術①】意志力をマネジメントせよ！

突然ですが、質問です。

あなたは、26週間後にもらえる1万円と、30週間後にもらえる1万1000円では、どちらを選ぶでしょうか？

この問に60％の人は「30週間後の1万1000円」を選択しました。

では、この質問はどうでしょう。あなたは、今もらえる1万円と、4週後にもらえる1万1000円のどちらを選びますか？

この問に80％の人が「今もらえる1万円」を選択しました。

最初の質問は、半年ほどの遠い将来における金額の選択でした。この場合では、お金をもらえる期間がたとえ4週間遅れようとも多くの人が高い金額を選択しました。これに対して、2つ目の質問では、4週間後の高い金額よりも、現在(いま)もらえる少ない金額を選択する人が多かったのです。

このような、ヒトの非合理的な性質を行動経済学では、「現在バイアス」と呼び、筋トレの継続にも「現在バイアス」が影響するとしています。これまで、「筋トレを続けると将来的に多くの利益を享受できる」ことを紹介してきました。しかし多くの人は、筋トレによる長期的な利益よりも、「今、サボりたい欲求」を選択するのです。そこで、お金を動機づけにする「金銭的インセンティブ」が、「現在バイアス」の欲求に代わる動機づけになるのではないか、と考えたのです。

そして、お金による様々な継続効果の検証が行われました。しかし結果は、金銭をもらえる場合は、トレーニングに参加するが、ひとたび金銭的インセンティブがなくなると、やめてしまうことがわかったのです。

つまり、**筋トレを続けるためには、外的な動機づけは不安定であり、内的な動機づけをもつことが重要**だということです。

「意志力をマネジメント」する

そこでインセンティブではなく、人間の意志力そのものに注目したのが社会心理学です。社会心理学では、筋トレを続けるポイントを次のように述べています。

「意志力をマネジメントしよう」

意志力は、筋力にたとえることができます。「意志力の筋力モデル」とも言われ、筋トレで器具などを使用しているといずれ持ち上げられなくなるのと同様に、意志力もストレスなどの精神的負荷や、感情を我慢することによって消耗します。

つまり、意志力は無限にあるわけではなく、有限のリソースなのです。意志力が底をついてしまうことを「自我消耗」と言い、この状態に陥るとほんの少しの誘惑にすら抗うことができなくなってしまいます。

重要なのは、筋トレの前に意志力をできるだけ温存しておくようにマネジメントすることなのです。

では、どのような状況が意志力に負荷をかけ、自我消耗の状態を作り出すのでしょうか。

感情を抑制すると意志力を消耗する

意志力の消耗を示すある実験があります。

被験者は事前に食事を抜くよう指示された状態で、２つのグループに分けられました。片方は、おいしそうなクッキーを食べることが許可されたグループ。もう片方は、お世辞にもおいしそうとは言えないラディッシュを食べることが許可されたグループです。クッキーとラディッシュは同じテーブルの上に無造作に置かれています。被験者たちは指定されたものを一定時間食べるように指示されました。その後、別の部屋に連れて行かれ、認知課題と称した「解くことができないパズル問題」に挑戦させられます。

このとき、クッキーを食べたグループは平均20分間パズルに取り組みましたが、ラディッシュを食べたグループは平均８分間で投げ出してしまったのです。

これは、「クッキーを食べたい」という欲求を抑えることが被験者の意志力を使い、自我消耗を引き起こしているのです。

感情を抑え込むと意志力を消耗する

次に、被験者は2つのグループに分けられ、片方はウミガメが命を落としてしまう感傷的な映像を見せました。その際、涙を流したり感情的にならないよう指示します。もう片方のグループには、感情に訴えることのない普通の映像を見せます。

その後、被験者たちはストループ課題に取り組みます。ストループ課題とは、モニター上に次々と文字が現れ、その文字の色を答えていくものです。時折、赤色で「緑」と書かれた文字が現れるため、継続的な集中力が要求されます。

この結果、感傷的な映像を見たグループのエラー率のほうが高くなりました。

これは、自我消耗は「感情を抑え込む」ことによっても引き起こされることが示されたのです。

このような意志力と自我消耗についての実験は、筋トレを続けるためのヒントを与えてくれます。

例えば、仕事を終えてジムへ向かおうとするとき、私たちの心は「エネルギーを無駄遣いしないように、家でゴロゴロしてもいいんだよ」と誘惑してきます。この誘惑に抗してジムへ向かうには、相当量の意志力が必要になります。しかし、すでに仕事によって自我消耗している人は、誘惑に勝つことはできないでしょう。

そんなときは、休日のように意志力を必要としない時や、仕事の日においても意志力を比較的必要としない日（責任の大きな仕事が少ない日など）にジムへ行くなどの工夫で継続することができるでしょう。

そのほか、筋トレ以外に別の目標（例えばダイエットなど）に並行して取り組むと、意志力はさらに必要となります。まずは目標を1つだけに絞ることをおすすめします。つまり、まずは筋トレだけに集中するのです。

また、筋トレを続けることによって、身体が大きくなったり、重量を挙げられるようになることそのものが「報酬」になります。報酬があると、意志力を消耗せずにすみます。

誰しも意志力をたくさんもっているわけではありません。**大切なのは、意志力を強化することではなく、限りある「資源」を「上手にマネジメントする」こと**なのです。

4-6 【筋トレを続ける技術②】「マシュマロ・テスト」を攻略せよ！

前項では、筋トレを続けることができない理由を、社会心理学の観点から紹介しました。

筋トレを続けられないのは「意志が弱い」のではなく、「意志を上手にマネジメントできていない」ためです。

そして、この社会心理学の知見から、さらに踏み込んだ検証を行っているのが発達心理学です。発達心理学は、子どもの意志力を検査する「マシュマロ・テスト」によって、「意志力をマネジメントする」方法論を確立しました。

意志力を試す「マシュマロ・テスト」

飾り気のない部屋に研究者と被験者の子どもが入ります。椅子に座らされた子どもの目の前には1個のマシュマロが置いてあります。そこで研究者は子どもに次の言葉を言い残して部屋から去ります。

「そのマシュマロは食べてもいいけど、私が戻るまでの15分の間まで我慢できたら、もう1個あげるよ」

「もしマシュマロを食べちゃったら、もう1個はなしね」

さて、子どもはマシュマロを食べるのか、それとも我慢できるのか。これが「マシュマロ・テスト」です。

1970年、スタンフォード大学のミシェルらは、幼稚園に通う子どもを対象に「マシュマロ・テスト」を行いました。結果は、全体の3分の2が我慢できずに食べてしまい、残りの3分の1が2つ目のマシュマロを手に入れることができました。つまり、幼少期の時点でも意志力には、個人差があるのです。

その後、幼少期にマシュマロ・テストを受けた子どもたちを対象に、32歳になるまで追

図91

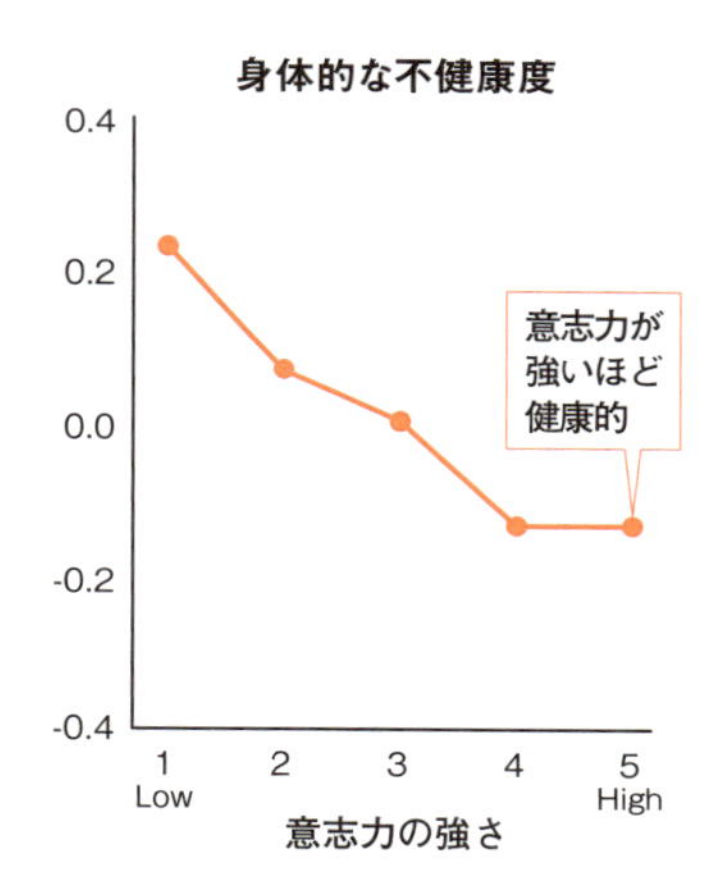

出典：Moffitt TE, 2011より筆者作成

跡調査を行っています。

テストの結果で示された意志力が、その後の健康、経済的豊かさ、犯罪性とどの程度の関連するのかを検証したのです。その結果、長い時間、我慢できた（意志力が強い）子どもほど、健康的であり、経済的に豊かであり、犯罪の関与がありませんでした（図91）。

逆に、すぐにマシュマロを食べてしまった（意志力が弱い）子どもほど、病気がちで、経済的に乏しく、犯罪に関与しやすいことが示されました。

しかしながら、意志力が弱い子どもでも、日常生活のたいていの状況では自制をコントロールすることができています。問題は、魅力的な誘惑に直面したときなのです。そこで、意志力が弱くても誘惑に負けないための方法論を検証し、提案したのが「イフ・ゼン実行プラン」です。

意志力が弱くても、誘惑に負けない方法がある

2つ目のマシュマロを手に入れた子どもたちには、ある特徴があることがわかりました。それは、マシュマロを気にしないよう、他のことに注意を向けているということです。実験中に、無言のパントマイムする子、ハンドベルの音を鳴らさず慎重に持ち上げることに集中する子、壁を叩いて音に意識を集中している子など様々です。子どもたちは、マシュマロの誘惑に意志力を消費しないために、別の行動をとっていたのです。これに対して、テストに失敗した子どもたちは、じーっとマシュマロを見つめながら、その誘惑と対峙し、意志力を消耗させているのです。

ここから考案したのが**「イフ・ゼン（もし～したら、そのときには～）実行プラン」**であり、この効果を実証するために行われたのが「ミスター・クラウン・ボックス実験」です。

ミスター・クラウン・ボックスは木箱で作ったピエロの人形です。箱のなかにはオモチャやお菓子が入っており、楽しげな音楽とともに子どもたちにこう呼びかけます。

「いっしょに遊ぼう！　とても楽しいよ！」

作業をしていた子どもたちが楽しげなピエロの誘惑に抗うのは困難です。すぐに作業をやめて、ミスター・クラウン・ボックスと楽しく遊び始めてしまいました。そこで、研究者は1つの子どものグループにこう指示しました。

「もし、ミスター・クラウン・ボックスに遊びに誘われたらこう言ってみよう。『仕事しているから遊べないよ』ってね」

このような単純なルールを決めただけで、子どもたちはミスター・クラウン・ボックスの誘惑に抵抗できるようになり、作業を継続することができたのです。これは、誘惑に意志力を使って我慢するのではなく、**あらかじめ「もし（if）誘惑に直面したら、そのときは（then）こう行動しよう」と決めておくだけで、意志力を使わずに誘惑を回避できる**ことを示しています。

明確な実行プランで、意志力を消耗しない

筋トレを続けるという目標を設定したとき、そこには多くの誘惑が待っています。仕事から家に帰って、ジムに行く前にソファに座ると、目の前にはテレビがあり、手もとにはスマホがあります。そこで、ついついテレビを見たり、スマホでSNSをしたり、そしてゴロゴロしているうちに時間が経過して、結局、「明日、行けばいいや」と言ってジムに行くのをやめてしまいます。

しかし、これは意志が弱いわけではなく、そもそもヒトは筋トレするようにはデザインされていませんし、仕事で意志力を使い切っていれば、誘惑に抗うことなどできません。子どもたちがマシュマロを食べてしまうように、私たちがマシュマロ・テストで不合格になるのは仕方のないことなのです。

では、どうすれば良いのでしょうか?

まず、ジムに行くのを拒む「誘惑となるもの」を明確にしましょう。この場合、ソファ、テレビ、スマホが誘惑のホットスポットになります。次にこのようなイフ・ゼン実行プランを書き出しましょう。

「家に帰ったら、ソファには座らずに、コーヒーを淹れる。コーヒーを飲んでいるときに

テレビはつけない。スマホをバッグから出さない。コーヒーを飲み終えて、時間が来たらウエアを持って家を出る」

これで無駄な意志力は使わずに、ただプランに従って行動するだけで、自動的にジムへ行くことができるのです。マシュマロ・テストを攻略することが、筋トレを続ける解決策になるのです。

4-7 【筋トレを続ける技術③】脳をハックせよ！

人は一目惚れをするとき、そこに論理的な理由などはありません。「○○である、よって××が好き」でなく、一目見たときの鼓動の高まりから「これは恋だ！」と直感し、恋に落ちます。

感情という主観的なものを科学として扱うとき、重要となる概念が「情動」です。これは、次の式で成り立ちます。

情動＝情動表出＋情動体験（感情）

感情を理解するために、心理学では「好きだ」という感情を「情動体験」とし、「ドキドキする」という心拍数の高まりを「情動表出」として扱います。

一目惚れはドキドキという情動表出が脳に伝達され、好きという情動体験として解釈されたと考えます。

情動は、この情動表出と情動体験を合わせたものと定義されます。そして好きという情動体験は、いわゆる感情になります。なぜ、情動表出と情動体験を分けて考えるのかというと、この2つが異なる脳の回路によって処理されているからです。

しかし、ここで疑問が生じます。

では、私たちの心とは、ドキドキした心臓にあるのでしょうか？　それともドキドキを好きだと解釈した脳にあるのでしょうか？


「好きだからドキドキするのか、ドキドキするから好きなのか」

この疑問については、外界からの何らかの情報がまず身体反応（心拍数や呼吸数の上昇、発汗など）を引き起こして、その変化を脳が察知することで情動が生じる「末梢起源説」というものがあります。この説にもとづけば、「ドキドキするから好きになる」ということになります。

末梢起源説を実験的に証明したのは、有名な「吊橋実験」です。深い谷にかけられた揺れる吊橋を渡った男性と、揺れない普通の橋を渡った男性を対象にします。橋を渡り終えたあと、女性から連絡先を書いた紙を渡されたとき、揺れる吊橋を渡った男性のほうが女性への連絡を入れる割合が多かった、という実験結果が得られています。これは、吊橋の恐怖による心拍数の変化（末梢の変化）を、脳が「これは恋なのでは？」と誤って認知した結果であると考えられています。

これに対して、動物の脳と脊髄を切り離し、末梢の感覚情報が脳に伝わらないようにしても、動物には情動が見られたという研究結果もあります。情動は脳（中枢）に端を発し、身体の反応は脳からの信号を末梢臓器が受け止めて起こるという「中枢起源説」です。この説では、「好きだからドキドキする」ということになります。

その後、様々な動物実験により、情動表出と情動体験は脳の異なる回路により生じることが明らかとなり、これをもとに情動は抹消と中枢の双方から影響を受けるという「シャクター・シンガーの情動の二因子理論」が提唱され、この論争に終止符が打たれました。

つまり、脳は身体反応を生みますが（中枢起源説）、身体反応も脳に影響を与える（末梢起源説）ということです。現代の脳科学では「情動は脳で生成されるが、末梢（全身の器官）からも脳に情報がフィードバックされ情動を修飾し、変化させる」とされています。好きになるためにドキドキする必要はありませんが、「ドキドキすることによって好きな気持ちはますます強くなる」ということです。

では、筋トレの「やる気」という情動についてはどうでしょうか。

私たちは、やる気があるから筋トレをするのでしょうか？
それとも、筋トレをするからやる気になるのでしょうか？

仕事を終えて、「今日はジムにいくぞ！」と心に決めて家路につきます。家につくと、ソファに腰掛けてホッとひと息。何気なくテレビを見始め、スマホでＳＮＳをしながらゴロゴロしている間に、ジムに行きそびれてしまいます。
現代の進化論は、このようにジムに行かないでゴロゴロしてしまうことを「正常である」と言います。
これは現代の脳科学においても証明されつつあります。

図92

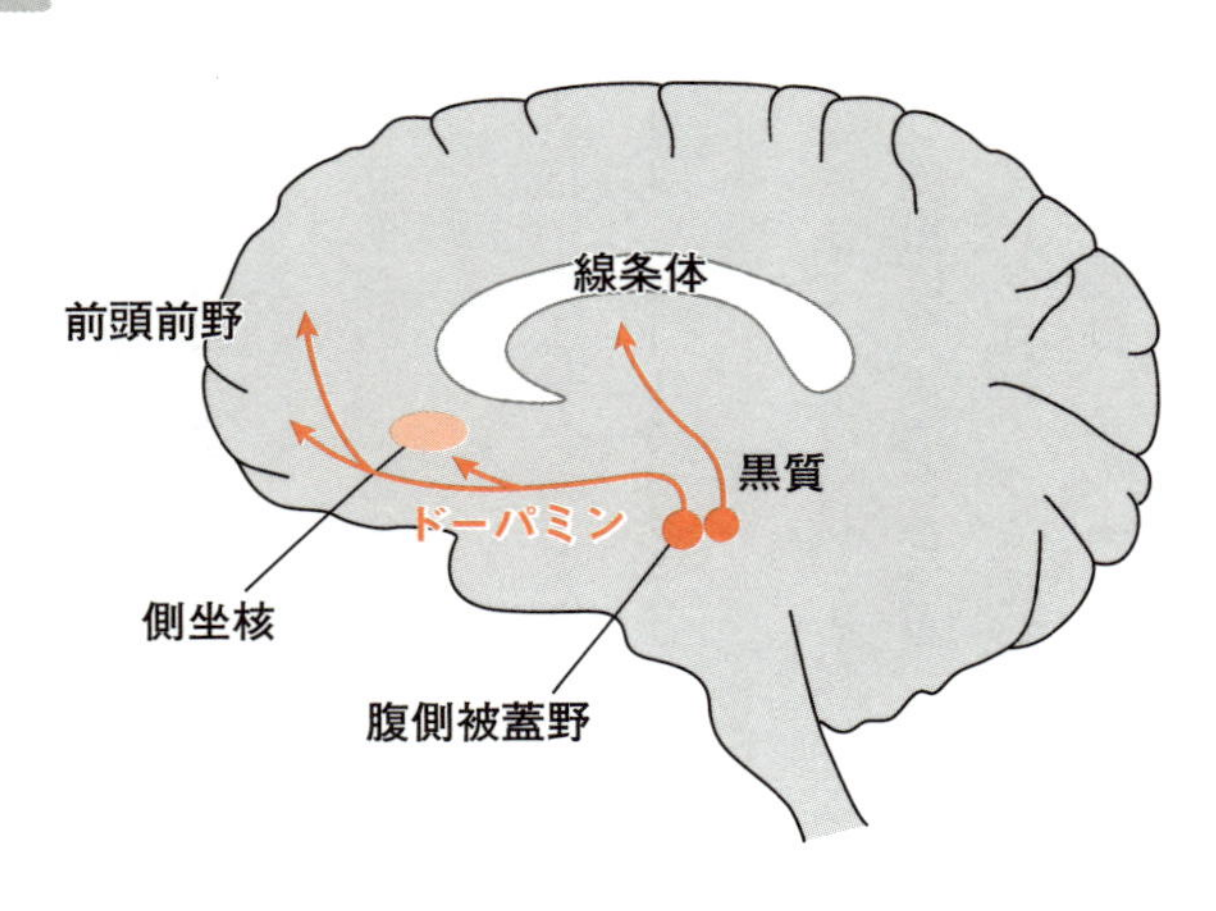

ヒトは、自分の生存や子孫繁栄にとって重要となる食事や生殖活動を行うと「快感」といった報酬を感じるようにデザインされています。美味しい食事や好きな人とのデートで気分が良くなるのは脳にある「報酬系」という仕組みがドライブされているからなのです。

そして、報酬系において最も重要になるのが「ドーパミン」です。

ドーパミンは腹側被蓋野にあるドーパミン作動性ニューロンによって作られる神経伝達物質です。これらのニューロンは、前頭前野、扁桃体、海馬、側坐核といった部位と神経回路が繋がっています（図92）。

ドーパミンが前頭前野に放出されると「気持ちよい」という情動が認知されます。さらにドーパミンが側坐核に放出されると、その放出に至る原因となった（と脳が認知した）行動が「強化」されます。ヒトは生存や子孫繁栄に寄与する基本的欲求に繋がる行動を強化するためにこのような報酬系の仕組みを作り上げているのです。

そして、近年の脳科学の研究では、座ったりゴロゴロ寝転んで休むときに脳の報酬系が活性化すると示唆しています。これは、ゴロゴロすることが生存にとって必要な行為であると脳が判断していることを意味します。つまり**脳科学の知見からも、ゴロゴロしたいという欲求は食欲などと同じように「正常なこと」**なのです。

では、ゴロゴロすることによる報酬系のドライブを回避し、ジムに行くためにはどうすれば良いのでしょうか？

この問いに、脳科学はこう答えます。

「ドーパミンをハックしよう」

「歩き出すだけ」で、「ドーパミンをハックする」

ドーパミンは脳の報酬系をドライブする神経伝達物質です。ドーパミンは腹側被蓋野のニューロンにより放出されるため、ある方法によりドーパミンの放出を促進できればゴロゴロによる快楽を遮断できるはずです。
その方法が、「立ち上がって、歩き出そう」ということです。

「歩くだけ?」と思われるかもしれませんが、姿勢を変え、歩き始めることにより、腹側被蓋野が活性化し、ドーパミンが放出されることが動物実験により推察されています。

立ち上がりのような姿勢を変換したときや、歩き始めるときには、大脳皮質にある運動野および運動関連領野の活性化が生じ、その神経活動が中脳にある歩行誘発野と言われる楔状核（けつじょうかく）、脚橋被蓋核（きゃくきょうひがいかく）へ伝達されます。脚橋被蓋核が活性化されるとアセチルコリンやグルタミン酸が放出され、腹側被蓋野や黒質（こくしつ）が活性化しドーパミンの放出が促進されます（図93）。腹側被蓋野から前頭前野にドーパミンが放出されると「行動覚醒」が生じ、ゴロゴロによる「快楽」を遮断することができるのです。

そして、歩き始めたら、何か小さな目的を達成するようにしましょう。例えば、荷物の準備をする、コーヒーを淹れる、トイレに行くなど、小さな目的を遂行するようにします。目的を達成すると、腹側被蓋野からのドーパミンの放出がさらに促進され、前頭前野による行動覚醒が強化されるとともに、今度は側坐核が活性化され行動を強化します。これは

図93

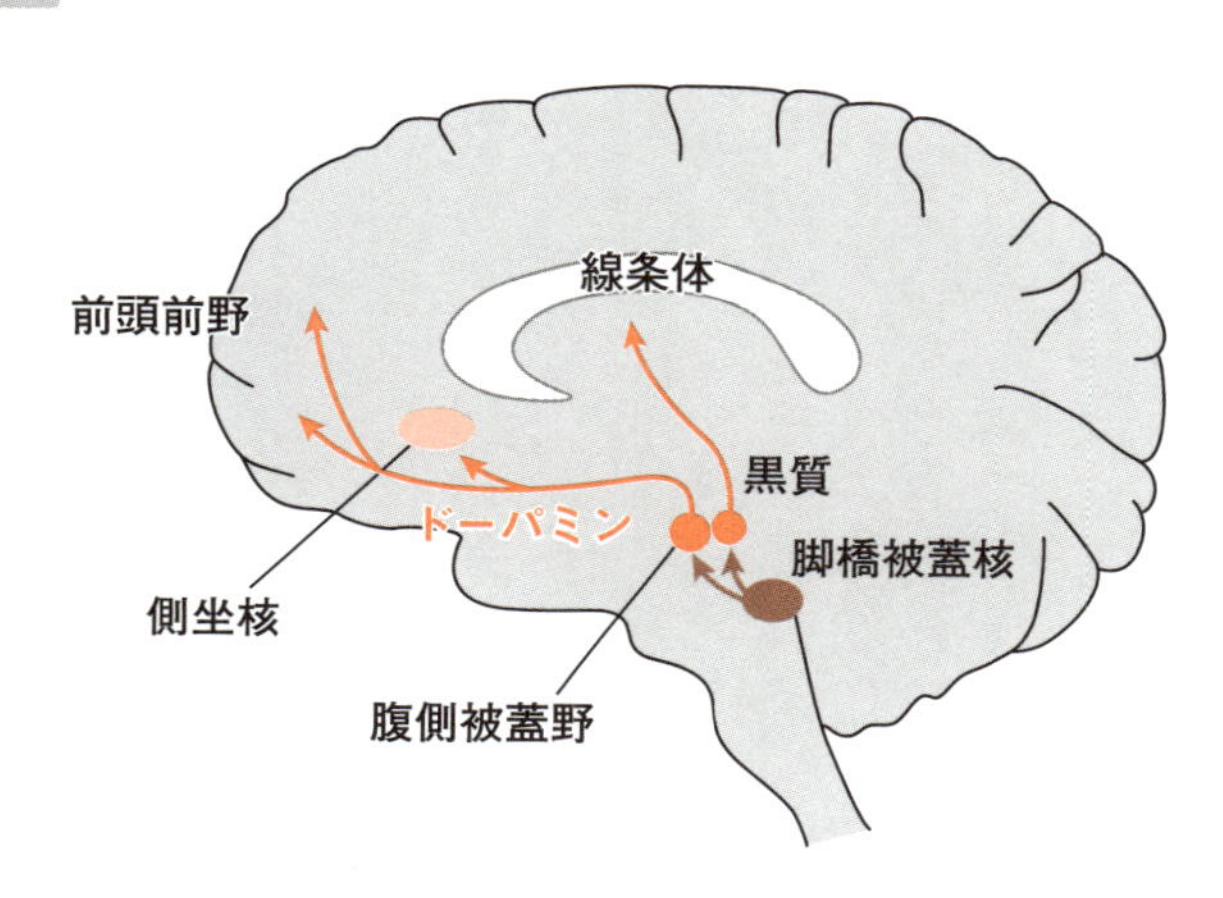

少し掃除をすると、スイッチが入ったようにいろいろなところまで掃除してしまう現象からも説明されています。

立ち上がり、歩き出すことでドーパミンの放出を高めて行動覚醒を生じさせ、その後に小さな目的を達成することでさらに行動を強化させる。これによりゴロゴロしたいという欲求を遮断し、筋トレをしようという情動を活性化させ、ジムに向けて出発することができるのです。

これが脳科学としての「ドーパミンをハックする」方法です。

私たちは、好きだとドキドキし（中枢起源説）、ドキドキすると好きだと感じます（末梢起源説）。

同じように、私たちは、やる気があると筋トレをしますが、**「筋トレをしようと行動することによってもやる気がでる」**のです。

おわりに

筋トレにまつわる最新のエビデンスを紹介し、これまで良しとされてきた筋トレの常識、思い込みとの比較を見てきました。２０００年代以降、筋力増強、筋肥大の研究が急速に進んだことで、無駄なく効果的な方法が見いだされていますが、今後もメタアナリシスをはじめとする信頼度の高い研究報告は、さらに増え続けることでしょう。

またその間、私たちの生活環境も大きく変貌を遂げていきます。特に注目されているのは、人工知能（ＡＩ）です。家に帰ってソファに座れば、スマホの操作や、スマートスピーカーに話しかけるだけで身の回りの家電を操作できます。ネットでは、家にいながら欲しい商品を注文し、最短数時間で届けてきてくれます。もはや、外へ買い物に出かける必要もなくなりつつあるのです。

このように、私たちの生活はさらに快適になるという見方もできます。これに対し、進化論からヒトの健康を考える進化医学の知見では、運動不足や肥満、生活習慣病がさらに増えていくと予測しています。

このような状況から、私は、筋トレへの重要性がますます高くなっていくのではないかと考えます。多くの人が快適さに溺れ、運動不足によって筋肉を失っていくからです。
だからこそ私たちは、筋肉を増やし、外見的な魅力を獲得し、睡眠の質を高め、不安を払拭して笑顔になり、そして健康的で病気に強い身体を手に入れることに真剣に向き合わなければなりません。筋トレこそが人生の課題も解決する重要なソリューションです。きっと、あなたに幸福をもたらしてくれでしょう。

筋トレに関する最新のエビデンスを知り、トレーニングに取り入れながら取捨選択し、自分に合ったトレーニング方法をデザインして、継続していく――。本書がその一助となれば幸いです。

筋トレに関する最新情報は、ブログ「リハビリｍｅｍｏ」で随時、更新しています。筋トレの知識をアップデートするためにぜひご利用ください。

庵野拓将

庵野拓将（あんの たくまさ）
理学療法士、トレーナー、博士（医学）。大学院修了後、大学病院のリハビリセンターに勤務。けがや病気をした患者やアスリートのトレーナーとして、これまで延べ6万人の体づくりに携わってきた。大学病院では、世界最先端の研究成果を現場でのトレーニングにフィードバックするため、研究発表、論文執筆も行っている。
筆名・庵野拓将として、筋トレ、スポーツ栄養学をはじめとする最新の研究報告を紹介するブログ「リハビリmemo」を主宰。本書が初の著書となる。

ブログ「リハビリmemo」https://www.rehabilimemo.com/
ツイッター「庵野拓将　@takumasa39」https://twitter.com/takumasa39

科学的に正しい筋トレ　最強の教科書

2019年 3 月28日　初版発行
2023年 2 月20日　16版発行

著者／庵野 拓将

発行者／山下 直久

発行／株式会社KADOKAWA
〒102-8177　東京都千代田区富士見2-13-3
電話　0570-002-301（ナビダイヤル）

印刷所／大日本印刷株式会社

DTP／有限会社エヴリ・シンク

ISBN 978-4-04-602312-4　C0075

ブックデザイン：二ノ宮 匡（ニクスインク）
カバー写真：Shutterstock

参考文献

【第１章】

1－1

Yoon MS, et al. mTOR as a Key Regulator in Maintaining Skeletal Muscle Mass. Front Physiol. 2017 Oct 17;8:788.

Ma XM, et al. Molecular mechanisms of mTOR-mediated translational control. Nat Rev Mol Cell Biol. 2009 May;10(5):307-18.

Henneman E, et al. Excitability and inhibitability of motoneurons of different sizes. J Neurophysiol. 1965 May;28(3):599-620.

MacDougall JD (1986). Morphological changes in human skeletal muscle following strength training and immobilization. In Human Muscle Power, eds. Jones, N. L., McCartney, N., & McComas, A.J., pp. 269-288. Human Kinetics, Champaign, IL.

American College of Sports Medicine. American College of Sports Medicine position stand. Progression models in resistance training for healthy adults. Med Sci Sports Exerc. 2009 Mar;41(3):687-708.

1－2

Burd NA, et al. Resistance exercise volume affects myofibrillar protein synthesis and anabolic signalling molecule phosphorylation in young men. J Physiol. 2010a Aug 15;588(Pt 16):3119-30.

Burd NA, et al. Low-load high volume resistance exercise stimulates muscle protein synthesis more than high-load low volume resistance exercise in young men. PLoS One. 2010b Aug 9;5(8):e12033.

Mitchell CJ, et al. Resistance exercise load does not determine training-mediated hypertrophic gains in young men. J Appl Physiol (1985). 2012 Jul;113(1):71-7.

Morton RW, et al. Neither load nor systemic hormones determine resistance training-mediated hypertrophy or strength gains in resistance-trained young men. J Appl Physiol (1985). 2016 Jul 1;121(1):129-38.

Schoenfeld BJ, et al. Strength and Hypertrophy Adaptations Between Low- vs. High-Load Resistance Training: A Systematic Review and Meta-analysis. J Strength Cond Res. 2017 Dec;31(12):3508-3523.

Westad C, et al. Motor unit recruitment and derecruitment induced by brief increase in contraction amplitude of the human trapezius muscle. J Physiol. 2003 Oct 15;552(Pt 2):645-56.

Fisher J, et al. High- and Low-Load Resistance Training: Interpretation and Practical Application of Current Research Findings. Sports Med. 2017 Mar;47(3):393-400.

1－3

Kraemer WJ, et al. Hormonal responses and adaptations to resistance exercise and training. Sports Med. 2005;35(4):339-61.

Rahimi R, et al. Effects of very short rest periods on hormonal responses to resistance exercise in men. J Strength Cond Res. 2010 Jul;24(7):1851-9.

Bottaro M, et al. Effects of rest duration between sets of resistance training on acute hormonal responses in trained women. J Sci Med Sport. 2009 Jan;12(1):73-8.

West DW, et al. Associations of exercise-induced hormone profiles and gains in strength and hypertrophy in a large cohort after weight training. Eur J Appl Physiol. 2012 Jul;112(7):2693-702.

Mitchell CJ, et al. Muscular and systemic correlates of resistance training-induced muscle hypertrophy. PLoS One. 2013 Oct 9;8(10):e78636.

Ratamess NA, et al. The effect of rest interval length on metabolic responses to the bench press exercise. Eur J Appl Physiol. 2007 May;100(1):1-17.

Grgic J, et al. Effects of Rest Interval Duration in Resistance Training on Measures of Muscular Strength: A Systematic Review. Sports Med. 2017 Sep 20.

Hunter SK. Sex differences in human fatigability: mechanisms and insight to physiological responses. Acta Physiol (Oxf). 2014 Apr;210(4):768-89.

1－4

Pinto RS, et al. Effect of range of motion on muscle strength and thickness. J Strength Cond Res. 2012 Aug;26(8):2140-5.

Bloomquist K, et al. Effect of range of motion in heavy load squatting on muscle and tendon adaptations. Eur J Appl Physiol. 2013 Aug;113(8):2133-42.

Baroni BM, et al. Full Range of Motion Induces Greater Muscle Damage Than Partial Range of Motion in Elbow Flexion Exercise With Free Weights. J Strength Cond Res. 2017 Aug;31(8):2223-2230.

Morgan DL. New insights into the behavior of muscle during active lengthening. Biophys J. 1990 Feb;57(2):209-21.

1－5

Schoenfeld BJ, et al. Effect of repetition duration during resistance training on muscle hypertrophy: a systematic review and meta-analysis. Sports Med. 2015 Apr;45(4):577-85.

Shepstone TN, et al. Short-term high- vs. low-velocity isokinetic lengthening training results in greater hypertrophy of the elbow flexors in young men. J Appl Physiol (1985). 2005 May;98(5):1768-76.

Schuenke MD, et al. Early-phase muscular adaptations in response to slow-speed versus traditional resistance-training regimens. Eur J Appl Physiol. 2012 Oct;112(10):3585-95

1－6
Douglas J, et al. Eccentric Exercise: Physiological Characteristics and Acute Responses. Sports Med. 2017 Apr;47(4):663-675.
Bamman MM, et al. Mechanical load increases muscle IGF-I and androgen receptor mRNA concentrations in humans. Am J Physiol Endocrinol Metab. 2001 Mar;280(3):E383-90.
Roig M, et al. The effects of eccentric versus concentric resistance training on muscle strength and mass in healthy adults: a systematic review with meta-analysis. Br J Sports Med. 2009 Aug;43(8):556-68.
Schoenfeld BJ, et al. Hypertrophic Effects of Concentric vs. Eccentric Muscle Actions: A Systematic Review and Meta-analysis. J Strength Cond Res. 2017 Sep;31(9):2599-2608.

1－7
American College of Sports Medicine. American College of Sports Medicine position stand. Progression models in resistance training for healthy adults. Med Sci Sports Exerc. 2009 Mar;41(3):687-708.
Schoenfeld BJ, et al. Effects of Resistance Training Frequency on Measures of Muscle Hypertrophy: A Systematic Review and Meta-Analysis. Sports Med. 2016 Nov;46(11):1689-1697.
Colquhoun RJ, et al. Training Volume, Not Frequency, Indicative of Maximal Strength Adaptations to Resistance Training. J Strength Cond Res. 2018 Jan 5.
Grgic J, et al. Resistance training frequency and skeletal muscle hypertrophy: A review of available evidence. J Sci Med Sport. 2018 Sep 13.

1－8
Narici MV, et al. Changes in force, cross-sectional area and neural activation during strength training and detraining of the human quadriceps. Eur J Appl Physiol Occup Physiol. 1989;59(4):310-9.
Fukunaga T, et al. Muscle volume is a major determinant of joint torque in humans. Acta Physiol Scand. 2001 Aug;172(4):249-55.
Scripture EW, et al. On the education of muscular control and power. Stud. Yale Psycol. Lab. 1894: 114–119.
Manca A, et al. Neurophysiological adaptations in the untrained side in conjunction with cross-education of muscle strength: a systematic review and meta-analysis. J Appl Physiol (1985). 2018 Feb 15.
Grosprêtre S, et al. Neural mechanisms of strength increase after one-week motor imagery training. Eur J Sport Sci. 2017 Dec 17:1-10.
Ruffino C, et al. Neural plasticity during motor learning with motor imagery practice: Review and perspectives. Neuroscience. 2017 Jan 26;341:61-78.

1－9
American College of Sports Medicine. American College of Sports Medicine position stand. Progression models in resistance training for healthy adults. Med Sci Sports Exerc. 2009 Mar;41(3):687-708.
Henneman E, et al. Excitability and inhibitability of motoneurons of different sizes. J Neurophysiol. 1965 May;28(3):599-620.
Schoenfeld BJ, et al. Strength and Hypertrophy Adaptations Between Low- vs. High-Load Resistance Training: A Systematic Review and Meta-analysis. J Strength Cond Res. 2017 Dec;31(12):3508-3523.

1－10
American College of Sports Medicine. American College of Sports Medicine position stand. Progression models in resistance training for healthy adults. Med Sci Sports Exerc. 2009 Mar;41(3):687-708.
Davies TB, et al. Effect of Movement Velocity During Resistance Training on Dynamic Muscular Strength: A Systematic Review and Meta-Analysis. Sports Med. 2017 Aug;47(8):1603-1617.

1－11
American College of Sports Medicine. American College of Sports Medicine position stand. Progression models in resistance training for healthy adults. Med Sci Sports Exerc. 2009 Mar;41(3):687-708.
Grgic J, et al. Effect of Resistance Training Frequency on Gains in Muscular Strength: A Systematic Review and Meta-Analysis. Sports Med. 2018 May;48(5):1207-1220.
Ralston GW, et al. Weekly Training Frequency Effects on Strength Gain: A Meta-Analysis. Sports Med Open. 2018 Aug 3;4(1):36.

【第２章】

2－1
Kecklund G, et al. Health consequences of shift work and insufficient sleep. BMJ. 2016 Nov 1;355:i5210.
Cook C, et al. Acute caffeine ingestion's increase of voluntarily chosen resistance-training load after limited sleep. Int J Sport Nutr Exerc Metab. 2012 Jun;22(3):157-64.
Reilly T, Piercy M. The effect of partial sleep deprivation on weight-lifting performance. Ergonomics 1994; 37(1):107–

115.
Souissi N, et al. Effects of time-of-day and partial sleep deprivation on short-term maximal performances of judo competitors. J Strength Cond Res. 2013 Sep;27(9):2473-80.
Knowles OE, et al. Inadequate sleep and muscle strength: Implications for resistance training. J Sci Med Sport. 2018 Feb 2. pii: S1440-2440(18)30030-6.
Skein M, et al. Intermittent-sprint performance and muscle glycogen after 30 h of sleep deprivation. Med Sci Sports Exerc. 2011 Jul;43(7):1301-11.
Sweeney EL, et al. Skeletal muscle insulin signaling and whole-body glucose metabolism following acute sleep restriction in healthy males. Physiol Rep. 2017 Dec;5(23).
Bonnar D, et al. Sleep Interventions Designed to Improve Athletic Performance and Recovery: A Systematic Review of Current Approaches. Sports Med. 2018 Mar;48(3):683-703.

2－2

McHugh MP, et al. To stretch or not to stretch: the role of stretching in injury prevention and performance. Scand J Med Sci Sports. 2010 Apr;20(2):169-81.
Shrier I, et al. Does stretching improve performance? A systematic and critical review of the literature. Clin J Sport Med. 2004 Sep;14(5):267-73.
Nelson AG, et al. Acute muscle stretching inhibits muscle strength endurance performance. J Strength Cond Res. 2005 May;19(2):338-43.
Barroso R, et al. Maximal strength, number of repetitions, and total volume are differently affected by static-, ballistic-, and proprioceptive neuromuscular facilitation stretching. J Strength Cond Res. 2012 Sep;26(9):2432-7.
Herda TJ, et al. Acute effects of static versus dynamic stretching on isometric peak torque, electromyography, and mechanomyography of the biceps femoris muscle. J Strength Cond Res. 2008 May;22(3):809-17.
Burd NA, et al. Resistance exercise volume affects myofibrillar protein synthesis and anabolic signalling molecule phosphorylation in young men. J Physiol. 2010 Aug 15;588(Pt 16):3119-30.
Junior RM, et al. Effect of the flexibility training performed immediately before resistance training on muscle hypertrophy, maximum strength and flexibility. Eur J Appl Physiol. 2017 Apr;117(4):767-774.
Kay AD, et al. Effect of acute static stretch on maximal muscle performance: a systematic review. Med Sci Sports Exerc. 2012 Jan;44(1):154-64.
Kay AD, et al. Moderate-duration static stretch reduces active and passive plantar flexor moment but not Achilles tendon stiffness or active muscle length. J Appl Physiol (1985). 2009 Apr;106(4):1249-56.

2－3

Bishop D, et al. Warm up I: potential mechanisms and the effects of passive warm up on exercise performance. Sports Med. 2003;33(6):439-54.
McGowan CJ, et al. Warm-Up Strategies for Sport and Exercise: Mechanisms and Applications. Sports Med. 2015 Nov;45(11):1523-46.
Abad CC, et al. Combination of general and specific warm-ups improves leg-press one repetition maximum compared with specific warm-up in trained individuals. J Strength Cond Res. 2011 Aug;25(8):2242-5.
Sá MA, et al. Acute effects of different stretching techniques on the number of repetitions in a single lower body resistance training session. J Hum Kinet. 2015 Apr 7;45:177-85.

2－4

『Starting Strength』（Mark Rippetoe）
Wretenberg P, et al. High- and low-bar squatting techniques during weight-training. Med Sci Sports Exerc. 1996 Feb;28(2):218-24.
Glassbrook DJ, A Review of the Biomechanical Differences Between the High-Bar and Low-Bar Back-Squat. J Strength Cond Res. 2017 Sep;31(9):2618-2634.
図33　Mark Rippetoe Starting Strength: Basic Barbell Training (3rd Edition), The Aasgaard Company, 2011, Figer2-30

2－5

『Starting Strength』（Mark Rippetoe）
Glassbrook DJ, et al. A Review of the Biomechanical Differences Between the High-Bar and Low-Bar Back-Squat. J Strength Cond Res. 2017 Sep;31(9):2618-2634.
図34　Mark Rippetoe Starting Strength: Basic Barbell Training (3rd Edition), The Aasgaard Company, 2011, Figer2-12, 2-8
図35　Mark Rippetoe Starting Strength: Basic Barbell Training (3rd Edition), The Aasgaard Company, 2011, Figer2-12, 2-8

2－6

McCurdy K, et al. Relationship between selected measures of strength and hip and knee excursion during unilateral and bilateral landings in women. J Strength Cond Res. 2014 Sep;28(9):2429-36.
McCaw ST, et al. Stance width and bar load effects on leg muscle activity during the parallel squat. Med Sci Sports Exerc. 1999 Mar;31(3):428-36.

Lahti J, et al. Effects of barbell back squat stance width on sagittal and frontal hip and knee kinetics. Scand J Med Sci Sports. 2019 Jan;29(1):44-54.
Dostal WF, et al. Actions of hip muscles.Phys Ther. 1986 Mar;66(3):351-61.
図36　Mark Rippetoe Starting Strength: Basic Barbell Training (3rd Edition), The Aasgaard Company, 2011, Figer2-9

2－7

『Starting Strength』（Mark Rippetoe）
Stastny P, et al. A systematic review of surface electromyography analyses of the bench press movement task. PLoS One. 2017 Feb 7;12(2):e0171632.
Bhatia DN, et al. The "bench-presser's shoulder": an overuse insertional tendinopathy of the pectoralis minor muscle. Br J Sports Med. 2007 Aug;41(8):e11.
Yamamoto N, et al. Contact between the coracoacromial arch and the rotator cuff tendons in nonpathologic situations: a cadaveric study. J Shoulder Elbow Surg. 2010 Jul;19(5):681-7.
図38　Mark Rippetoe Starting Strength: Basic Barbell Training (3rd Edition), The Aasgaard Company, 2011, Figer5-7, 5-15
図39　Mark Rippetoe Starting Strength: Basic Barbell Training (3rd Edition), The Aasgaard Company, 2011, Figer5-7
図40　Mark Rippetoe Starting Strength: Basic Barbell Training (3rd Edition), The Aasgaard Company, 2011, Figer5-13
図41　Mark Rippetoe Starting Strength: Basic Barbell Training (3rd Edition), The Aasgaard Company, 2011, Figer5-15

2－8

『Starting Strength』（Mark Rippetoe）
Bramble DM, et al. Endurance running and the evolution of Homo. Nature. 2004 Nov 18;432(7015):345-52.
Larson SG, et al. Evolutionary transformation of the hominin shoulder. Evolutionary Anthropology 16:172–187 (2007)
Roussouly P, et al. Biomechanical analysis of the spino-pelvic organization and adaptation in pathology. Eur Spine J. 2011 Sep;20 Suppl 5:609-18.
Roach NT, et al. The effect of humeral torsion on rotational range of motion in the shoulder and throwing performance. J Anat. 2012 Mar;220(3):293-301.
図42　Mark Rippetoe Starting Strength: Basic Barbell Training (3rd Edition), The Aasgaard Company, 2011, Figer5-16
図43　Mark Rippetoe Starting Strength: Basic Barbell Training (3rd Edition), The Aasgaard Company, 2011, Figer5-18
図44　Mark Rippetoe Starting Strength: Basic Barbell Training (3rd Edition), The Aasgaard Company, 2011, Figer5-13

2－9

『Starting Strength』（Mark Rippetoe）
Choe KH, et al. Hip and Knee Kinetics During a Back Squat and Deadlift. J Strength Cond Res. 2018 Oct 17.
Glassbrook DJ, A Review of the Biomechanical Differences Between the High-Bar and Low-Bar Back-Squat. J Strength Cond Res. 2017 Sep;31(9):2618-2634.
図45　Mark Rippetoe Starting Strength: Basic Barbell Training (3rd Edition), The Aasgaard Company, 2011, Figer4-19
図46　Mark Rippetoe Starting Strength: Basic Barbell Training (3rd Edition), The Aasgaard Company, 2011, Figer4-34
図47　Mark Rippetoe Starting Strength: Basic Barbell Training (3rd Edition), The Aasgaard Company, 2011, Figer4-37
図49　Mark Rippetoe Starting Strength: Basic Barbell Training (3rd Edition), The Aasgaard Company, 2011, Figer4-34
図50　Mark Rippetoe Starting Strength: Basic Barbell Training (3rd Edition), The Aasgaard Company, 2011, Figer4-26

2－10

『Starting Strength』（Mark Rippetoe）
Andersen V, et al. Electromyographic comparison of the barbell deadlift using constant versus variable resistance in healthy, trained men. PLoS One. 2019 Jan 22;14(1):e0211021.
図51　Mark Rippetoe Starting Strength: Basic Barbell Training (3rd Edition), The Aasgaard Company, 2011, Figer4-19
図52　Mark Rippetoe Starting Strength: Basic Barbell Training (3rd Edition), The Aasgaard Company, 2011, Figer4-19
図53　Mark Rippetoe Starting Strength: Basic Barbell Training (3rd Edition), The Aasgaard Company, 2011, Figer4-19
図54　Mark Rippetoe Starting Strength: Basic Barbell Training (3rd Edition), The Aasgaard Company, 2011, Figer4-19

2－11
Popp JK, et al. Pre- and Post-Activity Stretching Practices of Collegiate Athletic Trainers in the United States. J Strength Cond Res. 2017 Sep;31(9):2347-2354.
Crowther F, et al. Team sport athletes' perceptions and use of recovery strategies: a mixed-methods survey study. BMC Sports Sci Med Rehabil. 2017 Feb 24;9:6.
Cairns SP, et al. Lactic acid and exercise performance : culprit or friend? Sports Med. 2006;36(4):279-91.
Stellingwerff T, et al. Nutrition for power sports: middle-distance running, track cycling, rowing, canoeing/kayaking, and swimming. J Sports Sci. 2011;29 Suppl 1:S79-89.
Barnett A, et al. Using recovery modalities between training sessions in elite athletes: does it help? Sports Med. 2006;36(9):781-96.
Van Hooren B, et al. Do We Need a Cool-Down After Exercise? A Narrative Review of the Psychophysiological Effects and the Effects on Performance, Injuries and the Long-Term Adaptive Response. Sports Med. 2018 Jul;48(7):1575-1595.
Dupuy O, et al. An Evidence-Based Approach for Choosing Post-exercise Recovery Techniques to Reduce Markers of Muscle Damage, Soreness, Fatigue, and Inflammation: A Systematic Review With Meta-Analysis. Front Physiol. 2018 Apr 26;9:403.
Lattier G, et al. Fatigue and recovery after high-intensity exercise. Part II: Recovery interventions. Int J Sports Med. 2004 Oct;25(7):509-15.
Howell JN, et al. Muscle stiffness, strength loss, swelling and soreness following exercise-induced injury in humans.
Burke LM, et al. Postexercise muscle glycogen resynthesis in humans. J Appl Physiol (1985). 2017 May 1;122(5):1055-1067.
Takahashi T, et al. Influence of light physical activity on cardiac responses during recovery from exercise in humans. Eur J Appl Physiol Occup Physiol. 1998 Mar;77(4):305-11.
Suzuki M, et al. Effect of incorporating low intensity exercise into the recovery period after a rugby match. Br J Sports Med. 2004 Aug;38(4):436-40.

【第３章】

3－1
Biolo G, et al. An abundant supply of amino acids enhances the metabolic effect of exercise on muscle protein. Am J Physiol. 1997 Jul;273(1 Pt 1):E122-9.

3－2
Rasmussen BB, et al. An oral essential amino acid-carbohydrate supplement enhances muscle protein anabolism after resistance exercise. J Appl Physiol (1985). 2000 Feb;88(2):386-92.
Tipton KD, et al. Acute response of net muscle protein balance reflects 24-h balance after exercise and amino acid ingestion. Am J Physiol Endocrinol Metab. 2003 Jan;284(1):E76-89.
Burd NA, et al. Enhanced amino acid sensitivity of myofibrillar protein synthesis persists for up to 24 h after resistance exercise in young men. J Nutr. 2011 Apr 1;141(4):568-73.
Phillips SM. A brief review of critical processes in exercise-induced muscular hypertrophy. Sports Med. 2014 May;44 Suppl 1:S71-7.
ISSN. International Society of Sports Nutrition Position Stand: protein and exercise. J Int Soc Sports Nutr. 2017 Jun 20;14:20.

3－3
Jackman SR, et al. Branched-Chain Amino Acid Ingestion Stimulates Muscle Myofibrillar Protein Synthesis following Resistance Exercise in Humans. Front Physiol. 2017 Jun 7;8:390.
Wolfe RR. Branched-chain amino acids and muscle protein synthesis in humans: myth or reality? J Int Soc Sports Nutr. 2017 Aug 22;14:30.
Yoon MS. mTOR as a Key Regulator in Maintaining Skeletal Muscle Mass. Front Physiol. 2017 Oct 17;8:788.
Churchward-Venne TA, et al. Leucine supplementation of a low-protein mixed macronutrient beverage enhances myofibrillar protein synthesis in young men: a double-blind, randomized trial. Am J Clin Nutr. 2014 Feb;99(2):276-86.
Reidy PT, et al. Role of Ingested Amino Acids and Protein in the Promotion of Resistance Exercise-Induced Muscle Protein Anabolism. J Nutr. 2016 Feb;146(2):155-83.
Jäger R, et al. International Society of Sports Nutrition Position Stand: protein and exercise. J Int Soc Sports Nutr. 2017 Jun 20;14:20.

3－4
Moore DR, et al. Ingested protein dose response of muscle and albumin protein synthesis after resistance exercise in young men. Am J Clin Nutr. 2009 Jan;89(1):161-8.
Macnaughton LS, et al. The response of muscle protein synthesis following whole-body resistance exercise is greater following 40 g than 20 g of ingested whey protein. Physiol Rep. 2016 Aug;4(15).
Morton RW, et al. A systematic review, meta-analysis and meta-regression of the effect of protein supplementation

on resistance training-induced gains in muscle mass and strength in healthy adults. Br J Sports Med. 2018 Mar;52(6):376-384.

3－5

Tang JE, et al. Ingestion of whey hydrolysate, casein, or soy protein isolate: effects on mixed muscle protein synthesis at rest and following resistance exercise in young men. J Appl Physiol (1985). 2009 Sep;107(3):987-92

Reitelseder S, et al. Whey and casein labeled with L-[1-13C]leucine and muscle protein synthesis: effect of resistance exercise and protein ingestion. Am J Physiol Endocrinol Metab. 2011 Jan;300(1):E231-42.

Reidy PT, et al. Role of Ingested Amino Acids and Protein in the Promotion of Resistance Exercise-Induced Muscle Protein Anabolism. J Nutr. 2016 Feb;146(2):155-83.

Morton RW, et al. A systematic review, meta-analysis and meta-regression of the effect of protein supplementation on resistance training-induced gains in muscle mass and strength in healthy adults. Br J Sports Med. 2018 Mar;52(6):376-384.

3－6

Areta JL, et al. Timing and distribution of protein ingestion during prolonged recovery from resistance exercise alters myofibrillar protein synthesis. J Physiol. 2013 May 1;591(9):2319-31.

Mamerow MM, et al. Dietary protein distribution positively influences 24-h muscle protein synthesis in healthy adults. J Nutr. 2014 Jun;144(6):876-80.

Hudson JL, et al. Effects of protein supplements consumed with meals, versus between meals, on resistance training-induced body composition changes in adults: a systematic review. Nutr Rev. 2018 Apr 25.

3－7

Beelen M, et al. Coingestion of carbohydrate and protein hydrolysate stimulates muscle protein synthesis during exercise in young men, with no further increase during subsequent overnight recovery. J Nutr. 2008 Nov;138(11):2198-204.

Groen BB, et al. Intragastric protein administration stimulates overnight muscle protein synthesis in elderly men. Am J Physiol Endocrinol Metab. 2012 Jan 1;302(1):E52-60.

Res PT, et al. Protein ingestion before sleep improves postexercise overnight recovery. Med Sci Sports Exerc. 2012 Aug;44(8):1560-9.

Snijders T, et al. Protein Ingestion before Sleep Increases Muscle Mass and Strength Gains during Prolonged Resistance-Type Exercise Training in Healthy Young Men. J Nutr. 2015 Jun;145(6):1178-84.

Trommelen J, et al. Pre-Sleep Protein Ingestion to Improve the Skeletal Muscle Adaptive Response to Exercise Training. Nutrients. 2016 Nov 28;8(12).

Trommelen J, et al. Resistance Exercise Augments Postprandial Overnight Muscle Protein Synthesis Rates. Med Sci Sports Exerc. 2016 Dec;48(12):2517-2525.

Holwerda AM, et al. Physical Activity Performed in the Evening Increases the Overnight Muscle Protein Synthetic Response to Presleep Protein Ingestion in Older Men. J Nutr. 2016 Jul;146(7):1307-14.

3－8

Knight EL, et al. The impact of protein intake on renal function decline in women with normal renal function or mild renal insufficiency. Ann Intern Med. 2003 Mar 18;138(6):460-7.

Lin J, et al. Associations of diet with albuminuria and kidney function decline. Clin J Am Soc Nephrol. 2010 May;5(5):836-43.

Lin J, et al. Association of dietary patterns with albuminuria and kidney function decline in older white women: a subgroup analysis from the Nurses' Health Study. Am J Kidney Dis. 2011 Feb;57(2):245-54.

Lew QJ, et al. Red Meat Intake and Risk of ESRD. J Am Soc Nephrol. 2017 Jan;28(1):304-312.

Haring B, et al. Dietary Protein Sources and Risk for Incident Chronic Kidney Disease: Results From the Atherosclerosis Risk in Communities (ARIC) Study. J Ren Nutr. 2017 Jul;27(4):233-242.

Kamper AL, et al. Long-Term Effects of High-Protein Diets on Renal Function. Annu Rev Nutr. 2017 Aug 21;37:347-369.

3－9

Escobar KA, et al. Carbohydrate intake and resistance-based exercise: are current recommendations reflective of actual need? Br J Nutr. 2016 Dec;116(12):2053-2065.

Abdulla H, et al. Role of insulin in the regulation of human skeletal muscle protein synthesis and breakdown: a systematic review and meta-analysis. Diabetologia. 2016 Jan;59(1):44-55.

Staples AW, et al. Carbohydrate does not augment exercise-induced protein accretion versus protein alone. Med Sci Sports Exerc. 2011 Jul;43(7):1154-61.

Hulmi JJ, et al. The effects of whey protein with or without carbohydrates on resistance training adaptations. J Int Soc Sports Nutr. 2015 Dec 16;12:48.

Kerksick CM, et al. International society of sports nutrition position stand: nutrient timing. J Int Soc Sports Nutr. 2017 Aug 29;14:33.

3－10
Vliet SV, et al. Achieving Optimal Post-Exercise Muscle Protein Remodeling in Physically Active Adults through Whole Food Consumption. Nutrients. 2018 Feb 16;10(2).
Elliot TA, et al. Milk ingestion stimulates net muscle protein synthesis following resistance exercise. Med Sci Sports Exerc. 2006 Apr;38(4):667-74.
Rankin P, et al. The effect of milk on the attenuation of exercise-induced muscle damage in males and females. Eur J Appl Physiol. 2015 Jun;115(6):1245-61.

3－11
van Vliet S, et al. Consumption of whole eggs promotes greater stimulation of postexercise muscle protein synthesis than consumption of isonitrogenous amounts of egg whites in young men. Am J Clin Nutr. 2017 Oct 4. pii: ajcn159855.

Halevy O, et al. Retinoic acid induces adult muscle cell differentiation mediated by the retinoic acid receptor-alpha. J Cell Physiol. 1993 Mar;154(3):566-72.
Joy JM, et al. Phosphatidic acid enhances mTOR signaling and resistance exercise induced hypertrophy. Nutr Metab (Lond). 2014 Jun 16;11:29.
Smith GI, et al. Omega-3 polyunsaturated fatty acids augment the muscle protein anabolic response to hyperinsulinaemia-hyperaminoacidaemia in healthy young and middle-aged men and women. Clin Sci (Lond). 2011 Sep;121(6):267-78.
Clayton ZS, et al. Egg consumption and heart health: A review. Nutrition. 2017 May;37:79-85.

3－12
Omenn GS, et al. Effects of a combination of beta carotene and vitamin A on lung cancer and cardiovascular disease. N Engl J Med. 1996 May 2;334(18):1150-5.
Manson JE, et al. Vitamin D Supplements and Prevention of Cancer and Cardiovascular Disease. N Engl J Med. 2018 Nov 10.
Kerksick CM, et al. ISSN exercise & sports nutrition review update: research & recommendations. J Int Soc Sports Nutr. 2018 Aug 1;15(1):38.
Lanhers C, et al. Creatine Supplementation and Lower Limb Strength Performance: A Systematic Review and Meta-Analyses. Sports Med. 2015 Sep;45(9):1285-1294.
Lanhers C, et al. Creatine Supplementation and Upper Limb Strength Performance: A Systematic Review and Meta-Analysis. Sports Med. 2017 Jan;47(1):163-173.
Rivers WH, et al. The action of caffeine on the capacity for muscular work. J Physiol. 1907 Aug 27;36(1):33-47.
Graham TE, et al. Caffeine and exercise: metabolism, endurance and performance. Sports Med. 2001;31(11):785-807.
Grgic J, et al. Effects of caffeine intake on muscle strength and power: a systematic review and meta-analysis. J Int Soc Sports Nutr. 2018 Mar 5;15:11.
Nissen S, et al. Effect of leucine metabolite beta-hydroxy-beta-methylbutyrate on muscle metabolism during resistance-exercise training. J Appl Physiol (1985). 1996 Nov;81(5):2095-104.
Rowlands DS, et al. Effects of beta-hydroxy-beta-methylbutyrate supplementation during resistance training on strength, body composition, and muscle damage in trained and untrained young men: a meta-analysis. J Strength Cond Res. 2009 May;23(3):836-46.
Sanchez-Martinez J, et al. Effects of beta-hydroxy-beta-methylbutyrate supplementation on strength and body composition in trained and competitive athletes: A meta-analysis of randomized controlled trials. J Sci Med Sport. 2018 Jul;21(7):727-735.
Smith AE, et al. Effects of beta-alanine supplementation and high-intensity interval training on endurance performance and body composition in men; a double-blind trial. J Int Soc Sports Nutr. 2009 Feb 11;6:5.
Kern BD, et al. Effects of β -alanine supplementation on performance and body composition in collegiate wrestlers and football players. J Strength Cond Res. 2011 Jul;25(7):1804-15.
Trexler ET, et al. International society of sports nutrition position stand: Beta-Alanine. J Int Soc Sports Nutr. 2015 Jul 15;12:30.
Ramezani Ahmadi A, et al. The effect of glutamine supplementation on athletic performance, body composition, and immune function: A systematic review and a meta-analysis of clinical trials. Clin Nutr. 2018 May 9. pii: S0261-5614(18)30173-0.

【第4章】

4－1
Steele J, et al. A higher effort-based paradigm in physical activity and exercise for public health: making the case for a greater emphasis on resistance training. BMC Public Health. 2017 Apr 5;17(1):300.
Lemanne D, et al. The role of physical activity in cancer prevention, treatment, recovery, and survivorship. Oncology (Williston Park). 2013 Jun;27(6):580-5.
Dankel SJ, et al. Dose-dependent association between muscle-strengthening activities and all-cause mortality: Prospective cohort study among a national sample of adults in the USA. Arch Cardiovasc Dis. 2016 Nov;109(11):626-633.

Stamatakis E, et al. Does strength promoting exercise confer unique health benefits? A pooled analysis of eleven population cohorts with all-cause, cancer, and cardiovascular mortality endpoints. Am J Epidemiol. 2017 Oct 31.

4－2

Kovacevic A, et al. The effect of resistance exercise on sleep: A systematic review of randomized controlled trials. Sleep Med Rev. 2017 Jul 19. pii: S1087-0792(16)30152-6.

Ohayon MM, et al. Meta-analysis of quantitative sleep parameters from childhood to old age in healthy individuals: developing normative sleep values across the human lifespan. Sleep. 2004 Nov 1;27(7):1255-73.

Walsleben JA, et al. Sleep and reported daytime sleepiness in normal subjects: the Sleep Heart Health Study. Sleep. 2004 Mar 15;27(2):293-8.

Uchida S, et al. Exercise effects on sleep physiology. Front Neurol. 2012 Apr 2;3:48.

Shioda K, et al. The effect of acute high-intensity exercise on following night sleep. J. Japanese Soc. Clin. Sports Med. 2012.

Sandercock GR, et al. Effects of exercise on heart rate variability: inferences from meta-analysis. Med Sci Sports Exerc. 2005 Mar;37(3):433-9.

Brosse AL, et al. Exercise and the treatment of clinical depression in adults: recent findings and future directions. Sports Med. 2002;32(12):741-60.

Carskadon MA, et al. Monitoring and staging human sleep. Principles and practice of sleep medicine. 5th ed. St. Louis: Elsevier Saunders; 2011. p. 16-26.

4－3

Stubbs B, et al. An examination of the anxiolytic effects of exercise for people with anxiety and stress-related disorders: A meta-analysis. Psychiatry Res. 2017 Mar;249:102-108.

Gordon BR, et al. The Effects of Resistance Exercise Training on Anxiety: A Meta-Analysis and Meta-Regression Analysis of Randomized Controlled Trials. Sports Med. 2017 Aug 17.

Herring MP, et al. The effects of exercise training on anxiety. Am J Lifestyle Med. 2014 8 (6), 388–403.

Alvares GA, et al. Autonomic nervous system dysfunction in psychiatric disorders and the impact of psychotropic medications: a systematic review and meta-analysis. J Psychiatry Neurosci. 2016 Mar;41(2):89-104.

Chekroud SR, et al. Association between physical exercise and mental health in 1·2 million individuals in the USA between 2011 and 2015: a cross-sectional study. Lancet Psychiatry. 2018 Sep;5(9):739-746.

4－4

Sperandei S, et al. Adherence to physical activity in an unsupervised setting: Explanatory variables for high attrition rates among fitness center members. J Sci Med Sport. 2016 Nov;19(11):916-920.

Bramble DM, et al. Endurance running and the evolution of Homo. Nature. 2004 Nov 18;432(7015):345-52.

Larson SG, et al. Evolutionary transformation of the hominin shoulder. Evolutionary Anthropology 16:172–187 (2007)

Liebenberg L. Persistence hunting by modern hunter-gatherers. Curr. Anthropol. 2006; 47: 1017Y26.

Lieberman DE. The Story of the Human Body: Evolution, Health and Disease. New York (NY): Pantheon, 2013, p.460.

Kelly RL. The Foraging Spectrum: Diversity in Hunter-Gatherer Lifeways. Clinton Corners (NY): Percheron Press, 2007, p. 446.

Lieberman DE, et al. Is Exercise Really Medicine? An Evolutionary Perspective. Curr Sports Med Rep. 2015 Jul-Aug;14(4):313-9. Born to Rest - Harvard Magazine

4－5

Keren G, et al. Immediacy and Certainty in Intertemporal Choice. Organizational Behavior and Human Decision Processes. 1995 Sep;63(3):287-297

Hooker SA, et al. Do Monetary Incentives Increase Fitness Center Utilization? It Depends. Am J Health Promot. 2018 Mar;32(3):606-612.

Baumeister R, et al. The strength model of self-control. Current Directions in Psychological Science. 200716, 351–355.

Hagger MS, et al. Ego depletion and the strength model of self-control: a meta-analysis. Psychol Bull. 2010 Jul;136(4):495-525.

4－6

Mischel W, et al. Attention in delay of gratification. Journal of Personality and Social Psychology. 1970 16, 329–337

Moffitt TE, et al. A gradient of childhood self-control predicts health, wealth, and public safety. Proc Natl Acad Sci U S A. 2011 Feb 15;108(7):2693-8.

Gollwitzer PM, et al. Implementation Intentions and Goal Achievement: A Meta-Analysis of Effects and Processes. Advances in Experimental Social Psychology. 2006 38(6)

4－7

Cheval B, et al. Behavioral and Neural Evidence of the Rewarding Value of Exercise Behaviors: A Systematic Review. Sports Med. 2018 Jun;48(6):1389-1404.

Takakusaki K, et al. Basal ganglia efferents to the brainstem centers controlling postural muscle tone and locomotion: a new concept for understanding motor disorders in basal ganglia dysfunction. Neuroscience. 2003;119(1):293-308.